ISBN 978-0-666-52996-1
PIBN 10595120

This book is a reproduction of an important historical work. Forgotten Books uses state-of-the-art technology to digitally reconstruct the work, preserving the original format whilst repairing imperfections present in the aged copy. In rare cases, an imperfection in the original, such as a blemish or missing page, may be replicated in our edition. We do, however, repair the vast majority of imperfections successfully; any imperfections that remain are intentionally left to preserve the state of such historical works.

Goethes
Tagebücher

1. Band

1775 — 1787

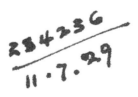

Weimar

Hermann Böhlau

1887.

Inhalt.

Schweiz 1775.

Den 15 Junius 1775.
Donnerstags morgen
aufm Zürchersee.

Ohne Wein kan's uns auf Erden
Nimmer wie dreyhundert werden
Ohne Wein und ohne Weiber
Hohl der Teufel unsre Leiber

Wozu sind wohl Apollos Affen
Als wie zu bouts rimés geschaffen
Sie hatten oft gleich einer Laus
In Clios Haar u. Pomade Schmaus.

———

Flieh Bruder G** Flieh! Er stößt mit seinem Horn
Weich aus den B***k, u. fürchte seinen Pinsel!
Sein Mund ist abgrundreich, Sein Witz ist wie ein Dorn
Erschaft des Lachens viet und doch noch mehr Gewinsel

———

Dem Wolf dem thu ich Esel bohren
Dadurch ist er gar baß geschoren
Da sizt er nun das arme Schaaf
Und fleht Erbarmung von dem Graf

Schweiz 1775.

Ein edles Mädchen Herz schlägt das nicht eine Wunde?
Ein bitrer scharfer Wiz, beißt der nicht wie ein Hunde?
Böse Laune, blödes staunen macht mich jez lahm?
Wiederstand und lachen drüber aber   zahm

Unterm lieben Schweizer Himmel
Ists nicht gut zu seyn ein Limmel
Doch wie bös ist nicht die Luft?
O die macht mich bald zum Schuft.

Wolt voll Euch zeigen meinen Wiz
Möchts aber nehmen vor   Grüz
Drum will ihm lieber setzen   Damm
Ihr wißts ja so, bin ein gutes Lamm.

Herr Göthe sollt' uns Juden mahlen
und theologische   Cabalen
mit der geübten Mahlers Hand
dies sey uns seines Geistes Pfand!

Ein ieder der schreibet in diefes Buch,
Mag zum Teufel schicken mit einem Fluch,
Wenn ihn einer nicht will laffen Gahn
Nach feinem Sinn und Herzens Wahn.

Ich faug an meiner Nabelschnur
Nun Nahrung aus der Welt.
Und herrlich rings ist die Natur
Die mich am Busen hält.

Schweiz 1775.

Die Welle wieget unsern Kahn
Im Rudertackt hinauf
Und Berge Wolcken angethan
Entgegnen unserm Lauf.

━━━━

Aug mein Aug was finckst du nieder
Goldne Träume kommt ihr wieder
Weg du Traum so Gold du bist
Hier auch Lieb und Leben ist.
Auf der Welle blincken
Tausend schwebende Sterne
Liebe Nebel trincken
Rings die türmende Ferne
Morgenwind umflügelt
Die beschattete Bucht
Und im See bespiegelt
Sich die reifende Frucht

Vom Berge in die See
Vid. das Privat Archiv des Dichters
Lit. L.

━━━━

Wenn ich liebe Lili dich nicht liebte
Welche Wonne gäb mir dieser Blick
Und doch wenn ich Lili dich nicht liebte
Wär was wär mein Glück.

am Steeg

Waldstieg auf Wasen

Teufelstein

Felsweg geht an auf

Geschener Alp.

Teufels brücke

Urner Loch

Lieblich. Thal

Drachen Thal

Wüste pp schne   10

Capelle

Und dem entgegnenden Priester wird sich ihr Antlitz
                              erhellen

doch mir stehen fest die hohen Gebeine so stehn sie
Nur dem saulgebeineten Engel in Pathmos erscheinung. 15

Wie ich dir s biete so habs

Daß es der Erde so sauwohl und so weh ist zugleich.

Es ist kein sichrer Mittel die Welt für Narrn zu
halten als sich albern zu stellen

Und die ewig verderbliche Liebe   20

Ein Tag wie die ewigen sich selbst erwählt zu gehn

Wenn meine Gedancken Federn wären und den Weeg ab Pergamente von Engeln auf und ab gerollt.

daß

Unmittelbaarer Ausdruck von der Natur

nie sein selbst willen

d. 16. Abends ¾ auf 8 dem Schwizer hocken gegen= über. den ersten nahen schnee. Schnee gegenüber Awfull tiefe tannen im thal.

Nachts zehn in Schweiz. Müd und munter vom Berg ab springen voll Dursts u. lachens. Gejauchzt bis Zwölf.

d. 17. Morgens der Hocken vor dem Fenster Wolcken dran auf.

Um 1 Uhr N. M. v. Schwiz weg nach dem Rigi.

2 Uhr aufm Lauerzer See hoher herrlicher Sonnen= schein für lauter Wolluft sah gar nichts (Zwey Maidlen fuhren uns) Insel ehmalige Wohnung des Zwingherrn jezt ein Waldbruder / ausgestiegen Lauerz verlohrnes Halstuch gefunden Rigi bestiegen ¼28 bey der Mutter Gottes zum Schnee. 3 Wirthsh. 5 Cap im Closter. im Ochsen.

18. Sontags früh gezeichnet die Capelle vom Ochsen aus. um zwölf nach dem kalten Bad oder 3 schwestern

Brunn. . dann die Höhe ¹/₄3 Uhr in Wolcken und
Nebel rings die Herrlichkeit der Welt. .

8 Uhr wieder zurück. vor der Ochsen thüre ge=
backner Fisch und Eier. / das Klocken gebimmel das
Wasserfalls Rauschen der Brunn röhre Plätschern
Waldhorn

19. früh ¹/₂7 aufwärts dann hinab an vier Wald=
stätter See. Auf dem See von Jzenach nach Gersau
zu Mittag im Wirthsh. am See. gegen zwey dem
Grüdli über wo die 3 Tellen schwuren drauf an der
Tellen Platte wo Tell aus sprang. Drauf 3 Uhr in
Flüely wo er eingeschifft ward. 4 Uhr in Aldorf wo
er den Apfel abschoß.

20 ¹/₂7 nach dem Steeg. Fische gebachen geschmackt.
gebadet im Schnee Wasser 3 Uhr fort. Berg auf.
Schnee Laue. Saumroß. Schneehölen. Steeg. Grose
Fichten. Abgrund. ¹/₂8 in Wasen. Strahlen.

21. halb 7. aufwärts. allmächtig schröcklich.
      Geschnen. .

gezeichnet. Noth und Müh und schweis. Teufels=
brücke u. der teufel. Schwizen u. Matten u Sincken
biß ans Urner Loch hinaus u belebung im Thal.
an der Matte trefflicher Käss. Sauwohl u Projeckte.

ab 35 Min auf 4. Schnee nackter Fels u Moos
u. Sturmwind u Wolcken das Gerausch des Wasser
falls der Saumrosse Klingeln. Öde wie im Thale des
Todes — mit Gebeinen besäet Nebel See

eine Stunde aus dem Liviner thal ins Urseler.
Das mag das Drachen thal genannt werden — Einer
der herrlichsten Wasserfälle der gantzen Gegend
D. U V. D. G. v. V. s—st. D.

5   Speranza — daß die Hunde ein Käß finden die
hier verlohren sind.

Reisetagebuch.

Ebersstadt, d. 30 Oktr 1775.

Bittet daß eure Flucht nicht geschehe im Winter,
noch am Sabbath: Ließ mir mein Vater zur Ab=
schiedswarnung auf die Zukunft noch aus dem Bette
sagen! — Diesmal rief ich aus ist nun ohne mein
Bitten Montag Morgends sechse, und was das übrige
betrifft so fragt das liebe unsichtbaare Ding das mich
leitet und schult, nicht ob und wann ich mag. Ich
packte für Norden, und ziehe nach Süden; ich sagte
zu, und komme nicht, ich sagte ab und komme! Frisch
also, die Thorschließer klimpern vom Burgemeister
weg, und eh es tagt und mein Nachbaar Schuflicker
seine Werkstäte und Laden öffnet: fort. Adieu Mutter!
— Am Kornmarkt machte der Spenglersiunge rasselnd
seinen Laden zurechte, begrüste die Nachbaarsmagd in
dem dämmrigen Regen. Es war so was ahndungs=
volles auf den künftigen Tag in dem Grus. Ach
dacht ich wer doch — Nein sagt ich es war auch eine
Zeit — Wer Gedächtniß hat sollte niemand beneiden.
— — Lili Adieu Lili zum zweitenmal! Das erste=
mal schied ich noch hoffnungsvoll unsere Schicksaale
zu verbinden! Es hat sich entschieden — wir müssen

einzeln unsre Rollen ausspielen. Mir ist in dem
Augenblick weder bange für dich noch für mich, so
verworren es aussieht! — Adieu — Und du! wie
wie soll ich dich nennen, dich die ich wie eine Frühs
lings blume am Herzen trage! Holde Blume sollst du
heißen! — Wie nehm ich Abschied von dir? — Ge=
trost! denn noch ist es Zeit! — Noch die höchste
Zeit — Einige Tage später! — und schon — O Lebe
wohl — Bin ich denn nur in der Welt mich in
ewiger unschuldiger Schuld zu winden — — — —
— — Und Merck, wenn du wüßtest daß ich hier der
alten Burg nahe sizze, und dich vorbeyfahre der so
offt das Ziel meiner Wandrung war. Die geliebte
Wüste, Riedesels Garten den Tannenwald, und das
Exerzierhaus — Nein Bruder du sollst an meinen
Verworrenheiten nicht theilnehmen, die durch Theil=
nehmung noch verworrner werden.

Hier läge denn der Grundstein meines Tagbuchs'
und das weitere steht bey dem lieben Ding das
den Plan zu meiner Reise gemacht hat.
Ominose Uberfüllung des Glases. Projeckte, Plane
und Aussichten.

. Weinheim Abends sieben. — Was nun aber eigent=
lich der politische, moralische, epische oder dramatische
Zweck von diesem Allen? — — Der eigentliche Zweck
der Sache meine Herren (hier belieben alle vom Minister
der im Nahmen seines Herrn Regimenter auf gut Glück
mitmarschiren läßt, biß zum Brief und Zeitungsträger

ihre Nahmen einzuzeichnen. (NB. Von dem Rangstreit
der Brief und Zeitungsträger, nächstens) ist, daß sie
gar keinen Zweck hat — So viel ist's gewiß, treff=
liches Wetter ist's Stern und Halbmond leuchten, und
der Nachmittag war trefflich. Die Riesengebeine unsrer
Erzväter aufm gebürg, Weinreben zu ihren Füßen
hügelab gereiht, die Nußallee, und das Thal den Rhein
hin. Voll keimender frischer Wintersaat, das Laub
noch ziemlich Voll und da einen heitern Blick unter=
gehender Sonne drein! — — Wir fuhren um eine
Ecke! — Ein mahlerischer Blick! — wollt ich rufen.
Da faßt ich mich zusammen und sprach! sieh ein
Eckgen wo die Natur in gedrungner Einfalt uns mit
Lieb und Fülle sich um den Hals wirft. Ich hätte
noch viel zu sagen möcht ich mir den Kopf noch wärmer
machen — Der Wirth entschuldigte sich wie ich eintratt
daß mir die Herbst Butten und Zuber im Weeg stünden;
wir haben sagt er eben dies Jahr Gott sey Dank reich=
lich eingebracht. Ich hies ihn gar nicht sich stören,
denn es sey sehr selten daß einen der Seegen Gottes
innkommodire — Zwar hatt ich's schon mehr gesehn
— Heut Abend Bin ich kommunikativ, mir ist als
redet ich mit Leuten da ich das schreibe — Will ich
doch allen Launen den Lauf lassen.

1776.

März.

d. 11. Herzog und H. D. die verwittibte Herzogin
die nach Gotha ging biß Erfurt begleit'. Beim Her=
zog geschlafen.

d. 13. Morgens 7. mit dem Herz. nach Troistedt
auf die Jagd.

d. 14 Babylon. Weiden von Frankf. angl.

25 Nachmittags 3 Uhr in Leipzig. — Stellas
Monolog.

April.

4. wieder nach Weimar zurük. HR. Wielands
Kinder krauk.

16. beim Feuer in Ulrichshalben. wo 21 Häußer
und 1 Mann verbrannt ist

17. Herzog zum erstenmal wieder ausgefahren. mit.

21. den Garten in Besiz genommen.

24 Im Garten. Exerziren. Belvedere

25. Mit der Stein, Schardt. Wieland und den
Grasaffen im garten

27. H. Sachs fertig mit Wiel. Tisch. Abends
Garten.

28 Früh mit d. H. im Garten. ward gestellt das gr. Weer.

29. Hezze bey Troistedt.

30 Bey St.   Le Maitre en droit.

Mai.

d. 3. Nach Ilmenau. Brand.

4. Im Bergwerck und Elgersburg.

5. Nach Frauenwald mit dem Cömmando. zu= rück. Jl.

6. Geschossen | Auf den Hämmern pp.

7 Uber Herrmanst. d. Gabelbach die Kohlen= werke nach Stüzzerbach.

8. Uber d. Finsterberg nach Suhle. nach St. zurück. zurück nach Ilmenau.

9. Gegessen beym Commiss. rath. Birschen auf Hermanst. und Gabelb.

10. Uber Arnstadt. Neu Dietendorf Erfurt zurück nach Weimar

d. 11. Im Gart. M. bey St. | Mit dem Herrn | Nachts Br. v. Fr.

d. 12. Bey St. abends Claudinen gelesen. Br. v. K.

13 Garten Louise. Belvedere mit H. u. St. Mitt. Einsied. Ab. St.

14. Wiel. Garten mit St. Affaire des Herrn und des Ob. St.

15 Folgen der Geschichte. Amalia bey St. Brief v. Fr.

16. Probe Elmire. Todt der Grosf. Nachts b. Herr.

17. Belweder mit d. H. gessen. mit St im Gar=
ten. Holzschuer bey St zu nacht.

18. Herzogin Abend im garten

19. Bey St gessen bey Wieland bey mir mit d.
H. Abends

20. Angefangen die untere Anlage. Tifurt Einzug.

21. In Tiefurt mit den beyden Herzoginnen.
Edelsheim p draus geschlafen.

22 Exerzitium der Husaren. Feuer in Neckerode.

23 um 2 Uhr. Morgends zurück bey St. gessen pp
Geschl. mit Lenz im Garten. Gut anlassen von Fr.

24. Bode bey Kalb und die andern. Erwin u.
Elmire.

25. 26. 27

28 nach Kalbsrieth. Edelsheim

29 halb in Kalbsrieth. Abends nach Alstädt

30 Abends von Alstädt nach Dilleda

31. Kyffhäuser Sachsenburg Fronsdorf Weimar.

Juni.

1. Nachts Brand in Utenbach

2. Geschlafen in Apolda. gegessen bey Hofe der
Stein die Feuerzeichnungen.

3. Varia. mit Herz. gessen | im Garten. | Tiefurt.

4) Erwin u. Elmire. Gewitter. Nachts bey ⊙

5) Aequam memento. Kraus fing die Gemählde
an für Belweder, aff mit mir zu Mittag Wieland

erzählte die Klagen ☽. Mittags den Brief von Fr.
Unterred mit K. auf der Esplanade. Bey d. Neu=
haus. P. v. D. a.

6.) Gessen mit d. ☿. Probe der Mitschuldigen.
Morgends ☽.   5

7) ☿ mit mir im Garten gessen Vormitt. Er=
klärung und weitläufig polit. Lied mit d. ♃.

8.) Exerzitium der Husaren. Mit ☽ +. gessen.
nach Tiefurth.

9) Im Garten. Lorenz seccatore. Lenz, Ein= 10
siedel, die Lynckers zu Mittag bey mir. Abend mit
Einsiedel über Oberweimar, Ehrigs. Taub. Mell.
Köttendorf. Nachts dramatisches Examen. L. E. da
geschlafen.

10. Gessen bei ☉. Form der Büst. Erw. Elmire. 15
Nachts im Garten mit Lenz.

13. Mit Bertuch gessen.

14 Abermal mit Kalb u Wiel. Abends Brand
in . Nachts durch Magdala. Mitternacht nach Hause

15.) Bey ☉ gessen. mit ♃. Abends das schwere 20
Gewitter.

16.) Mit Trebra Wiel pp bey Kalb. Abend
bey ☉. Trebra brav wahr in dem Seinigen treu.
Lit. ⊕c.

17.) Vergebne Hoffnung. Regenwetter. Dumpfheit. 25

18. Vogelschiesen bey mir. war dumpfsinnig

19. Louise und ☉. im Garten zum Frühstück.
Dekret.

20. In Tiefurt geſſen. Imhof. bis Nachts in Tiefurt. Vorm. Colleg. Viſiten. Wiedergefordertes Armband.

21. Im Garten in collegialiſcher Dumpfheit Nach= mittags Brand in Zimmern.

22. Rhabarber. Belvedere Bertuch.

23 Mit ⊙ geſſen. In Wielands Garten. Ryno Herrlicher Abend mit W. und Lenz, von Vergangen= heiten. Silhouetten

24 Wielanden gezeichnet, Lichtenberg. Wiel. u. L. bey mir zu Mittage. Abends nach Tiefurth. Nachts Klinger.

25. Einführung. Schwur. Bey Hofe geſſen. Abends Wiel. Kalb. Lenz Klinger. Morgends ⊙ Weg.

27. . Nachts Bey ♃ geſchl.

28 Seſſion. Bey H. g. abends Belwedere mit der Herzoginn M. und Imhoff. bey der H. zu Nacht geſſen.

29. Wiel. und Sie Morgends im Garten dazu Bechtolsheim. Mittag allein. die Gothiſche Herr= ſchafft war ſeit 10 Uhr da. Abends bey Hof. Harfen= ſpieler. Nachts Klinger.

30. Morgends. Ackten. Mittag Tiefurt. Den ganzen Nachmittag dort. Nachts herein gefahren mit den Damen.

Juli.

1. Apollonius. Allein Mittags zu Hauſe. Herz. M. Bechtolsheims Erklärung, in Wielands Garten. Nach Hauſe.

11 E. T. des Vog. Sch. Auffspannung über K.

12 Zweyter tag des Vogelsch. Gessen mit den Schüzzen pp

13. Früh Eröffn. der Comission. Mittag Denstett. Einsiedels Igelheit. Nachts zurück

14. Gemahlt bey Kr. Bey ♀ gessen. Gemahlt — im Garten. früh zu Bett.

15 Vogelsch. zu Apolda. Cristel pp. beym ♃ geschlafen.

16. Bey Kestner und ♃ gessen. Nachts gebadt.

17 Nachmittags Oberstallm. Künste. Conseil. Im Garten gessen. Abends nach Bercka. Lenz. Einsamkeit. Schweigen.

18. Nach Stadt Ilm. gesuttert gefrühstückt in Bügelo hohlte Staff und Trebra ein gegen 1 in Ilmenau. Gegessen. Mit Eins spazieren Diarreh die Nacht durch

19 Rhabarber! Dummheit! Nach Tisch auf Manebach Herrmannstein. Zurück.

20. Früh in Tr. Fr. Schacht mit d. Herzog. Prinz von Darmst. Trebra. N. Tisch mit Fritsch spazieren Abend unterschrieben

21 Früh gezeichnet an der Aufsicht nach der Frohn Feste nach Tische bey Staff geschossen, Tanz des leidigen geschlechts. Nachts Staffen Serenade.

22. Früh nach Cammerberg gezeichnet mit und Ohne Liebe. Betrachtungen drüber, gegen Mittag auf den Herrmannstein. Der ☉ in der Höhle geschrieben.

auf dem Gickelhahn. gezeichnet zurück. Mit Einſ und
dem Comm. R. in der Fülle mahleriſcher Empfindung
geſchwäzzt. 'mit Einſ. auf dem Berg vor der Stadt
zum Abend eſſen. zu Bett

5 　23 Den Morgen das Gebürg Stück ausgezeichnet,
Abends nach dem Gabelbach mich verirrt.

24. Politiſche Abhandlungen. Aufs Treiben.
Nichts geſchoſſen u nichts gezeichnet mit Pr. Wahl
auf der Neuhoffer Halde.

10 　25. Früh der Herzog nach Frauw. u Schleuſingen.
Ich Nachmittags. nach Stüzzerbach mit Einſiedel.
Nachts bey Gundlach

26. Gezeichnet früh. Der Herzog kam die Ge=
ſellſch auch. Wirthſchafft bey Glaſern

15 　27. Treiben im Sächſiſchen. Heſſelbarts Revier.
Hirſch geſchoſſen, gehezt. In der Eile geſſen geſchoſſen.
Glas geſchliffen. Zurück nach Ilmenau

28 Früh gebadt Abends Pirſchen aufm Gabel=
bach Nachts bey den Köhlern.

20 　29 Uber Manebach. Abends gebadt.

30. Gebadt. zum Vogelſchieſen. Abends im Teiche
gebadt. Forellen gebacken

31. Bey Löfflern auf dem Hammer. Gebadt
Bergmuſick. Stadthalter Nachts.

Auguſt.

25 　1. Mit d. Herz. Dalberg. Trebra Lyncker. nach
dem Cammerberger Kohlenwercke eingefahren. Dann

oben nach dem C. A. Schacht. der etwa anderthalb
Lachter abgeteuſt war. gefrühſtückt hunten. Zu Tiſche.
Viel von Bergw. ſachen geſchwazt. Nach Tiſche Schei=
ben ſchieſen. Viel guts mit Dalberg. Abends in's
Eiſen Werck. Nachts bis halb eilfe mit Dalberg von
Zeichnung, Geſühl der Anfärbung Dichtkunſt. Com=
poſition.

2 SilbProbe bey Heckern. Trebras Abſchied.
Abends mit Dalb und ♃ nach Stüzzerbach. gezeichnet
Nachts Dalberg noch Weg von Stüzzerb.

3. Früh aufm Schloſſberg gez. Geſang des dum=
pfen Lebens. Der Herz. auf die Jagd 3 Uhr erſt
zurück. Geh. Canz. Expedit. Herz ſort. ich gez.

4. Früh die Henneb. Bergordn. Zu Tiſche nach
Ilmenau, Silber Probe bey Heckern ſelbſt gemacht.
Unruhe. Gewitter.

5. Zu Hauſe. an Fritſch geſchrieben. Gekegelt.
Ober Marſch. kam. Berbisdorf as mit. Der Habicht
kam. Auf der Wieſe verſucht. Abends die Stein.

6. Früh nach Cammerb. in den Stollen zum C. A.
Schacht nach dem Herrn. In die Höhle. Zurück auf
die Mühle in die Stadt nach Unterpörliz zu Tiſche.
Zeichn. Tanz. Gänſe Hazze. Nach Haus gegen
Abend zu Staff. Ins Amth. Illum. Muſick. Tren=
nung.

7.) Früh Regen. Gegen 9 auf Elgersburg.
geſſen. Mit Miſeln gekittert. nach Tiſch hohen Fels
tweeg! Allein. Dann Kraus, dann der Herzog. Unſer

Klettern durch die Schlucht. Geſpräch und Bemerckung,
daß wir, die wir von Oſtentation gegen uns ſelbſt und
andre nicht frey wären, doch nie gegen einander uns
ihrer ſchuldig gemacht hätten. Abends auf dem Rück=
weg ♃ mit Geiſtern, ich mit Huſaren

8) ˙aufm Hermanſt. die Höhle gezeichnet. aufm
Gabelbach wo geſſen wurde erſt gegen 3. Gegen Abend
auf Stüzzerbach ich zeichnete noch ein wenig.

9.) Des Herz Bein ward ſchlimm die Nacht. Ver=
duſelter, verzeichneter, verwarteter verſchlafener Morgen
gegen 1. gebadet. | gegeſſen geg. 2. | Abends herein
gefahren.

10) Meiſt zu Hauſe Chymie geleſen. Einſied.
vom Falken erzählt. Ab. Büchſe prob.

11) Zu Hauſe. Den Vortrag des Falcken er=
funden gleich zur Probe geſchrieben. Mittags der
Obr. Wachtm. des Pr. Joſephs. Nach Tiſch im Pharo
verlohren. Abends mit Wedel auf die Sturmheyde
und den Schwalbenſtein.

12 den ganzen Tag zu Hauſe. am Falcken ge=
ſchrieben Nachts mit Einſiedel eine gute Stunde

13. Früh des H. Wunde immer gleich. reſolvirt
nach Tiſche den Aufbruch. Gepackt.

14˙ Den Tag über gefahren. Abends ange=
langt.

20. mit ⊙ und der Werthern.

d. 21. Seſſion des H. Fus viel beſſer. in ⊙
Stube. Abends ☽+

22. Belveder. Tiefurt. Mit. ♃ und ☽. Abend ☉

23 Belveder Prinz C. zum erstenmal hier.
Abends im Garten.

24 Früh im Garten. Bey ☉ geſſen. Die Silh.
der Gräfinenn gemacht. Bey d. Imhof. beym Her= ₅
zog. mit Wiel zu Nacht geſſen.

25. Früh im Garten mit d. ♃ geſſen Nach=
mittag und Abend bey. ☉. Engliſch gelehrt. Gram=
matikaliſcher Spas

26. Mit Kalb und Einſiedel bey Kalb. Lebens ₁₀
Lienie. Abends bey d. Imhof. Poſtzug

27. Ackten. Seſſion. Mit ♃ allein geſſen Vor
Tiſch bey St. In Garten. Enten geſchoſſen. ☉ mit
Geſellſchafft im Garten Oberweimar. Zurück. Mond.

28. Nach Enten. Alte Kalb. Lichtenbergs De= ₁₅
jeune. Nach Euten mit Herz. geſſen In ☉ Zimmer
Ab. Garten Wielands Frau und Kinder. Nachts Lenz

29 Jagd mit Pr. Joſ. entſchl. im Haus. bey ☉
geſſen abends im Garten.

30. Morgens b. Herz. und zu Tiſche. Nach Mittag ₂₀
in Tiefurt.

31. Seſſion. Mit ♃ geſpeiſt. zu ☉ mit ihr
und d. Imhof zu Nacht geſſen. Nacht noch zum
Herzog. Über Seebachs Affaire —

September.

2. Früh halb ſechſe Weg. Mittag. Ilmenau. ₂₅
Abends Ernſtthal.

3. Jagen. in Ensth geschlafen.

4. Nach Ilm zurück. da gegessen und geschlafen

5. Früh 6. weg. von Kranichf. bis Bercka mit Lenz zu Fuse geirrt. nacht in Bercka blieben

6.) gegen Mittag herein.

7) Conseil. Rebeckers Affaire

8. Im Garten mit Wiel. Gezeichn. mit Kalb gessen. Uber Oberweim. mit der Flinte.

9) Reinen Morgen. Mittag bey ♃ wieder in m. Garten Abends mit ♃ gessen. Diskurs übers Spiel.

10) Session. Mittags. ♃ u Wedel. über Klin= gobstr. Kupfer etc. sqq. beym Hofsattler. Früh war Lenz da wegen Kochberg. Keine Trauer des Lebens.

11. Zu Belveder zu Mittag. Früh bey d. Wald= ner. Abends nach Tiefurt. war Pr. C. angekommen.

12. Zeichnete früh glücklich. Lenz kam und Wiel dazu vielerley über Dichtkunst Zeichnung pp. Mit ♃ gessen. Nach Tisch ritt Lenz weg nach K. ich mit ♃. H. L. Pr v. D auf die Hazze Abends Brief von Cronen.

13 Morgens kam ♃ rein und lieb dann Wie= land. Abhandl. über den Brief. mit ♃ gessen. Nach Tische gefürstenkindert, Jagt im Garten. Nachts Ball. War unfähig die Natur zufühlen ut—

14. Früh d. ♃. Rein. Durch den Stern. Tan= talus gelesen. Session. bis 1. Bey Herz. Mutter gessen. nach Tische alle in meinem Garten die Stern=

scheibe abzuschiessen. Dazu Imhof u. Ilten. Abends
mit Kalb Diskurs pp —

15. An Cronen geschr. bey Kalb mit ♃. Pr.
v D. Wiel. Wedel. Nach Tisch auf der Schnecke
viel guts mit Herzog. Abends bey ihm. tales of the
times of old.

16. Husaren Parade. d. ♃ die Gelbsucht seit
gestern. Vor Tische wieder in Garten an Lavater pp.
Mit ♃ gessen. Nach Tisch bey Bertuch, im Garten.
Abends Comödie die heimliche Heurath! Fritsch wieder=
kommen

17. Abends Tiefurter Erndtefest.

18. Mit dem Herz und Pr v. Darmst meist den
Tag. Diskurs d. H u der Herz über die Einschrän=
kungen. Abend erwartung ☿

22. Kaufm. früh. herrlicher Morgen. Nach Tisch
mit ♃ Pr. v. D. Wedel trefflichen Weeg im Ilm=
grunde bis Ettern nach Belveder. Conzert.

23 Pr v. D. verreist.

24. Conseil. Stadth v. Erf. Herrliche Nacht mit
Kaufm.

25. Nach Drackendorf über Amerbach. Zurück
über Jena. ♃ Zahngicht.

26. Conseil früh! Mit ♃ zu Mittage Nachricht
von Putbus Todt. Session der Commission nach Tisch.
Nachts mit Kaufmann.

27. Stadth. wegen Redecker. Belved. mit d. Er
Gian. mit der Herzoginn mancherley. Zu Tisch

mit ♃ Chesterfield Stanhope Hume und de Yverdun.
d. ♃ Viel besser. Abends bey d. Imhof.

28. Mit ♃ nach Belweder über Tobach. Ehrings=
dorf. Mit ♃. Kaufm, Wedel zu Mittage — Nach
Tisch zusammen im Garten. Abends wütig —

29. Mittags bey ♃. Kalb bringt die Nachricht
von der Viehkranckheit ich laufe herum nach.dem Herz.
Abends den Husaren an Stadthalter geschickt.

30. Nach Schwansee mit Lichtenberg und Kaufm.
über Alperstädt Harsleben Rinckleben Gebsee nach
Tennstedt. über Riethnortsen zurück nach Schwansee.

October.

1. Nach Erfurt kam der Herz. mit Wedeln. Mun=
tres Mittagmahl. Nach Tisch auf Willerode. Viel
geschwazt auf dem Birschgang .mit d. Stadthalter und
folgl. nichts geschossen.

2 Früh gekegelt. Spaziert auf die Waldecke Herr=
liche Aussicht, gessen. Weggeritten über Hähne Eichel=
born aufs Lerchenstreichen, Nachts zu Herdern. Mit
ihm gessen. ·

3. Morgends Herder zum Herz. Conseil Gessen.
Aerger über die Bäume. Allein Auf Ettersburg. Herr=
liche Nacht.

4. Morgends halbsechse Pirschen. Wedel schoß
einen gr 10ner Herrlicher Morgen. zurück. Den Bau
Controleur gesezt.

5. Conseil mit Schnaus geſſen Abends ☉ zurück

6. Früh bei ☉ Abends Herdern verfehlt. ♃ Wedel Wiel noch im Garten.

7. Commiſſariſche Seſſion. mit ♃ geſſen Nach Tiſch ☉ finſterniſſ. Abends bey Herdern mit ♃.

d. 8. Die ☉ weg.

9 Kaufman weg. mit Herd geſſen.

10. Nach Tiſche in Oßmanſtädt. mit ♃ und Kalb.

11. Regen. Conseil. Mit ♃ Wedel Einſiedel geſſen mit Einſ. bey Herder | im Garten mit Einſ und ♃ den Abend. Clarinette

12. Früh Reichart und Griesheim. Herd. Garten beſehen mit R. zu Tiſch bey Wieland. Seltſame Dis= kurſ. Roſemunde pp. Zum ♃. Zinzendorf. Zu Muſaeus getanzt gemiſelt bis 3 Uhr Morgends.

13. Lang geſchlafen. Singnirt. Zu ♃. Neues Tieger Kleid. Seit Tagen ſo rein wahr, in allem. Zu Wedel. Fr v. Werther. Nach Belveder. Ja= nitſch. Viel über Conzert muſick — Hoffnungs Gefühl — Hof — Nachts wider den Schlagbaum gerent und geſtürzt.

14 Im Garten mit ♃ Wedel Kalb geſſen. Nach Mittag im Garten die Sternſcheibe völlig abgeſchoſſen. Abends geſchwäzt.

15. Abends Feuerwerck.

16. Dornburg. Camburg Naumburg.

17 Zurück in Sulza geſſen. Abends über Apolda. Herders Geſchichte.

18. Belveder. Dumme Briefe. Zu Fr. zu Wiel. zum Herzog da geſſen. Unterſchrieben. Depeſchen dem Stadthalter. Ausgefahren. Nachts in Tiefurt.

19 Conſeil. Herd. Sache beſchl. mit Wiel geſſen. Zu Herdern. Aerger. Abends ♃ im Garten.

20. Herders Antrittspredigt. Nach der Kirche ♃. Conſt. Knebel Kalb im Garten. Bey Fr. zu Tiſche. Abends im Garten. Herrliche Herbſttage. ♃ nach Kochberg.

21. Mit der Herdern geſſen. Sie Nachtiſch mit Fl. im Garten. Abends geleſen

22 Ganz im Gärten. geleſen. Abends Herd. ſie und Fl. Mit Ihnen nach Haus

23 Comm Seſſ. ♃ zurück von Kochb. m ♃ geſſen Graf Marſchall. ♃ Nachts im Garten

24 Nach Jena. mit ☽ ♃ Pr. Conſt. Kuebel Wedel Einſiedel bey Paulſen geſſen Nach Tiſch auf den Weinberg. Nachts nach Bürgel.

25 Jagd. Nach Waldeck. die Herz. Abends fort

26. Jagd. Nach Tiſche zurück über Jena Die Geſchwiſter erfunden.

27. Herder gepred. Einſiedel deklarirt. Herz. pp im Garten Zu Tiſch bey Kalb mit Wiel. Abend im Garten. Knebel Pr. ♃. — Herz. die Nacht da geſchlafen

28 an den Geſchw. geſchrieben ♃ ging nach Magdal. meiſt allein im Garten

29. Allein und geendigt das Dram.

30. Im Garten frühe. dictirt an den G. Nach=
mittag Amalie mit M. u. J. bey mir.

31. Abschr. d. G. geend. Stein angekommen mit
ihr zu Nacht gessen Nachts Tanz bis früh 3. Lenz
fand ich.

November.

1. Herz Louise im Garten. Herz. M. mit Jöch=
haus über die Wiese. Linden gepflanzt. Lenz gegen
Abend fort. Mit Lenz Mittags im Garten gessen.
Herz. mit. Abends zu Gevatter gebeten von Koppen=
fels. Dann nach Tiefurt. Johannes Sekundus. Ge=
vatter gestanden

2. Conseil mit Herz allein gessen. Volcks L. Al=
manach. Capitel aus den Reveries des Marechal
de Saxe. Herz auf die Jagd, ich in Garten. Ad
manes J. S. Dann zu Herdern dann zur H. M. wo
Punsch getruncken gelesen und gesungen wurde. Nachts
gebadet.

3. Nach Erfurt mit dem Stadhalter. über Rö=
deckern. Nachts dageblieben

4. Morgens Achte wieder ab. Mit Fritsch gessen
abends im Garten.

5. Conseil. Staffs Todt nach Tiefurt auf die
Kirchweih Nachts zurück mit den Damen.

6. Ganz im Garten auf die Arbeiter gesehen
Immer die schönsten Tage

7. Mit den Bienen beschäfftigt und sie zur Winter=
ruh gebracht mit ⊙ gessen — Was ist der Mensch

daß du sein gedenckst und das Menschenkind daß du
dich sein annimst. Abends Bau Grillen im Garten;
und Feldzug gegen die Jahrs zeit.

8. Conseil mit ♃ u. Wedel auf dem Zimmer gessen |
im Garten. aufgeräumt und Anstalt zu winter bleiben.
Den Homer erhalten vom Stadthalter. schönste Tage.

12 Gezeichn. Fritsch kam

13. Früh gezeichnet dann bey Mar. Conseil. mit
♃ gessen nach Troistedt Abends in die Prob. d.
ungl. Heurath. Nachts bey ☽ Barb v Seb gelesen

15. Conseil. bey Kalb Vat gessen. Zu Musäus
Probe der Mitschuld Das Misel gekapelmeistert zu
Stein. Feuerlärm. Tanz bis 12.

16. Bey Wiel gessen. Zu Schmidt. Prob. zum
Mis. Prob. Nachts Corone! — — —

17. Kamen früh. Wedel. Einf. ♃. Haman ge=
lesen zu Herdern da gessen. zum Miseln! Probe!
Zum Pf. König. Corona. Nachts ♃ kommen. Br.
vom Stadthalt

18. Früh trefflich gehezzt. zur Stein. Gegessen
da. Englisch. In Garten.

19. Ganz im Garten. Die Wirthschafft umge=
lehrt — — —

20. Probe. Unruhe. pp

21. Die Geschwister gespielt.

22. Zu ☉ gessen.

24 Sang Cor. das erstemal

25. Conseil mit ♃ gessen Nachts Bal.

26. Lenzens Eſeley.

27. Früh nach Bercka um 11. Uhr zurück An=
gezogen.

28. Fortwährender Verdruſſ. Zu ☾ gangen Zu ☉
zu Thusnelden. Reſolvirt durch Herd ſchreiben zu
laſſen.

29. Dumme Brieſe von L. Kalb abgeſchickt. Einſid.
hartes Betragen.

30 L. Letzte Bitte um noch einen Tag ſtillſchwei=
gend accordirt. Einſ. Billet.

December.

1.) Dec. Gepackt. bey ☉ geſſen. Abends im Con=
zert. Nachts bey Bertuch.

2.) früh nach ſieben weg. Nachts in Rippach ein
Paar Stund geſchlafen.

3.) Gegen 9 in Leipzig, zu Oeſern um 10 fort.
Hinter Holzweiſig vom Fürſten und Kaufman ein=
geholt. gegen 7 in Wörliz.*)

20 In Leipzig. Aufs Theater. Zu Steinauer.
Wincklers Kab Akademie.

*) Mittwoch 4ten auf der Schweinhetze 5. zu Wörlitz das
Schloß beſehn 6. auf der Schweinhetze 7. über Deßau nach Barby
8. in Barby 9. zurück nach Deßau 10. auf der Schweinhetze
11. übern Vogelheerd nach Wörlitz 12. auf der Treib Jagd
13. auf der Schweinhetze 14. auf der Treib Jagd des Abend
Bataille 15. bey Baſedow 16. auf dem Feldtreiben 17. zu Hauße
18. auf der Schweinhetze 19. von Wörlitz abgegangen.

21 Von halb 7 bis gegen 3 Nachm von Leip bis Weim. Kourier geritten mit dem Herzog. Bei ☾ geſſen Abends ☉ Nachts ♀

22. Mit ☉ geſſen. Abends Conzert

23. Eingenommen im Garten. den ganzen Tag Abends kam Knebel.

24. Morgends bey ♀ zu Tiſch bey ☾. einen Augenbl zu ☉ | nachts Criſtbeſcheerung, Würfelſpiel. geſſen. Mit Kauſm. Uber Herd hohe Nacht halb zwölfe zurück. Druck, Wehmuth und Glauben.

25. Zu Oeſern. αγαθη τυχη. Zu ☉. viel gelitten allein geſſen. noch zu Schardts tiefes Leiden. Zu Kalben. in Garten. Ordnung gemacht. Flachsl. kam. zu Herdern vergnügter Abend durch Kauſm. πανουργεια

26. Crumsdorf beſehen. Nach Hofe. Geſſen. zu Oeſern ins Conzert. Herder trancl. Nachts Kauſm.

27) Redoute. Crone ſehr ſchön.

28 Schlitten probirt nach Tiefurt.

29. Nach der Kirche Schlitten gefahren ums Weh=bicht. Zu Lichtenbergen. getanzt biſſ Mitternacht und ſehr vergnügt.

30. Abends zu Wizleben verſchundne Alzeſt

31. Zu Fieckgen. Bey Wiel geſſen. Abends nach Tiefurt gefahren allein. den Schlitten zerſchlagen. Wunderbare Wirthſchafft in der Laube. Fieberhaffte Wehmuth.

1777.

Januar.

1.) Abends mit C. und ♃ bey ⚷ den Tag über abgespannt zugebracht und fatal Abends fieberhaffte Schläfrigkeit.

2.) Morg. mit Kraus und Mietig über das Drama. gezeichnet und festgesezzt. bey ☉ gessen zu Cr. nachts fieberhafft.

3.) Eingenommen. Den 1. Ackt dicktirt. Im Garten den ganzen Tag.

4.) Besser Knebel bur. d'esprit. bey ☽ gessen ♃ wars auf der Redoute wohl worden. Auf dem Theater Anstalten gemacht. bey Kalb über die vorsehende Affaire.

6.) Partie nach Tiefurt mit Cr und Mar. Die Frl. geärgert. Vergnügt Abends zurück. Bey Musaeus. zur Elmire Probe des tutore. Bis 10 bey Kronen. Nicht geschlafen. Herzklopfen und fliegende Hizze.

7.) Conseil. um 1 Uhr Nach Tiefurt im Schlitten L. Oppel gefahren. Sehr lustig war Herz. L. | Abends zur ☉ getanzt. Traurig. Der Stadthalter war kommen.

8.) Im Garten. Der Herzog gegen mittag von einem starcken Ritt rein und dumpf und wahr. Kranz wegen des Ballets. Abends la locandiera.

9. Die Mitschuldigen, schlecht gespielt.

10. Der Stadthalter früh fort viel geschwäzzt mit ihm bis 10. Der Herz. ritt aus. Mit ♃ gessen im Schlitten gefahren Nachts Redoute Wedel zurück. bey ♃ geschl.

11. bis 9 geschlafen. in Garten gangen. bey ☉ gessen. Nach Belveder das Misel gefahren. zu Buch=holz zu Seckendorf. Umhergewandelt Scheis weh.

d. 12. Thauwetter. mit ♃ u. Wedel gessen. Mit ♃ aus gefahren ums Webicht. zu Cr. zu Kalbs zu Secken=dorf. in Garten.

M. 13. bey ☉ mit Cr und ♃ gessen Streit über Raphael. Abend Mondenzeichnung.

14. Conseil auf ♃ Stube gessen. Im Garten u. gezeichn.

15 Früh ♃ u. Knebel αγ. τυχ. bey ☉ gessen neuer Streit. Abend Mond gezeichnet.

16. Fr. Eisfahrt. bey ☉ bestellung wegen Morgen mit ♃ gessen. geschossen, Abend Buchholz Feuerwerck.

17. Früh aufm Eis. draus gessen. Versöhn. mit ☉ ins Wasser gefallen mit ihr zu Nacht gessen. Auf die Redoute im Altenburger Kleid. bey ♃ geschl.

18. Aufm Eis alles draus gessen die Gesellsch. Abends zu ☽ ward ohnmächtig über Tafel.

19. Zu Seckendorf wegen des Drama. mit Er
gessen Nachmitt zu ☉ um sechse auf das Eis.

20 Früh Probe der Tänzer, aufs Eis mit ☉ ge=
gessen Nach Tisch Probe des 1. Ackts. Abends schläff=
rigkeit.

Plage mit Proben und Anstalten. Händel mit K.
im Conseil. Händel mit Knebel. mit der Bohnen=
stange.

· Bös Wetter ☽.

30 zum Geburtstag Sternthal gespielt.

31 Früh geritten. mit ♃ gessen. Redoute sehr voll.

Februar.

1. Beh ♃ geschl. nach der Redoute. Phantasie!
Herzklopfen. Conseil. Zu Wiel. Feuerlärm in der
Rittergasse, Herumgetrieben. Im Garten. |

(2) Früh zu Eins. das Logie besehn und beschlossen
Knebels Aerger über die tiefe Seele. Zu ☉ gessen.
Abends in Garten.

(3) beh ♃ mich angezogen zur Feyerlichkeit. um 11
die Beleihung von Schwarzburg im Saale. auf ♃
Stube und Bernh Leben gelesen. Zu Tafel. neben
der Waldnern gesessen gegen Freunden über. Erklärung
mit Kalb. Abends Bergers Spiel. Zu ☽ zur Tafel.
Nachts beh ♃ geschl.

|4. Ruhige Nacht. Heitrer Morgen. übers Berg=
werck gelesen die Deducktion Eckards in Garten,

unterſchrieben. Geleſen. gefochten geſchoſſen. Reiner
Tag.

5| Conſeil. mit Fritſch geſſen wo die Schwarzb.
Geſ. waren. Zu ☽ über des Pr Ludw. Brief.
Berger. Wurſt wieder Wurſt. Und darnach —!
Mais que Diable alloit il faire dans cette galere. Be=
wegte Nacht.

6.| Morgends gefochten, zu ☉. zu ☽ zu Tiſch. Nach
Tiſch gewürfelt um des Juden Waare und Poſſen.
Berg Capelmeiſter Hunde Humor. Zu Cr. zu ♃
dann in Garten.

7.| Gearbeit biſſ zwölf. Zu Fr. Der Kazze die
Schelle ang. zu ☉ geſſen und nach Tiſch in Leb=
hafftigkeit. Geron der Adelich. | Kettelh und St.
21. auf's Billard. Dem H. referirt. — Mais que
Diable alloit il —?! nicht zur Redoute geblieben.

8) am Br. für ☽. Grobh v Kn. Abends C. und
♃ bey L. ertappt.

9. Zur Herz. mit ♃ ausgemacht das Benehmen.
gegen 11 zu L.†† zu Herdern, geſſen. Kam ♃ und
Wiel. einen Blick ins Conzert. In Garten.

11.) Conſeil. Cammer Et. Eis. mit ☉ geſſen.
Glücklicher Abend. In der Bauer Masque auf die
Red. gegen 3 zu ♃.

12) gegen 9 aufgeſtanden

14.) Conſeil. bey Herdern geſſen. Mit ihm
ſpazieren. Auf die Red. Die Vögel Masken. Die
Herz. v. Gothe kam.

15. Morgens die L. Er. u. P. im Garten. Mittags zu Hause gessen. Abends zur Comödie. la locandiera.

16. zu Seckend. Schrötern mit ihr gessen, zu Wieland viel geschwäzzt. In Garten dicktirt an W. Meister. Eingeschlafen.

17. herrlich Wetter. Nach Saufeld geritten übern Hirschruf, Puffarth zurück. Abends ☉ Wiederkehr. Gezeichnet. Nachts 10 zurück in Garten. Die Bäume voll blinckenden Dufts im Mondschein.

18 Alles in Duft. Conseil. Die Bergwercks Sache. Sehr kalt.

23 früh zu ♃ wo Kausm. hinkam. Mittags bey ☉ gessen. Abends Probe von Lila. zu Cronen. Nachts Kaufmann. Gehezzt im Gesp. seltener Traum v. dem Vorigen bewohner

24 Früh wunderb Stimmung. nach Ettersburg mit ♃ und Wedel zurück zu ☉ wo die Werther war. Bewegung des Herzens Frühlings Thauwetter.

25. Conferenz mit Gläsern. Mit ihm und Eckardt bey Kalb gessen. Abends Probe von Lila.

26 Ankunft des Prinzen Ferdinand.

27 Probe v. L. Cour Morgends bey ☉ gessen. Abends Hof.

März.

1. Erwin und Elmire. bey Wiel gessen.

2. Bey Prinz Ferdinand Morgends. Bey Herdern gessen. Ins Conzert.

3. Lila gegeben.

4. Bei ♃ geschl. früh mit Stadth. ins Zeug=
haus, bey Hofe gessen Abends zu Cronen.

5. Prinz Ferdinand weg.

6. Gesch. mit Pr Const. übers Wegreisen.

7. War ☉ mit Waldn in Erfurt. Wir auf der
Rabenhütte Scene mit Kausm

9 Wieder Rabenschiesen. Aß ich im Garten.
Ging zu Cronen kriegte Picks und ging nach. hause.

10. war ☉ kranck Abends bey Ihr, zeichnend.
und schwäzzend.

11. Conseil. Mittag zu ☉ Nachmittag Bau
Session. Abends Feuerwerck.

12 Im Garten mit den Arbeitern beschäfftigt.
Der ♃ kam. bis zwölf. Ich Aß zu Hause, nach
Tisch Bau Visitation im alten Schloß. Zeitig zurück.
singnirt und gelesen.

13 Früh mich selbst gezeichnet. Anfang des
Flusses im Auge. Jalobi.

14 Früh zu Hause.

15. ☉ gezeichnet.

16 Fortgefahren und den ganzen Tag da.

17 Zu Hause, den Grundstein gelegt zum An=
gebäude. Abend zu Nachbaar Schmidten

d. 18 Conseil. Mit ♃ gessen gutes Gespräch
über Leben und Kunst. Zu ☉ gezeichnet, Englisch
sehr lebhaffter Abend. Mit den Kindern gegessen.
Afsereyen, Nachts Regen. Bau und das Portrait von ☉

3*

23. Früh Seckend bey ♃. Wir nach Ettersb.
Mittags draus Gessen alles arrangirt. Verdruſſ
über K. Abends zurück Nachts zu ☉.

24. Bey ☽ gessen mit Schn. Zu ☉ am Portr.
fortgezeichnet. Abens zu ☿ wo ♃ war und Cr. ₅

25. Viel Arbeit im Hause. Conseil zu ☉ zu
Tische. Kam Koch u. seine Frau. In Garten. Kam
noch ☉ mit T. Muthgen und Seckendorf. Keiner be=
wegter Tag.

26. Die Kinder alle im Garten. Eyer suchen ₁₀
u ſ w.

28. Verdruſſ übers Dach. Alleine den ganzen Tag
unter d. Arbeitern.

29 Conseil.

30. Abends bey Hofe. Die Kochinn sang. ₁₅

31. Morgends war Koch bey mir ging zu ☉ essen
und zeichnete am Portr.

April.

1.) Zu Hause an Meistern geschr.

2) Viele Arbeit im Garten Früh Herz Louise
bey mir. Nach Tische ☉ gezeichnet. Abend Ver= ₂₀
wirrung über ▭

3). Die Hecken gepflanzt. Den ganzen Tag mit
Bau und Garten Arbeit zugebr. Abends zu ☉.

4 Conseil. mit ♃ gessen. Er war θεωτατος und
gieng mit dem Dachs ranzen ins Wehebicht ich in ₂₅
Garten zu den Arbeitern. Abends zu ☉.

5) ἀγαϑη τυχη gegründet!

= Da Μυϑος erfunden wird, werden die bilder
durch die Sachen gros, wenns Mythologie
wird werden die Sachen durch die Bilder
gros.

[6] Tanröder Brand.

= Schwere Hand der Götter.

Gebaut und gepflanzt. Die Wehmuthsfichten

13 Mit Einf. nach Buffarth im Garten zusammen
gegessen.

Viel in der Seele umgeworfen.

18 Conseil. Fritsch Abschied. mit ♃ schnell gessen.

19. Zu Cronen Essen, besuchten mich im Regen,
ich begleitete sie wieder und blieb Abends. Nach
Mittag K. Besuch.

20. bey Hofe gessen. N. T. zu ☉ Abends Conzert

22 Philadelphia bey Hofe gespielt
Nachts gebadet.

23 Cörperliche Ubungen aller ley Art.

24 Nach Ottersb. getanzt. Abens Philadelphia
in der Stadt gesp.

25. Comödie. Conseil.

26. Abends Nacht Essen bey der Jöchhaus. bey
Er zu Mittage.

27 Im Garten Abends nach T. nachts 12 zu=
rück.

29 Kirchweihe zu Mellingen. Crone Abends.

30. Morgens R. Seccatore: dann godo. Zu ☉

essen vergnügt. Seltsame schnelle traurige Verändrung, englisch Othello. Abends nach Hause gefahren

Mai.

1 Morgens wieder wohl. Nachm. nach T. Auf den Wiesen spazieren. Füsse gebadet. gegen 8 zurück.

2. Conseil. Mit ♃ gessen. Nach Tisch Husaren Maneuvre. Abends Crone, Mine, Neuh. ♃. Seckend. im Garten. Ausgelassen lustig. Nachts herrliches Gewitter auf dem Altan abgewartet.

3. Mit Stein nach Belveder. zu ☉ essen, wollte nach Ettersb. lehrte um in Garten mit ♃. Abends ½8 Herz Louise.

4. Früh gezeichnet im Stern zu ☉ essen Nach= mittags die Kinder und Kestner im Garten abends ☉. Grosmama Schardt einen Augenblick. Gewitter. Kästner und die Kl. lampirt auf dem Boden.

5. die Tüncher.

6. in Tiefurt mit Stadthalter und den Her= zoginnen

7. Morgends zur L.

8. Crone den ganzen Tag im Garten

9 Conseil. nach Ettersb. geritten Mit Herz. Am. Abens war ☉ von Kalbsrieth zurück.

15. Herz. L. nach Belved. Abends Schwimm= wamms probirt. Kam ☉ in Garten. Assen wir zusammen fing an zu regnen und sie fuhren um 9. Uhr weg.

16. Conseil zog Herz. Am. nach Ettersb. Zu Tisch mit ♃ hinaus. Nachm. über Schöndorf nach Denst. Im Strohhüttgen. Zurück Abends zu Kronen das Lichtgen gesehen.

17 Abends zu ☉ Im starcken Regen nach Haus. Gros Wasser.

18 Die Wiese unter Wasser. Ging herum die Uberschw. zu sehn. Zu ♃ da war Steinauer. wir ritten bis Tobach durchs Wasser. Assen bei ☉.

19 Mit ♃ gessen. Crone im Stern. Im Garten bis Nacht. war herrlicher Mondschein und ich schlief aufm Altan.

20. Aß mit ☉ spazier mit ihr der Waldn. der Oppel, In Stern, Garten p satale Renkontre. Nachts zu ☉ Spargel essen. Kamen die Jlten. und ich ward noch lustig durch die Misels.

21. Mit ☉ den Jltens Abends nach Tiefurt

22 Gezeichnet. immer in duncklem Sinn Bolt. gelesen. nach Ettersburg. Zu ☉ bis 10 Abends. NB war der Herzog in Tiefurt

23 Conseil. Abends Seiltänzer. ☉. die Jlten ♃ im Stern und im Garten

24 war Crone früh und zu Tisch da.

25. Nach Beltw. essen. Nach Tische herein das Zeughaus zu sehen, dann die Springer. kam die Kiste vom Kfm.

26 Nach Belveder. Die Ruinen ruinirt. zurück. Verdruß Wedels über Bachmann. mit ☉ essen Mit

⊙ und M. ins neue Quartier. Abens Garten mit
ihnen.

31. Mit ♃ bei ⊙ geſſen. Nachm. gezeichnet.

Juni.

1. Gezeichnet und Radirt.

2. Regen Abends, die Miſels. Die Blatte geäzt.

3. Erſchien d. F. v. Deſſau früh mir im Garten.

4. Ettersburg. Nach Tiſch Le grand tour.

5. ♐ Mittag in der Stadt. Abends Tiefurt Gros
Waſſer! Nach Bercka Nachts zurück.

6. fiel das Waſſer.

7. Tiefurt. Brand in Sulzbach. Aerger pp.

8. Früh Denſtett. Nach Belv. gefahr. Nachm
drauſſen Nachts geſchwazt.

9. F. v. Deſſau fort. bis Auerſt. ihn begl. zu=
rück gegen 9.

14 Abends nach Kochberg frohen freyen Tag.

15 Sonnt. in Kochberg Aerger über die Zeichnung
dunckler tag.

16 früh zurück. Brief des Todts m. Schweſter.
Dunckler zerriſſner Tag.

17.

     Leiden und Träumen.

19.

20. Conſeil. in Belv. geſſen mit d. Graf Reus.
♆ ♃ zu ⊙ Abends im Stern mit der Geſell=
ſchafft

21. Früh Bauwesen. Mittag zu Cronen. Zu ☉ wo ♃ aufm Turn as. ritt nach Ettersburg.

22. Gezeichnet. N. M. d. ♐ Abends ☉ war traurig. zu Herdern. Abschied

Juli.

2. Mitt in Belveder Greifenkl. as mit.

3. Kam Dalberg. den Morgen verschwäzt mit ihm nach Belv. gefahren die Partie nach Dornburg ausgemacht, den Nachmittag beym Trou Madam verboselt, fatale Nachricht von Steinen. Gewäsche mit d. Giannini.

4. Früh nach Dornburg leidlich helle. Dort ward mir's wohl. Gezeichnet, Abends nach Cuniz. Das Schloß gefährlich erstiegen. im Regen zurück. Nachts auf der Streue mit d. Herzog, Prinzen, Dalberg u 2 Einsiedels vorher tolles Disputiren mit Einsied d. iüngern.

5. Frühstück auf dem Fünf Eck überherrlicher Morgen, kleine Canonen gelöst. Thors·heiligthum. Zurückgefahren mit dem Prinzen. mit ♃ gessen um 5 nach Kochberg geritten fand die Kleinen beym Essen.

6. Glücklich gezeichnet früh, nach Tische über Kuhfras, Mezelbach, Ezelbach, Weisse nach Weisenburg an der Saale. Viel geschwäzt mit Kästnern, gezeichnet. Ohims u. Zihims auf dem Rückweege verirrt, über Neusis spät nach Hause.

7 In dunckler Unruhe früh. um neune weg gegen halb eins erst hier. Grauer Morgen. Audienz den Landständen. Mit ihnen gessen. Nach Tisch in Garten. war Probst gekommen mit Er u M. kam ♃ dazu.

8. Conseil. früh an W. Meister geschrieben. Abends fuhr ♃ den Prinzen und mich nach Tiefurt. • Ich blieb unten.

9 Morgen verschwäzt verlesen verzecht Mittags da gessen nach Tische gezeichnet, dann begleiten mich Prinz und Knebel zurück. Abends gelesen Dupleix. Nachts mit ♃ ins alte Schloss. noch in Garten und herauf.

10. Abends an der Phisiologie des Basilisken. Brief v. Uchtr.

11. Nachmitt. halb 5. zu Fus nach Kochberg kam halb 10 an.

12 Früh im Garten gezeichnet. Nach Tisch den alten Weeg auf Weisenburg. in der höhle gezeichnet.

13 Wieder in der höhle. dann Nach Tisch unten am Wasser gez. Abends über Kirch Haseln Ober Haseln die Grundmühle nach Hause.

14. Um halb 9 weg geritten. in 2 Stunden 5 Minuten nach Weimar. In Garten. Der Träger gebrochen. Wand untergezogen.

Dumm Wetter und Sinn.

18. war Er ppp im Garten. Ich zeichnete die Gruppe.

19 Früh. Er. Gez. Abends beym Rittmeister. Auf den Feuer lärm geritten bis Tobach.

20 Mittag in Belved. Abends Tiefurt. gebadet.

21. Tiefurt früh gebadet kam Seckendorf. Nach Tische nach Denstet. Abends das Frage spiel mit Zufalls Antwort. Nachts zurück gefahren mit ♃.

22. Conseil. Nach Tisch in Garten. Abends herein.

23 Die Mauer vom Welschen Garten eingeworfen. Geglaubt den Ring verlohren zu haben.

24 Den Ring wiederkriegt. Meist auf den neuen Anlagen und Bau. Im Garten geschlafen in herr= lichem Mondschein aufgewacht. Herrliche Mischung des Mondlichts und anbrechenden Tags.

25 Conseil. Nach Tisch zu Fritsch. nach Etters= burg. Abends Prinz und Knebel herein. Geschwäzt.

26. Wieder in Garten gezogen. Die Natur un= endlich schön gesehn. Durch d. Regen am Zeichnen gehindert. Wedel kam wieder. Abends noch zu Cronen. Im Garten geschlafen.

27· Regen Cardan de vita propr. Nachm·Denstett. Dr Sievers gezeichnet. Abends Gespenster. in Tiefurt geschlafen.

28 herein geritten. Cardan gelesen. Herz zu Tische. Vogelschießen.

29 Früh nach dem Vogel geschossen. Um 10 Conseil. Die Verwilligungs Schrifft. Abends die Stein zurück von Pyrmont unerwartet.

30. Umhergezogen bey ♃ gessen. Feuer auf die Felsen gemacht, zu ☉. Abends Cardan Synes Somn. Gebadet:

31. In dunckler Wärme. Tazitus. Abschied Lb tags unterschr.

August.

9   Abend Tiefurt.

10. Im Zauberkreis. Zeichnet. Pucelle. Abends Ettersb.

11. Früh Er. ♐ mit ♃ gessen die Regensb. Musick Abends Belwedere. die Nacht Musick. Abentheur.

d. 12 kam Peter an. Früh Conseil.

23 Jagd aufm Esbach

24 Nach Ettersb. Hahnen schlagen viel getanzt.

25. Früh Crone. Conseil. Mit ♃ gessen. Bey Henning Gev. gestanden. Zu Lichtenb. Vogelschiessen mit Pistolen. Abends Wedel.

d. 27. Aug ritt ich Nach Tische dunckel von W. weg, ich sah offt nach meinen Garten zurück, und dachte so was alles mir durch die Seele müsse biß ich das arme Dach wieder sähe. Langsam ritt ich nach Kbg. fand sie froh und ruhig und mir wards so froh und wohl noch den Abend und

[28] wachte an m. Geburtstag mit der schönen sonne so heiter auf daß ich alles was vor mir liegt leichter an sah. Gegen achte weg über Teichreden, Eschdorf, Stadtremda, Ehrenstein, Neuwinden, Klein Liebringen, Geilsdorf, Singen, Gräfenau, Wilbach nach Ilmenau fand den Herzog der schon um halb neune angekommen war. Nach Tisch in s Bad, Abends mit den Mädgens

spazieren. Abends kam der Herr hatte einen zwölfer
geschossen. Mittags der Preußische Werber bey Tisch.

d. 29 früh Castrops Beschweerden, mit ihm den
neuen Weeg nach Martinrode, von da auf Burg zum
5 Geh Rath zu Tische zurück. Nach Tisch allein nach
Manebach, unter weegs geschlafen an der Ilm, ange=
kommen beym Cantor, auf seiner Wiese den Grund
hinauf gezeichnet.

d. 30. früh gezeichnet, vor Tische herein. Nachricht
10 von Pr Josephs ankunft nach Tische Beust. Zu
Hause. Herzog Abends gegen 7. Zurück. Beust brachte
zwey Doppelbüchsen für den Herz. und die Nachricht,
daß Pr Joseph d. 3ten kommen würde.

d. 31 Sonntags früh die Manebacher Zeichn. ge=
15 endigt. Kam d. Obermarschall. ich schickte einen Boten
nach Kochb. nach Tisch ritt mit Lichtenb. auf Stützer=
bach. war äußerst lustig den Abend.

September.

d. 1. den Morgen bis Nachm 3 auf der Jagd.
Heßler zu uns nach Tische mit den Bauermaidels ge=
20 tanzt, Glasern sündlich geschunden, ausgelassen toll
bis gegen 1 Nachts. Gut geschlafen.

d. 2. Morgends Possen getrieben. Nach Ilm. zurück.
Da Staff vom Otter König sprach fiel mir auf wie
sich mein innres seit einem Jahr befestigt hat, da nun
25 von Besuchen des Ameisen Königs und des Otter königs
Hülfe, das sonst der tägliche Discurs war, nicht mehr

die Rede ist. Die Kränze aufgehangen. Allerley be=
sorgt. Der Herzog kam erst um 4 zu Tische, nach
dem Essen zu Staff wo Rothenhan ankommen war.

d. 3 kam Pr. Joseph gegen eilfe mit Obrist . Maj.
v. Beust, Hofrath Kümmelmann, mit dem ich am
meisten redte. Er brachte die Oldisleber Sache aufs
Tapet und wusste mir zu seiner Absicht viel schönes
zu sagen pp. Gegen fünfe Pr Joseph wieder ab wir
noch zu Staffs. Possen Reise nach Francken und
Burgunder.

d. 4 früh 4 über Burg, Arlsberg, Dürberg,
Franckenhahn, Waizenhaus, Gräfenhan. |: Ordruf bleibt
von Gräfs recht man reitet durch die Schneidemühlen :|
Neuendorf, Georgenthal, bey der Kirche zwischen Kater=
feld und Altenberge vorbey |: die Kirche bleibt rechts :|
auf Fridrichrode |Rheinhartsbrunn bleibt rechts im
Grund, Gros Daverts, Caberts| Winterstein, Ruhl,
Wilhelmsthal.

d 5. am dicken Backen gepflegt, das Buch Hiob
gelesen. Die andern waren auf der Jagd.

d 6. kam Fritsch früh. wir ritten gegen zehn
nach Eisenach. Wartete alles auf.

d 7. Herzog in der Kirche. Blieb ich den ganzen
Tag auf meiner Stube, gegen Abend Bechtolsheim.

Montag 8. Audienz den Landst. Tisch. Abends
die Weiber, getanzt von 6 bis Morgends 3.

| 9. Früh zu Bechtolsheims. im Schloss gessen.
Wizleben war kommen. auf die Collegienzimmer nach

Tiſch. Bechtolsh Vorſchl. | in die Klembe. Mit den
Miſels ſpazirt. Mit Fritſch auf die Wartburg. Zahn
und Backenweh ward wieder ſchlimmer. Schlief faſt
nicht die ganze Nacht.

5 10. Groſe Schmerzen. Aſſen Becht. mit mir auf
der Stube. Abends Schmerzen bis 10 Uhr. leiblich
geſchlummert dann gut geſchlaffen biſſ

d. 11. 9 Uhr. Allein. Dann Schnaus. | Vielerley
gedacht übers Dramatiſche des Lebens. keine Schmerzen.

10 12 Früh allein. Dictirt am Radekiki. Abends
Appelius.

13. Conſeil. Alleine geſſen nach Tiſch auf die
Wartburg gezogen

14 gezeichnet, in mir gelebt. Abends hinunter zu
15 Rathens, zu Becht. Nachts halb 12 im hohen Mond=
ſchein oben angelangt.

15. Früh Seckendorf Darnach ♃ und Lichtb.
Hinunter. Andres Frau. zu Tafel. Vogelſchieſen.
Frau von Lindau. — Ward ein Menſch erſchoſſen
20 (Mit der Geſellſchafft vors Clas thor zu Bechth.
| herauf. |

16. Die Geſellſchafft der Mädgens auf Wartburg.

19. Bey Becht. geſchlafen

d. 21. Kam Merck. Nach Wilh. th. Conſeil.
25 Verwilligungs Schr. Merck bl allein. Abends zurück.

22. Nach Wilht. gangen mit M. durch Lgrſen Loch.
Draus geſchlafen

23 Nach Marckſuhl. auf dem Weege den Spieſer

gehezt. bey Sckel eingekehrt. getauzt. nachts über
Förde nach Eis. Dann auf Wtbg.

24. Zu Becht. Mittagessen zu Riebeckers, spa=
zieren, wieder auf die Burg.

25 Früh allein mit ·M· Kam Herz. v. Gotha.
Tafel. mit der Gesellschafft auf die Wartburg, übern
Mittelstein zurück. Nachts mit ♃ und Mercken wieder
hinauf, bis Mittern. geschwäzzt.

26 mit ♃. Merck zu Fus durchs Hell Thal in's
Landgrafenloch, konnte nichts zeichnen! nach Wil=
helmsth. Gegen Abend ging mit Wenzing pirschen.
Sah drey stück Wild, hörte den Hirsch nur wenig
rufen in den Wänden gegen über.

27. Früh in die Ruhl. Dumf lieber morgen
unter den Linden. Hezze über Tisch. Unbehaglichkeit
und Aerger. Vermehrt und gereizt durch M. Gegen=
wart. Tanz nach Tisch. Den Mädels Schnupft ge=
kauft. Zurück nach Eisenach. Mit Schnaus über die
Erklär. der Stäude. auf Wartb.

28 früh 8 mit M. hinab. ich fühlte den Abschied
als wir zum Burg thor hinaus traten. Nebel. Mit
Fritsch und Sch. über den Landt Absch. mit Fr. nach
Wilht. Gessen Vortrag. Nach Forellen mit der
Gesellsch. zurück. Durch die Hahn Gasse auf Wrtburg.
Dunckler Tag.

(29—30. Wilhelmsth. Der blinde Musikus. im
verw. Jungfer Loch ohne Leiter.)

October.

1.) früh zeichnen am Frauenteich. zu Bechth.
gessen. Nach Tisch Spazier war Victorgen mit.
Abends nach der Hohen Sonne, da geschlafen.

2.) Herzog früh 6 in die Zilbach. Ich zurück,
zu Fritsch zu Streubers, auf die Burg. Nach Tische
gewandelt und gezeichnet.

3.) Früh gezeichnet. kam Appelius mit der
Offeney, und Kühn. Mit ihnen hinab. zu Herda
Mittag essen. Dann zu Bechth. war Bickt. da. Dann
zu Appel. Nachts 10 auf die Burg.

4. Tiefes Gefühl des Alleinseyns. Hinab zu Wiz=
leben. Mit ihm geritten auf den Otto wald. Interesse
am Lockalen der Reviere. Nach Wilhth. nach Tisch.
aufm Kahn. Kam der Prinz. Auf die hohe Sonne
spaziert. Ich mit Wizleben hereingeritten. durch die
Hahngasse auf die Burg. Mich störte Knebels An=
kunft, der mir auch Grüße brachte, in meinem Gefühl
gänzlicher Abgeschnittenheit, seine Erzählungen wie
seine Gegenwart, zerrten mich in die alten Verhält=
nisse hinüber.

5. Mittags zum Prinzen nach Wilhelmsth. Abend
alle über die Viehburg auf die Wartburg Wizl.
Herda mit. assen da um 9 hinab. ich blieb oben.

6. früh gezeichnet am Felsen Weg. Mittag
Wilhelmsth. war Herzog ankommen. Bechtolsheims
waren mit. Nach Tisch auf Erd und Wasser herum

geschleppt. herein Abends auf Wtburg. Herzog und
Knebel kamen nach.

7 Herrlichster Morgen. Die Nebel blieben ab=
wärts. Herzog Haasen schiesen nach gr Lupniz. Knebel
und ich nach dem Landgr. Loch. Ich zeichnete am 5
Fels weeg. Viel geschwäzzt über die Armuth des Hof
treibens, überhaupt der Sozietät. zu Tisch nach
Eisenach. Gegen Abend zu Bechtolsheim. Kam das
Packet Eristika vom Stadthalter. Ich war stumpf
gegen die Menschen. Schlief Bey Becht.   10

8. Stund inwärts gewendet wieder auf. Die An=
kunft des Stadth. schloff mich auf einige Augenblicke
auf, Grimms Eintritt wieder zu. Ich fühlte so innig=
lich daff, |:alles andre bey Seite:| ich dem Manne nichts
zu sagen hatte der von Petersburg nach Paris geht. 15
Nach Tasel St. u. Gr. wieder nach Gotha. Knebel
toll. Ich las wenig im Apolonius. Zu Molcks wo
Picknick war. Mein Zahn der sich wieder meldt
hindert mich am Tanzen, die Klufft zwischen mir
und denen Menschen allen fiel mir so graff in die 20
Augen, da kein Vehikulum da war. Ich musste fort,
denn ich war ihnen auch sichtlich zur Last. Ins
Herzogs Zimmer! konnts nicht dauern, sah den Mond
über dem Schlosse und herauf. Hier nun zum lezten=
mal, auf der reinen ruhigen Höhe, im Rauschen des 25
Herbst winds. Unten hatt ich heute ein Heimweh
nach Weimar nach meinem Garten, das sich hier
schon wieder verliert. — Gern kehr ich doch zurück

in mein enges Nest, nun bald in Sturm gewickelt,
in Schnee verweht. Und wills Gott in Ruhe vor
den Menschen mit denen ich doch nichts zu theilen
habe. Hier hab ich weit weniger gelitten als ich ge=
dacht habe, bin aber in viel Entfremdung bestimmt,
wo ich doch noch Band glaubte. ♃ wird mir immer
näher und näher u Regen und rauher wind rückt
die Schaafe zusammen. — — Regieren!!

d. 9. Adieu!

um achte herab. Einpacken besorgt pp. bey der
armen Parade. Knebel toll. mit Streubern in die
Fabricken. War Gen. Riedesel zu Tische. Gegen
Abend mit Kneb. zu Streubern. Zu Bechth. einen
Augenblick.

d 10. früh fünfe weg. beym Stadhalter eine
starcke Stunde gefrühstückt um halb 12 in Weimar.
Im Garten. schönes Wetter.

d. 11. zu Cr. Krausen. Hufl. Nach Belved.
Ward die Hand des Herz. den in der Zillbach
ein Hund gebissen hatte und die er vernachläßigt
hatte schlimm und verdarb uns wieder vielen Spas
brachte mich aus meiner gehofften wenige Tage ge=
nossnen Häuslichkeit.

22. Ausgefahren nach Mellingen. Abends klein
Conzert. Gedicht für H. Am. Wars ♃ leidl.

23. den ganzen Tag gerannt, wie der ewige Jude.
Mit Petern früh beschäfftigt. Mit ♃ ausgefahren
ums Webicht, nach Belv. Das Band drucken pp.

Des Herzog Hand schmerzte und ich ward verschunden,
weil er auch den ganzen Tag gedruckt und gehetzt war.

24 Früh mit Petern zuschaffen. Dann Conseil.
Mit ♃ geſſen in Garten mit ♃ war Er. da u. M.
Abends zu ☉ gesungen und leidlichen Humors.

25. Abends Scene mit Pet. Geſellſch. bey ♃.
Spiel und Vorlesen Gozzi.

26 Zu ☉. Picks auf H. L. Nach Belved. guten
Humor und ſ. w.

27. früh mit Petern Geometriſche Poſſen. Zu ♃
eſſen. Zum Tuchmacher. Herder. Wiel. deſſen neuen
Buben geſehn. In Garten. kamen Herders noch, mit
ihnen hinein. Ich ging noch zum Herzog. Allerley.
Zurück. ſtiller halb trauriger Tag.

28. Conseil.

30 Eingenommen ♃ as im Garten bey mir.
Kamen Crone u. Mine. Satyros geleſen. Abend
an Meiſter geſchr.

31 Auf den Buttſtädter Jahrmarckt geſahren.
über Rohrbach nach Tiſch zurück. Abends zu ☉

November.

Heiliges Schickſaal du haſt mir mein Haus gebaut
und ausſtaffirt über mein Bitten, ich war vergnügt
in meiner Armuth unter meinem halbfaulen Dache
ich bat dich mirs zu laſſen, aber du haſt mir Dach
und Beſchränckheit vom Haupte gezogen wie eine
Nachtmüzze. Laß mich nun auch friſch und zuſammen=

genommen der Reinheit geniessen. Amen Ja und
Amen winct der erste Sonnenblic d. 14. Nov.

Acht in der Haushaltung keinen Rit zu eng, eine
Maus geht durch.

5 1.) Peter über das Stelzen L. durch die Stadt
gefilzt. kam der Dubois Brief an ihn. lamen die
Trauben und die Rembr. von Merclen.

8. H. Luise hereingezogen.

9. bey ⊙ gessen ernstl. Gespräch über die Ver=
10 hältniss. ♃ St. u W. erste Cour u Conzert bey Hofe.
Schöne Mondnacht.

10. Die Wirthschafft überlegt, nach Ettersb. war
H. Louise Waldner Seckendorf da. Gegen 4 kam ♃
von der Jagd. Abends herein im Garten geblieben.
15 Phil und Crist. nach OberW zur Hochzeit.

11. Conseil über die Landtagsreste. Zu ⊙. guten
Mittag Abends zu Hause. ♃ war auf der Kirch=
weihe zu Troistedt.

12. Eichen gepflanzt ward ⊙ Wohnung fertig.
20 Lief ab und zu. zu Hause gessen. Graf Reuss. nach
Sonnen Untergang gebadet. zu ⊙. Sie ging an Hof.
Zu Kestn. zurüc. Herrl. Mondnacht auf den schönsten
Tag.

13 Reine Ruh. in der ⊙ neuer Wohnung ge=
25 kramt. Abends ♃. Pr. Knebel zum Essen gegen 10
weg ich ging noch bis 12 auf den neuen Plaz im
Welschen Garten. Höchst schöner Mond und kalte
Reifnacht.

14 Conſeil. mit ♃ geſſen. war ☉ im neuen
Quartier eingezogen. bis Abends da. Nachts bis
12 ſpazieren. Trübe Nacht, mir wars hold in der
Seele.

15 ♃ in Eichenb. iagen. Ich früh gekramt immer
Wirtſch. Einrichtung bey ☉. kam Waldner, Stadt=
halter, abends allein geleſen Oronaro.

16. zum Stadth. Nach Tiefurt geritten. Uber die
neuen Pflanzungen geſchw. Uber des Menſchen wirth=
ſchafften in einer Gegend. Zum Herzog. Bey ☉
geſſen. mit ihr und den Kindern in Garten. Abends
bey Hof. zu ☉. Stiller heitrer Tag. Der Himmel
trüb.

In's Herrſchafftshaus gezogen weil ich mit dem
wiederanſtreichen die Plackerey im Garten hatte. Pro=
jeckte zur heimlichen Reiſe.

d. 27. ging der Herzog früh nach Marckſuhl ab.
mit Prinzen, Knebel Wedel. Es brante in Fidel=
hauſen, ich ritt hin. kam vor Tiſch zurück.

d. 28 beſorgt ich noch allerley.

d. 29 Früh gegen ſieben ab übern Ettersberg in
ſcharfen Schloſſen. 20 Min. auf 1 in Weiſſenſee.
ſtürmiſch gebrochen Wetter, reine Ruh in der Seele,
Sonnenblicke mit unter Abends nach 4 in Greuſen.
Muſſte ſchon halt machen es brach die Nacht ein.
NB. Wie der Fuhrmann erzählt von ſeinem Seel=
ſorger wie der ein Maas zu drey Schmieden ſchickt
dies nicht beſchlagen wollen weils zu gros iſt. Aber

er wills so haben — Wenn wird der zehende auf=
hören und ein Epha — ich weis wohl was steht.

d. 30 Sonnt. früh nach sechsen von Greusen mit
einem Boten ab. War scharf gefroren und die Sonne
5 ging mit herrlichsten Farben auf. Ich sah den Etters=
berg, den Inselsberg, die Berge des Thüringer Waldes
hinter mir. Dann in Wald und im heraustreten,
Sondershausen das sehr angenehm liegt. Die Spizze
des Brockens einen Augenblick, hinter Sondershausen
10 weg auf Sundhausen. Schöne Aussicht die goldne
Aue vom Kyffhäuser bis Northhausen herauf. Mit
einigen Invaliden die ihre Pension in Ilefeld hohlten.
Fütterte in Sundhausen. Dann bey Northausen weg.
es hatte schon gegen Mittag zu regnen angefangen.
15 Die Nacht kam leise und traurig. Auf Sachswerben,
wo ich einen Boten mit einer Laterne nehmen musste,
um durch die tiefe Finsterniss hierher (Ilefeld) zu
kommen. Fand keine Stube leer. Sizze im Kam=
mergen neben der Wirthsstube. War den ganzen Tag
20 in gleicher Reinheit.

December.

d. 1 Dez. Montag früh 7. von Ilefeld ab. Mit
einem Boten, gegen Mittag in Elbingerode. Felsen
und Bergweeg Gelindes Wetter leiser Regen. = Dem
Geher gleich = Nach Tische in die Baumannshöle.
25 d. 2. Den ganzen Tag in der Baumanshöle.
Abends nach Elbingerode.

3.) Nach Wernigerode mit P. spaziren auf die Berge pp.

4. Über Ilsenburg auf Goslar bey Schefflern ein=
gekehrt ingrimmig Wetter.

5. früh in Rammelsberg den ganzen Berg bis
ins tiefste besahren

6. Nach den Hütten an der Oker. Gesehn die
Messing Arbeit und das Hüttenwerck, zurück. Gessen
Spaziren vergeblich gezeichnet. zu Zehent Gegen=
schreiber, geschwäzzt, zurück.

d. 7 Heimweh. Nach Clausthal. Seltsame Em=
pfindung aus der Reichsstadt die in und mit ihren
Privilegien vermodert, hierherauf zu kommen wo von
unterirrdschem Seegen die Bergstädte fröhlig nach
wachsen. Geburtstag meiner abgeschiednen Schwester.

d. 8 früh eingefahren in der Caroline Dorothee
und Benedickte. Schlug ein Stück Fels den Geschwornen
vor mir nieder ohne Schaden weil sichs auf ihm erst
in Stücke brach. Nachmittag durchgelogen. Spazieren
und Spas mit den Fremden.

d. 9 früh auf die Hütten. Nach Tische bey Apo=
thecker Ilsemann sein Cabinet sehn. Abends nach
Altenau unendlich geschlafen.

d. 10. früh nach dem Torfhause in tiefem Schnee.
1 viertel nach 10 aufgebrochen von da auf den
Brocken. Schnee eine Elle tief, der aber trug. 1 viertel
nach eins droben. heitrer herrlicher Augenblick, die
ganze Welt in Wolcken und Nebel und oben alles

heiter. Was ist der Mensch daß du sein gedenckst.
Um viere wieder zurück. Beym Förster auf dem Torf=
hause in Herberge.

den 11 früh ab wieder über die Lerchenköpfe her=
unter die steile Wand her, Uber die Engels Krone,
Altenauer Glück Lilien Kuppe. durch die Altenau grad
durch nach Clausthal. Erhohlt getruncken gessen, die
Zeit vergängelt Abends Briefe und eingepackt.

d. 12 halb 7. früh aufgebrochen. Ubers Damm=
haus, den Bruchberg die Schlufft auf Andreasberge.
angekommen um 11 meist zu Fus. starcker Duft
auf Höhen und Flächen durchdringende Kälte. Im
Rathhaus eingekehrt. Abends eingefahren in Samson
durch Neufang auf Gottes gnade heraus. ward mir
sehr sauer diesmal. Nachher geschrieben Kalte Schaale
gemacht.

d 13 früh 6. in Nacht und glättendem Nebel herab,
durch Thal nach Lauterberge, war schon feuchter doch
noch Schnee. Auf der Königshütte während Fütterns
mich umgesehn. Fuhr mir was ins lincke Aug.
Uber Silckeroda. nach Duderstadt, Nebel, Koth, und
unwissenden Boten. Abends 4 in Duderst. mußte
das Aug verbinden legte mich vor langerweile schlafen.

d. 14 um 8 Uhr weg allein in tiefem Nebel und
Koth nach Mühlhausen. Angekommen um 2. blieb
da die Nacht.

d. 15 früh mit einen Postillon vor sechs weg,
war schon wieder kälter und hart der Weeg. gegen

11 in Eisenach fand den Herzog und die Gesellschafft
da. Englischer Reuter. Zu Bechth. gessen. Uber=
redeten sie sich einen alt hohlen Zahn auszziehen zu
lassen. Abends mit ♃ Web. Pr: u Kneb. allein
erzählt ihnen meine Abentheuer.   5

    d. 16 Nachts 2 mit Pr und Kn. weggefahren,
gegen mittag in Weimar.

    d. 30 die Mitschuldigen glücklich gespielt. Mittags
bei ☽ gessen, lustig und gut.

    d 31. Conseil. Geld von Merck. Abends zu Hause.   10
Aufgereumt das alte Jahr.

1778.

Januar.

1.) An W. Meist. geschrieben. Rein ruhig hatte das alte Jahr zusammen gepackt. Kam d. Herzog viel geschwäzzt über inure und äusere Zustände, Theater, pp. Aff haussen. Nachm Er u M. Abends mit ihnen hinein, traurige Nachricht vom Tobte der B. mit ge=nossen den Schmerz.

2) früh 1 B. Meisters geendigt. 11 Uhr Schwein hazze. Mittags bei ☽. Probe des Westindiers. Abends zu ☉ wo ihre Muter war und St. kam. Dunckel u. Stille.

3.) früh verlor Gözze die 9 rh. zu ☽ um 12 Schlitten die Waldn gef. nach Tiefurt. Ganz lustig, abends herein zu ☽ Amtmanns gesp. nachts die Frazze mit dem Ständgen. gegen 1 in Garten.

4) zu ☉ essen bis gegen abend. da zu Wiel. in Garten.

5) gegen Mittag nach Ettersburg mit allen im Schlitten. Draussen allerley Tollheit, extemporirte Comödie. Abends mit Fackeln herein.

6.) Früh für mich — mit ♃ zu Mittag gessen. Geritten auf Ehringsdorf. Abends Geschwind · eh mans erfährt.

7) Conseil neuer Verdruß wegen der Accise. zu
⊙ essen. Mit ihr und den Kindern in Garten. Ho=
garts besehn. Viel geschwäzzt vom Herzen aus. Ich
nach Belv. um vier wo die Herrsch. waren. wenig ge=
tanzt, herein auf des Herzogs Schlitten. Zu ☽. wo
Conzert war. Eckhof war ankommen. Ich ging.

8.) Früh Knebel, zu ☽ essen, Probe des West=
indiers. Afferehen, Nachts mit ♃ viel über unsre
Zustände.

9 früh allein. zu ♃ essen Nachts Redoute.
Um 2 nach Hause.

d. 10 gesch. bis 9. zu W. zu Eckhof. zum Prin=
zen bey Cr. gessen, zu H. Louise. Abends zum Pr
wieder zu ⊙ um 10 in Garten.

d. 11. Eckhof as mit mir. Erzählte die Geschichte
seines Lebens. Abends zu ⊙. dann zum Pr.

12 Probe des Ballets. bey ⊙ gessen Probe des
Westindiers.

13 Westindier gespielt. früh in Tiefurth ge=
wesen. Abends as Eckhof mit uns bey ♃.

|14.| 15 Conseil. kamen die Schweine von Eisenach.

16 früh Hazze in der Reitbahn mir brach ein
Eisen in einem angehenden Schweine, unter der Feder
weg. Wizlebens Jäger ward geschlagen. Mittags
mit der Herrschafft nach Tiefurt. Das Thauwetter
hatte eine grose Schlittenfahrt gehindert. Abends
Picknick. bey ♃ geschlafen. Hatte traurig in mich ge=
zogne Tage.

· 17. Ward Criſtel v Lasberg in der Ilm vor der Flosbrücke unter dem Wehr von meinen Leuten ge= funden. ſie war Abends vorher ertruncken. Ich war mit ♃ auf dem Eis. Nachmittags beſchäfftigt mit
5 der Todten die ſie herauf zu ⊙ gebracht hatten. Abends zu den Eltern. Zu Er aus der Probe.

18. mit ♃ ausgeritten, ein Stündgen aufs Eis. an Hof zu Tiſch. Nachmittag zu ⊙ einen Augen= blick in Stern ins Conzert. Nachts mit ♃. Knebeln
10 herüber. Knebel blieb bey mir die Nacht. Viel über der Criſtel Todt. Dies ganze Weſen dabey ihre lezten Pfade pp.

In ſtiller Trauer einige Tage beſchäfftigt um die Scene des Todts, nachher wieder gezwungen zu thea=
15 traliſchem Leichtſinn. Verſchiedene Proben:|
Den 30 zur H. Geburtstag das neue Stück.

Februar.

Dieſe Woche viel auf dem Eis, in immer gleicher faſt zu reiner Stimmung. Schöne Aufklärungen über mich ſelbſt und unſre Wirthſchafft, Stille und Vor=
20 ahndung der Weisheit. Immer fortwährende Freude an Wirthſchafft, Erſparniſſ. Auskommen. Schöne Ruhe in meinem Hauswéſen gegen vorm Jahr. Be= ſtimmteres Gefühl von Einſchränkung, und dadurch der wahren Ausbreitung

25 10. Die · Empfindſamen wieder gegeben. Das

Publikum wieder in seinem schönen Licht gesehn.
Dumme Auslegungen pp. 11.

12. Conseil. |: fortdauernde reine Entfremdung von
den Menschen. Stille und Bestimmtheit im Leben
und handeln. In mir viel fröliche bunte Imagination 5
Lila neu verändert.

13. Früh aufs Eis waren die Fremden alle da.
zu ☉ essen mit ihr nachm. wieder hinaus. Abends
im Garten Nachts zu ☉ wieder in Mondsch. mit
ihr spazieren. Früh Knebels politische Lieder. |: dacht 10
ich über meinen veränderten vermenschlichten Gesichts-
punckt über Geschäffte besonders das Oeconomische Fach :|

14. Mit Cr. gessen Nachm aufs Eis. Abend zu
☽ wegen d. Holl. Comp. d. Pr.

15 Zu Hause früh Aristoph stud. zu ☉ essen 15
Nach Tisch in Garten kam Krause, dann Herder,
Abends d. 1 Ackt d. neuen Lila dicktirt.

22 Früh Pl. ankommen. Waldn. gezeichnet. zu
☉ essen dann in Garten Abends bey Hof.

23 an W. fortgezeichnet bey ☉ gessen. Früh 20
Pl. gesehen. Ward mirs nicht wohl mit ihm. Nachmitt. Probe von den Gl. Bettlern. Abends in Garten.

24 Fr Pl. Conseil zu ♃ essen nach Tisch Cr mit
der Zitter im Garten. kam ♃.

25. Früh zu Hause, Pl. weg. auch z. H. gessen. 25
Nach Tisch Entenschiesen. Zurück. Abends ♃. Knebel
Prinz Wedel zu Tische.

26 War ♃ mit Wedel nach Eisenach.

27. Erwin und Elmire.

28 Gezeichnet an der Waldn.

März.

Stockende verschloßne Tage.

Graf Anhalt.

d. 11. Mancherley Kleine beforgungen. Mit ♃ geßen der eingenommen hatte. Kn. war auch da. Nach Tiſch zu Herd. der Abends kam und die Nacht blieb.

12 Kneb. Abends Fröſche. Eruſt.

13 Conſeil. Nach Tiſch mit den Kindern auf der Wieſe Ball. Abends Comödie. Nachts zu Cr. War in ſchönem beſtätigtem Weſen.

14 Abends Einſied. den Medec. malgr lui durch= zuſehen; blieb Nachts.

15. Einſ. gezeichnet. zu ⊙ zu Tiſche. Lebhafftes Geſpräch. Seltſame Gährung in mir. Ball geſp. in Garten. Abends die Kinder.

16. früh mit Neubert über die Storchſchn. zu ☾ zu Tiſche Abends Probe der Bettler. zu Cronen.

d. 18 Mit Steins bis Rolſchleben geritten.

d. 20 kam Edelsheim.

21 früh kam ♃ mit ihm in Garten. Mittag zu ☽.

22 früh mit Neubert den Storchſchn regulirt. Mittag zu ⊙ bis gegen Abend.

23 früh gebadet, gefochten nach Tiefurt. zu ♃ eſſen. Wedel war ſehr ſtockig. Nach Tiſch im Stern.

dann kam Krone in Garten, und Abends zu ♃ wo
Edelsheim war, viel geschwäzzt. |:Diese Zeit viel an
dem Felsen werck arbeiten lassen.

27 Die glücklichen Bettler. ♃ war viel in Milit.
gedancken, und ich ganz fatal gedruckt von allen Ele= .5
menten es währte noch einige Tage.

28 schöner Tag ich zog auf der Wiese und in der
Gegend herum.

29 kam früh H. Louise mit der Waldn. zu ⊙ mit
ihrer Mutter gessen. Nach Tische verschunden. Ge= 10
ritten um Belv. Abends in Garten.

April.

Unerwartet schön anhaltend Wetter in wenig
Tagen viel grün, blos vegetirt, still und rein. Die
Felsen und Ufer Arbeit sehr vorgerückt.

Weiter vegetirt in tausend Gedancken an unsre 15
Verhältnisse und unser Schicksaal. Unruhe des ♃.
erwachend Kriegsgefühl. A Tempo Brief des Fürsten
von Dessau. ♃ nach Ilmenau auf die Auerhahn
Palz. Wühlte ich still an Felsen und Ufer fort.

d. 12 Mit Ordnen des Hauswesens beschäfftigt. 20
Egmont war mir wieder in Sinn gekommen.

13 früh 6 mit Er weggeritten, sie begleitete mich
biß klein Hettstädt, ritt zurück in Kranichfeld essen,
ich war gegen 1 in Ilmenau. bey Hagern gessen.
Zu Fuse nach Stüzzerbach. Hirschhörner und Glaser 25

und leichtfertige Mädels. Nachts regent es wir konnten
nicht hinaus.

14. Tags über Tohrheiten. Früh in der Glas=
hütte dann Glasern geschunden Abends nach Jlmenau.

15. Bey Staffen gefrühstückt ein Mittag essen.
Geritten in Schneegestöber das nach lies bey Bercka
wieder ärger ward um 3 angek.

16. Die Kinder suchten Eyer im Komödien Saal
zu ☉ Abends.

17. I tre fanciulli von Hasse bei ☾ aufg.

18. Conseil mit ♃ gessen. Er u M. durchs
Wetter in Garten getrieben.

21 Nach Erfurt. Kriegsgeschwäz. Pr und Kn.
giengen wieder ich blieb die Nacht.

22. Früh Jsenbieliana. Card Bonav gel. Zu
Mittag. Obrlt. Otto. nach Tisch mit dem Stadth.
und seinem Bruder nach Weim. Abends rep. der Tre
Fanciulli.

23. Früh Dalb. zu ☉. zu Er essen. Zu Herdern
bis Nachts.

Schönes Wetter still und rein mit den meinigen
verlebt. Wenig fatales Geschäfft,

29. Die Herzog. L. Abends im Garten.
♃ 30 Er u Mine Abends früh Conseil.

Mai.

1.) Von dem Blütenregen morgen besangen. Auf
der Brücke Rentsch klagend. Partie auf Morgen

ausgemacht. Nach Tiefurt. Mit ♃ und Wedel im
Garten geſſen. Nach Tiſch Cr. und M. Regen und
wechſelnder Sonnenſchein.

10. Sonnt. früh 6· von Weimar ab. Abends
halb neun bey Müllern angek. in Leipzig.

11. Bey Oeſern. Roſſmarckt. In der Stadt herum.
Der Fürſt kam gegen Mittag. Vorſchlag mit ihm zu
gehn. Kurzgefaſſter Entſchluſſ. bey Tiſch zugeſagt.
Abends Zemire u Azor.

12. Auerbachs Hof. Werthers Bemerckung. Clo=
dius, Lange. Schömberg. Hohenthal und Damen.
Im Gaſthof Pompeluſer. Abends Henriette oder ſie
iſt ſchon dabey geweſen.

13 Abgereiſt. Früh 6. In Wörliz angek Nachm 3.
Nach Tiſche im Regen die Tour vom Parck im
Regen. Wie das Vorüberſchweben eines leiſen Traum=
bilds.

14 früh zu Schiffe 2 Uhr Mittags Abgereiſt.
Bereiter Simſon begegnet. Seiner Frauen Niederkunft
bey B. Begleitet von Beriſchen mit geſcheuten Be=
merckungen dumm ausgedruckt et vice versa. Abends 9
in Treuenpriezen. Pr. Adler. Sand. Rohrens Be=
kanntſchafft. Kn. Halsbinde

15 früh 6 ab. Potsd. um 10. Exerzierſtall.
Waiſenhaus, Stall beſehn. Nachmittag nach San=
ſouci. Caſtellan ein Flegel Engelsköpfe pp. ab 4 Uhr
in Berl. 9. Abend bey Pr. H. G.

16. früh Porzellan fabr. Opernhaus. Cath Kirche

Mittag bey Pr. Hans Georg. Nachm Graf, Chodo=
wiecki. Wegelin. Abends die Nebenbuhler.

17. Zu Andre durch die Stadt, Spaldings Predig.
Zu Frisch Zu Tafel Pr. Heinrich. Nacht. in Tier=
garten. Abends zu Hause.

18 Arsenal Mittag zu Hause mit Wedeln. Vi=
siten, Karschin. Elisium. Wegeli.

19 Maneuvre, zu Hause mit Wedeln gessen. N. T.
zu Zedtliz, Conzert, Pr v. Würtenberg

20 zu Chodowiecki mit 4. Von Berlin um 10
über Schönhausen auf Tegeln. Mittags Essen. Über
Charlottenb. nach Zehlendorf. Nachts 11 in Potsdam.

21 zu Mittag Cap. Langler kam der Fürst v. D.
Nach Sans. Bildergalleri Garten.

22 Sternhaus früh. Altes Schloss Parade. Mad
Quintus. Boulet. Garnison kirche. Gewehrfabr.

23 Früh ab über Wittenberg. Coschwiz, nach
Wörliz. angel. 5. Uhr.

24 Früh gezeichnet. Nachm. spazieren gefahren.

25 Kam die Berenburger Herrschafft

26 Früh gezeichnet. Abend über den Vogelheerd
auf Dessau. Basedow.

27 Früh auf Acken. Maneuvre. bey Pr. v.
Berenburg gessen. Gener. Knobelsdorf Marwiz.
Petersdorf Kleist Lossow, Wolfersdorf, Pr Nassau. —
Herz. Holstein.

28. In Dessau. Früh geschrieben, vertrödelt.
Theater. Bauwesen p Mittag Hof. Abends Conzert.

Juni.

d 1 Von Alstädt weg früh 6. heitrer Morgen.
hell das Thal und Sonnig um 1 in Weimar un=
erwartet schön die Gegend. Nach Tiefurth. seltsame
Nachricht. herein. die Sachen durch sehen Wieder hinaus.

Waren Löws, Bechtolsh. pp. da. war ich sehr ge=
nagt und still pp

20. Nach Tiefurt mit ♃. Nach Tische Homer
Bodmers. Nachts herein.

Juli.

Gearbeit an dem Kloster und Einsiedley zur Her=
zoginn Nahmenstag.

9 Herzogin Nahmenst. gefeyert

14. Eingenommen. Nachm Tiefurt.

Im stillen fortgekrabelt. körperlich gelitten. Fatale
Lichter über allerley Verhältnisse

29. Planirt den Plaz hinter der Mauer. Zu ♃
hinaus zum exerziren. Herein. zu Clauern, ins alte
Schloss, zu den Arbeitern. Gelesen Mengs. Nach
Tiefurt zu Mittage. Abends herein. Rollen der
Frucht besorgt. Mit ☉ spazieren, kam noch Knebel,
blieben auf dem Plaz bis 10.

d 31 Beschäfftigt mit dem morgenden Maneuvre.
Der ♃ ist zusammengefasst und gut und frisch. Knebel
hat eine falsch wahre hypochondrische Art die sachen
zu sehn die ihm wird bös spiel machen.

Auguſt.

6 Früh Niemeyer Abends Tiefurt.

7 Abends anfangen ſchwimmen im Flosgraben ſchöne. Mondnächte

8. Früh im groſen Fluſſ geſchwommen zu ☉ eſſen Im Garten das Gewitter abgewartet.

9 Nach Alſtädt.

10 früh kam der Fürſt von Deſſau.

23 Abend politiſche Disk. mit dem Stadthalter

24 war das Jagen am kleinen Ettersberg

28 Schlepte mich mit verdorbenem Magen

31 Nahm ein.

Wunderſam Geſühl vom Eintritt in's dreyſigſte Jahr. Und Veründrung mancher Geſichts Puncte.

September.

1.) Nahm wieder ein. Morgens zu hauſe Nachm. zu Wiel. Ward am Kloſter inwendig fortgemahlt.

d. 8 ging ☉ weg. Trieb ich noch an den Arbeitern

d. 9 zum Stadthalter.

d 10 Nach Eiſenach

d 11 Nach Wilhelmsth.

d. 14 Das Jagen.

d. 15. bey Streubers.

d. 17. Auf der Wartburg geſſen abends Comödie.

d. 18 Zurück nach W.

Mit dem Bauunwesen des Landsch. hauses be=
schäfftigt.

Lies meine Büste von Clauern versuchen.

Ging ♃ nach Ilmenau.

Hatte Gedancken über künftige Vorräthe zum Bau= ₅
wesen. Grillen zu neuem Schlosbau. War in Jena.
beym Steinschleifer und in Walchs Cabinet, auch bey
Griesbach. Ward das Wehr hinten am Landsch. H.
gemacht. Ward das Camin im Kloster gemacht.

October.

2.) Erste Probe des Jahrm. und Tanz bey ☽. ₁₀
bis halb 3 Uhr.

3.) Stille für mich. Zu den Handwerckern. zu
Haus zu Tische. Wurden die perenirenden Kräuter
vor den Felsen gesezt. Bettgen überlegt mit Schinzel.
Immer nähere Ordnung des Hauswesens. ₁₅

4) Stille. Nach Belv. Früh mit Gian. wegen
des Bettgens. Zu Haus gessen. Conzert. Abends
bey ☾. bey Er zu Nacht.

5.) Immer an den Arbeitern getrieben. Die
Kammerdiener ausziehen machen. Die Zeither an ₂₀
Wilh. M. gedacht u. geschrieben. Abends Jahrm.
Probe.

6.) Cammer Bilance von 77. Mancherley gedacht
über vorige und iezzige Wirthschafft auch mit eignem
Hauswesen beschäfftigt. Früh zu den Arbeiter. Zu ₂₅

Hauſe geſſen. Nach Ettersb. die Theater Poſſe zu=
recht gemacht. Abends war mir L. ſehr fatal, ich
plagt Einſied. über ihr Verhältnis.

7.) Früh Schnacken gemahlt. bey Tiſche. L. ge=
ſchoren mit Himmels und Höllen Frazzen. Gegen
Abend herein.

8. Zu den Arbeitern herum. Mittag Herdern über
alles geſchwäzzt Abends Mara in Belv.

Probe in Ettersb.

d. 11 Früh nach Kochberg geritten.

d 12. Früh wieder zurück.

Mit den Theateranſtalten in Ettersb. geplagt.

19. kam die Erbprinzeſſ von Brſchw.

20 Comödie in Ettersburg. Der Jahrm. und
Medz. Malgre lui.

21. Cour in Belweder.

22. Früh ging die Erbpr. weg.

23. Trieb ich an Arbeitern. Abends nach Tie=
furt. Zenobia pp. Ward das Wehr am Landſch. hauße
fertig. Überlegt ich für mich die Verlangen ſo vieler
um Verbeſſer. Hatte mit Wedel ein Geſpräch über
Bauvorräthe den Mittelberg u ſ w.

24 Conſeil. ließ die Bretter vorm Haus legen.
Sprach 24 mit mir über ſeinen Aerger der Vertrau=
lichkeit Web, des Pr, mit Uchtr. da wir aus dem
Conſ. gingen. Die Herrſch. war in Tief. um des
Geb. Tags ☽ willen. Ich blieb zu Hauſe zu Tiſch.
und wohnte über mir. durchſah die Rechn. pp.

November.

11. Zu Hause geſſen. W. M. Abend Concert in der Einſ.

12. Zu Hause geſſen Abend Conz bey ♃.

19 zog ☽ herein von Ettersb.

20 Abends Tiefurt Ward Er. kranck.

21.

Gegen Ende Beſorgniſſ für Krafften. Knebels Hypochondrie.

December.

Schrieb einige Scenen an Egmont.

War zugefroren gegen alle Menſchen.

5.) Alba und Sohn. As zu Hauſe. Machte eine Runde zu Fus aufs Eis. Abends zu ☉. Gagliani geleſen.

6. Früh in der Ilm gebadt. Mit Wedeln im Jäger haus zu den Hünern und Phaſanen. Geritten mit ihm nach Tiefurt. Knebel badte. las ſein Tage= buch von vorm Jahr. Der Herzog kam. Mittags zu Hauſe geſſen dann zu Wieland, ins Conzert. zu ☉. war ihre Mutter da.

7. Vor Tag in Stern. Zu Hauſe angefangen an Blondel. bey ☉ geſſen. (nach Tiſch die Moulures gezeichnet.) Abends Er und M.

8. (Früh Blondel.) bey Herdern geſſen. Nach Tiefurt wo mich alles an den Menſchen ärgerte.

Drum macht ich mich weg nach Hause. Hatte Lust zu nichts. (Zeichnete wenig an den Moulures.) Aristo=
phanes kounte mich des Schlafs nicht erwehren.

9. Conseil leidig Gefühl der Adiaphorie so vieler
wichtig seyn sollender Sachen. Zu ⊙ essen. wenig
aber gut nach Tisch gesprochen, sie kommt mir immer
liebenswürdig vor, obgleich fremder. Wie die übrigen
auch. Nachm zu Hause die Toskanische Ordnung ge=
zeichnet. viel Liebe zur Bau kunst. Wenn nur die
Aufmercksamkeit dauerte.

(10—12. Meist zu Hause nach Blondel gezeichnet.)

13. Früh Monolog Albas.

14 Feuer in der Schule. Abends Tanz bey ☾.
Gespr. mit dem ♃ über Ordnung, Pol. und Ge=
sezze. Verschiedne Vorstellung. Meine darf sich nicht
mit Worten ausdrücken, sie wäre leicht misverstanden
und dann gefährlich. Indem man unverbesserliche
Übel an Menschen und Umständen verbessern will
verliert man die Zeit und verdirbt noch mehr statt
daß man diese Mängel annehmen sollte gleichsam
als Grundstoff und nachher suchen diese zu kontre=
balanciren. Das schönste Gefühl des Ideals wäre
wenn man immer rein fühlte warum man's nicht
erreichen kann.

(15. Lichtenberg. Das alte Lied von der Exe=
kution. Archteckt gezeichn. zu Hause gessen. Abend
wenig zu ⊙ wieder nach Hause. Das Corinth.
Cap. gez.)

— Diese lezte Zeit meist sehr still in mir. Archi=
tectur gezeichnet um noch abgezogner zu werden.
Leidlich reine Vorstellung von vielen Verhältnissen.
Mit Knebeln über die Schiefheiten der Sozietät. Er
kam drauf mir zu erzählen wie meine Situation sich
von aussen aus nähme. Es war wohl gesagt von
aussen. — Wenn man mit einem lebt soll man mit
allen leben, einen hört soll man alle hören. Vor
sich allein ist man wohl reine, ein andrer verrückt
uns die Vorstellung durch seine, hört man den dritten
so kommt man durch die Parallaxe wieder aufs erste
wahre zurück.

Garstiges Licht auf Fr. geworfen durch viel seiner
Handlungen die ich eine Zeit her durch passiren
lassen. Gutheit von Steinen. Warnung solcher Men=
schen gut, aber nur selten. Offters ziehen sie einen
in ihre enge, arme Vorstellung. Jedes Menschen
Gedancken und Sinnes art hat was Magisches. Kriegte
die Lebens beschr. von Kr. Dachte über die Musik.
und die Zeichen Akad. Hundsfüttisches Votum von
K in der Bergw. Sache. Glauer fieng an Frizzens
Statue an. Mir war die ☉ sehr lieb Gutmütiger
Schn. Ich bin nicht zu dieser Welt gemacht, wie
man aus seinem Haus tritt geht man auf lauter
Koth. und weil ich mich nicht um Lumperey kümmre
nicht klatsche und solche Rapporteurs nicht halte,
handle ich oft dum. — Viel Arbeit in mir selbst
zu viel Sinnens, daß Abends mein ganzes Wesen

zwischen den Augenknochen sich zusammen zu drängen
scheint.   Hoffnung auf Leichtigkeit durch Gewohn=
heit.   Bevorstehende neue EckelVerhältn. durch die
Kriegs Comiss.   Durch Ruhe und Geradheit geht doch
⁵ alles durch..

Knebel ist gut aber schwanckend, und zu gespannt
bey Faullenzerey und Wollen ohne was anzugreifen.
Der Prinz in seiner Verliebschafft höchst arm.   Der
Herzog immer sich entwickelnd und wenn sichs bey
¹⁰ ihm mercklich aufschliesst, krachts, und das nehmen
die Leute immer übel auf.   Im ganzen wird spät,
vielleicht nie die Schwingung zu mindern seyn die
der Eunui unter den Menschen hier erhält.   Es
wachsen täglich neue Beschwerden, und niemals mehr
¹⁵ als wenn man Eine glaubt gehoben zu haben.

d 30 Nachm. nach Apolda mit Seckend. gefahren.
War die Jagd Parthie vergnügt.   Nachts bis halb 1.
mit S. die Neuiahrsw. geschmiedet.

31. Morgens halb sechs auf. gegen neun auf die
²⁰ Jagd leidlich geschossen vergnügt Abends zu Pferd
schnell herein.

1779.

Januar.

1 die Posse mit den Neujahrs Wünschen volführt
zu ☉ essen. Bey Hofe. Mit den Leuten gut.

. 2. Aufgeräumt, und mancherley Alte Papiere über=
dacht. Plan für dies Jahr. Mit ♃ ausreiten ums
Webicht. Volgst. Uchtr. zu Hause gessen. Aufräumen. ₅
Abends um die Hügel. Felsen gerennt. Herrlicher
Aufgang des Monds. Gezeichnet. Bis gegen Eilf
spazieren. Erster Reiner Schnee und hoher Mond.

4 Auf dem Eis, Bergwercks Conferenz. auf dem
Eis bis Monds aufgang mit Cr. nach Hause sehr ₁₀
müde.

5 Conseil die Kriegs Commission übertragen.
Aufs Eis essen. Nach T. kam ☾ nach den Aepfeln
gelaufen um Preise. Abends zu ☉ sehr lieb und
viel geschwäzzt. War ich sehr heiter und ruhig im ₁₅
Gemüth die ganze Zeit her, bis auf weniges

Mit Militär Oekonomie beschäfftigt. wenig Bau=
kunst. Viel auf dem Eis. War ☉ sehr lieb. War
ich sehr in mir.

9 Abends bey Seckend. Musick. Schweigen. ₂₀

10 früh die Officiers und meine künftigen Sub=

alternen. Uber das Geschäfft mich in der Stille be=
arbeitet. Immer bild ich mir ein es sey besser wenn
einer menschlichere Leidenschaften hätte. Ich bin zu
abgezogen um die rechten Verhältnisse die meist Lum=
perey und Armuth Geists und Beutels sind zu finden
und zu benuzzen doch muss es gehn. Da ich viel klärer
bin und sehr vorsichtig, offt zu misstrauisch das aber
nichts schadet.

d. 10 Abends nach dem Conzert eine radicale Er=
klärung mit ♃. über Er. Meine Vermuthungen von
bisher theils bestätigt theils vernichtet. Endets gut
für uns alle, ihr die ihr uns am Gängelbande führt!

13. Die Kriegs Commiss. über nommen Erste
Session. Fest und ruhig in meinen Sinnen, und
scharf. Allein dies Geschäffte diese Tage her. Mich
drinn gebadet. und gute Hoffnung, in Gewissheit des
Ausharrens. Der Druck der Geschäffte ist sehr schön
der Seele, wenn sie entladen ist spielt sie freyer und
genießt des Lebens. Elender ist nichts als der be=
hagliche Mensch ohne Arbeit, das schönste der Gaben
wird ihm eckel. Schwierigkeit irdische Maschinen
in Gang zu sezzen, auch zu erhalten. Lehrbuch und
Geschichte sind gleich lächerlich dem Handelnden. Aber
auch kein stolzer Gebet als um Weisheit, denn diese
haben die Götter ein für allemal den Menschen ver=
sagt. Klugheit theilen sie aus, dem Stier nach seinen
Hörnern und der Kazze nach ihren Klauen; sie haben
alle Geschöpfe bewaffnet.

Daß ich nur die Hälfte Wein trincke ist mir sehr
nüzlich, seit ich den Caffee gelassen die heilsamste Diät.

Vom 14 bis 25. In Ackten gekramt, die un=
ordentliche Repositur durchgestört, es fängt an drin
heller zu werden. Das Geschäfft mir ganz allein ₅
angelegen. Wenig auf dem Eis! Beunruhigt das
Amt Grosen Rudst durch die Preußen, Wiederkunft
Reinbabens, fatale Propositionen. Zwischen zwey
übeln im wehrlosen zustand. Wir haben noch einige
Steine zu ziehen, dann sind wir matt. Den Courier ₁₀
an den König. in dessen Erwartung Frist. Meist
mit der Kriegs Commission beschäfftigt, wenig auf
dem Eis, geritten.

d. 30. auf dem Erfurt. Weeg gestürzt. Aerger
über die Pferds Wirthschafft. Knebel kranck, mit ₁₅
Reisebeschreibungen sich labend. Clauer an Frizens
Modell gearbeitet. Er findet doch endlich gott sey
Danck an dem schönen Körper ein übergros Studium.
Und da er erst die Figur aus dem Kopf machen
wollte weil der Körper zu mager sey, kan er iezt ₂₀
nicht genug dessen Schönheit bewundern. Die Ge=
schichte, wie es damit von Anfang gegangen ist muß
ich nicht vergessen.

Februar.

d. 1. Conseil. Dumme Lufft drinne Fataler
Humor von Fr. ♃ zu viel gesprochen. Das Thau= ₂₅
wetter war mir in den Gliedern und die Stube warm.

mit ♃ gessen nach Tisch einige Erklärung über: zu
viel reden, fallen lassen, sich vergeben, seine Ausdrücke
mässigen, Sachen in der Hizze zur sprache bringen
die nicht geredt werden sollten. Auch über die Mili=
tärischen Makaronis. ♃ steht noch immer an der
Form stille. Falsche Anwendung auf seinen Zustand
was man bey andern gut und gros findet. Ver=
blendung am äusserlichen Ubertünchen. Ich habe
eben die Fehler beym Bauwesen gemacht. Die Kr.
Comm. werd ich gut versehn weil ich bey dem Ge=
schäfft gar keine Immagination habe, gar nichts her=
vorbringen will, nur das was da ist recht kennen,
und ordentlich haben will. So auch mit dem Weeg=
bau. | So schweer ist der Punckt: wenn einem ein
Dritter etwas räth oder einen Mangel entdeckt, und
die Mittel anzeigt wie dieses gehoben werden könnte,
weil so offt der Eigennuz der Menschen ins Spiel
kommt die nur neue Etats machen wollen um bey
der Gelegenheit sich und den ihrigen eine Zulage zu=
zuschieben, neue Einrichtungen um sich's bequemer
zu machen, Leute in Versorgung zu schieben pp. Durch
diese Wiederhohlten Erfahrungen wird man so miss=
trauisch dass man sich fast zulezt scheut den Staub
abwischen zu lassen. In keine Lässigkeit und Un=
thätigkeit zu fallen ist deswegen schweer.

2 Feb. Brief von Krafften Frühlings Ahndung.

d. 14 früh Iphigenia anfangen dicktiren. Spaziert
in dem Thal. Mit Friz u. Carl gebadet. Nach=

richt vom deffertirten Hufaren. Zu Hause geffen
Nach Tifch im Garten Bäume und Sträuche durch=
ftört.

Diefe Zeit her habe ich meift gefucht mich in Ge=
fchäfften aufrecht zu erhalten und bey allen Vor=
fällen feft zu fehn und ruhig.

d. 24 fehr fchön Wetter früh ging ich nach Belv.,
nach der Arbeit zu fehn. Im Rückweg begegnete
mir Melber und ich hatte grofe Freude ihn zu fehn.
Wir fchwazten viel von Franckfurt er as mit mir.
Nach Tifch. Buchholz u. Sievers. Abends an Jph.
geträumt.

d. 25 früh Kriegs Comm. nachher Conseil | war
ein Werckeltag:| Mittag Melber. ihn nach Tifche
verabfchiedet. Kam Crone wegen der 2 Edl. Vero=
nefer. Neblich.

d 26 Erfte Auslefung der iungen Mannfchafft.

27 Zweite Auslefung alhier.

28 Eingepackt und nach Jena. fchön Wetter. Die
Strafe mit Caftr befehen. Im Schloffe eingekehrt.

März.

1. Auslefung. mit H. Bentheim geffen. Nachher
fpazieren mit C. Abends für mich. Jph.

2. Nach Rothenftein die Strafe beritten, den
Durchftich bey Maue befehn. Zu Rafchau effen. n.
Tifch den Weeg nach Dornburg befehn. Abends 6
dort ankommen. bei Weteken gewohnt.

3. auslesung. nachher einsam im neuen schlosse
an Jph. geschr. so auch d. 4.

   d. 5. früh gearbeitet Abends Apolde.*)

   d. 6. Die Auslesung mit Heumann gessen.
5 Abends still.

   7 früh mit Venus nach Buttstedt. Logis im

---

   *) Dornb. 79 Rentsekr. Original Händel in Jena
Serganten erstochen in sächsischen Diensten. Schließt
sich ein Nachts auch zu Tisch zeit. kocht sich. Höchste
10 Ordnung, nimmt keinem Bauer Zinsen ab die er
nicht um die bestimmte Stunde bringt. Hat seine
Rechnungen bis 81 fertig auch seine Holz zettel.
Vorgt auf Pfänder Geschichte mit dem Hut. Citirt
Geister. Geht zu Fuse sein Aufzug. Die Affaire in
15 der Tasche Cassier des Teufels. Vorschüsse den Unterth.

Klage über Mangel der Viehzucht und ausgedehnten
Trifft der Pächter. Cuniz brave Bauern arbeitsam
und einfach, Küttel ohne Knöpfe mit Riemgen. Schlechte
Pfarrer seit vielen Jahren, einen Emeritum iezt einen
20 Adiunctum halb toll. Erdengraben. Wurm zu Borsten=
dorf. Händel mit den Husaren wegen der Prager.
Handelsbücher im Amt in guter Ordnung nicht ge=
bunden. Alter Amtmann in Camburg. Durchstich
bey Maue. Raschau alte Historien. Maj. Schm.
25 Dialog mit langen Perioden, der Mann taugt in den
Geschäfften gar nichts. hist v. Ernst. A. vom Zu=
bringen der Gesundh. Seiner Suada dem Geh. R.

Gleitsh. genommen. Abends auf die Schäferey von
Herren Gosserst.

d 8 Auslesung, kam Knebel. Beym Stadt Vogt
gessen. Auf den Turn Abends Knebel ab.

d. 9. Mit Castrop über Rastenb nach Alstädt. ₅
mit Bachm gessen. den Weeg nach N. Röbling

---

der ein Flegel war. Univers. Ursache des Verfalls.
Weinb. Ursache des Verfalls.

Apolda. Amtsrath. Strumpfw: liegen an 100
Stühlen still seit der neujahrs messe. Manuf. Coll. ₁₀
hilft nichts. — Armer Anfang solcher Leute leben
aus der Hand in Mund der Verleger hängt ihnen
erst den Stuhl auf, heurathen leicht. Sonst gaben
die Verleger die gesponnene Wolle dem Fabrikanten
iezt muss sie der Fabrikant spinnen oder Spinnen ₁₅
lassen und das Gewicht an Strümpfen liefern. Ver=
lust dabey an Abgang Schmuz und Fett denn die
Strümpfe werden gewaschen. Kann sie der Fabri=
tant nicht selbst durch die seinen spinnen lassen wird
er noch obendrein bestohlen Sonst wog man die ₂₀
Strümpfe überhaupt und ein Paar übertrug das andre,
iezzo werden sie einzeln gewogen und das schwerere
Paar nicht vergütet vom leichtern Paar aber abgezogen.

Jezziger Stillstand Sie sagen der Krieg hin=
dre nach Oesterreich Waaren zu schaffen. Denn ob= ₂₅
gleich daselbst diese Waaren kontreband sind gehen
sie doch in Friedenszeiten hinein.

beſehen. zu Stubenvoll Abends allein. Die drey
Ackte zuſammen gearbeitet.

10 Auslesung. zu Stubenvoll eſſen. N. Tiſch
den Weeg nach den Hange Eichen beſehn. Abends allein.

d. 11 Die Stuterey beſehen. Mit Prizelius eſſen.
Nach Kalbsrieth der Straſe Wegen. Abends allein.

d. 12 von Alſtädt ab. mit Caſtrop nach Weimar
Steinbruch. unterweegs gedacht. endlich Caſtr Litaney
von altem Saukram.

13. Alles durchgeſehn. leiblich gefunden. Glauers
Arb. Gut. Die Garten Wirth. hübſch. Abends vor=
geleſen die drey erſten Ackte Iph A. und Knebel
bleiben da eſſen.

14. Beſorgung. Abſchrifft der Rollen. Kirch=
gang der Herzoginn. Zu Hauſe geſſen.

d. 16 nach Ilmenau. über Wölfershauſen Arn=
ſtadt. Martinrode.

d 17 Auslesung beym Comm. Rath geſſen. Auf
die Porzellanfabr.

d. 18 nach Stüzzerbach. auf den Gickelhahn, Aſcher=
oſen, Schwalbenſtein.

d. 19 Allein auf dem Schwalbenſtein. d. 4. Ackt
der Iph. geſchrieben.

d. 20 früh nach Roda wegen des Weegs bey
Staff eſſen mit Hollebens. Nach Tiſch auf Wölfers=
hauſen geritten. Nachts daſelbſt.

d. 21. früh nach Weimar. Alles durchgeſehn und
beſorgt.

22. Kriegs Commission und was sonst vorkam.
mit ♃ Gespräch. Abends allein. kam ♃ noch spät.

23 früh Conseil. mit ♃ allein gessen, er wird
täglich reiner bestimmter.

d. 24 früh auf und das nötigste weggearbeitet.
Cammster Praetorius.

Gothische Herrschaft.

d. 27 Abends der Herzog von Gotha im Garten

d. 28. früh Denstädt. Abends: Iphigenie geendigt.

d. 29 Ein toller Tag aus einem ins andre von
früh sünsen. Lichtb. mit Kl. in Tief. Iph. vorgelesen pp.. Aus dem kleinen ins grose und dem
Grosen ins kleine.

War diese Zeit her wie das Wetter llar, rein, fröhlich.

April.

1.) Eierfest denen Kindern im Wälschen Garten.
Proben von Iphigenie und Besorgung des dazu
gehörigen.

6.) Iph. gespielt. gar gute Würckung davon besonders auf reine Menschen.

7) Kriegs Comm. Sess.

8.) Bey H. Am. gessen. Nachklang des Stücks.
Abends nach Tiefurt geritten nahm Frizzen aufs Pferd.
Knebels Noten zum Genealog. Kalender, und über die
Prinzen bey Gelegenheit des Koburger.

|: Man thut unrecht an dem Empfindens und Er-
kennens Vermögen der Menschen zu zweifeln, da kan

man ihnen viel zu trauen, nur auf ihre Handlungen
muß man nicht hoffen:|

12 Iphigenie wiederhohlt.

15. kamen die Rekruten.

Das schönste Wetter Mit mancherley Besorgung,
der Einrichtung der Einsiedeley pp. beschäfftigt.

d. 20. Nach Belw mit Kraus. Steiner von Winter=
thur. as die Herz. L. mit im Kloster. und die ☉
und Wöllw. Nachm. war die Fahrt nach Belved.

d. 21. Früh nach Kahle, gegessen daselbst Herzog
Wedel u Herder, waren gutes Humor. Nach Tisch
auf Jena.

d. 22. Früh das Cabinet besehen et reliqua. Zu
Tafel die Akademie Nachmitt. Biblioth. Abends dumme
Comödie. Zu Tisch allein.

d. 23 Früh über Cunis auf Dornburg dort gut
und fröhlich gelebt. Abends nach Jena zurück.

d. 24 Von Jena auf Weimar. zu ☉ essen.

Mai.

8 früh Conseil. ging ☉ nach Gotha Anfang
am neuen Theater und Redouten Saale.

viel schönes Wetter Eridon in Ettersburg gespielt
Nähe zu ☉. Herzog nicht wohl. Mit dem Gedancken
über Land und Leute Steuer Erlaß pp war ich die
Zeit sehr beschäfftigt

26 Den Tag meist in der Kriegs Comm die
Reposituren der Ordnung näher gebracht.

29 Nach Erfurt Abends kam

d. 30. Merck an, wir waren beym Stadthalter. Viel geschwäzzt.

31 früh auf die Hottelstädter Ecke Wurden empfangen ☽ ♃ Wieland Einsiedl pp. Tags in Ettersburg. Abends zurück.

Juni.

3 d. Jahrm. v. Plundersweil in Ettersburg gegeben.

stille für mich und viel Ackten Kramerey, auch Gedancken über wichtige Verändrungen. Mercks Würckung auf mich daß er das alles frisch sah was ich lang in Rechnungs Ausgaben verschrieben habe.

10. d. Medecin malgre lui und Proserpina in Ettersburg.

war ich nicht ganz wohl plagte mich ein verdorbner Magen doch hielt ich mich in dem was zu thun war aufrecht. ♃ ist bald über die große Crise weg und giebt mir schöne Hoffnung daß er auch auf diesen Fels herauf kommen und eine Weile in der Ebne wandeln wird viel Hoffnung auf Batty. Dunckler Plan der Red des Mil. und Hoffnung den geto bald los zu werden. Vorähndung vom 30 Jahr.

15 früh Conseil. Uber das neue Tuchmanuf. Regl. unterbrach den Ref. und trug gleich meine Dubia gegen das ganze vor. Vor Tisch noch viel mit ♃ über sein Wachsen in der Vorstellung der Dinge seines Intr. an den Sachen und wahrer Erkänt. Briefe von

Ernſt Aug. geleſen. Nach M. allein. im Regen ge=
badet auf dem Altan. an Egmont geſchrieben. Abends
kam Batty von Neumarck zurück.

Die Steuerſachen vorzüglich durch gedacht.

5 d. 27. nach Buttſtädt geritten mit Rath Reus
über die Steuer Einnahme zu ſprechen.

Juli.

Mercks Gegenwart. Verdruſſ mit Knebeln deſſen
Tour nach Pöllniz. Kraffts Nachrichten von Ilmenau,
Battys Nachr vom Zuſtand der Kammergüter, Arbeit
10 im Steuerweſen pp. traffen ziemlich zuſammen um viele
Ideen bey mir aufzuklären. ♃ machte es ein Ver=
gnügen die Rolle des Pylades zu lernen. Er nimmt
ſich auserordentlich zuſammen, und an innrer Krafft,
Faſſung, Ausdauern, Begriff, Reſolution faſt täglich zu.

15 12 Iphigenie in Ettersburg geſpielt.

13 Ging Merck früh fort. ♃ und ich ritten
herein. erzählte mir ♃ ſeine Unterred mit Knebeln.
as bey ☉. nach Tiſch ſchrieb die Aphorismen an
K. und ein Zettelgen an den Prinzen.

20 Gute Würckung auf mich von Mercks Gegenwart, ſie
hat mir nichts verſchoben, nur wenige dürre Schaalen
abgeſtreifft und im alten Guten mich befeſtigt. Durch
Erinnerung des Vergangnen und ſeine Vorſtellungs
Art, mir meine Handlungen in einem wunderbaaren
25 Spiegel gezeigt. Da er der einzige Menſch iſt der
ganz erkennt was ich thu und wie ich's thu, und es

doch wieder anders ſicht wie ich, von anderm Stand=
ort, ſo giebt das ſchöne Gewiſſheit.

Auch dünkt mich ſey mein Stand mit Cronen
feſter und beſſer. Aber auch auſſer dem Herzog iſt
niemand im Werden, die andern ſind fertig wie Dreſſel=
puppen, wo höchſtens noch der Anſtrich fehlt.

14) Machte früh meine Sachen zuſammen. Dann
Conſeil. Mit ♃ und d. Prinzen geſſen. leidliche
Erklärung zwiſchen den Brüdern. Nach Tiſch wenig
in den neuen Weegen, alsdann auf die Kr. Caſſe und
Akten geordnet dann nach Hauſe Abendſeſſion und
gute Unterredung mit Batty über ſeine lezte Ex=
kurſion. Wills Gott daſſ mir Acker und Wieſe noch
werden und ich für dies ſimpleſte Erwerb der Men=
ſchen Sinn kriege.

Gedancken über den Inſtinckt zu irgend einer Sache.
Jedes Werck was der Menſch treibt, hat möcht ich
ſagen einen Geruch. Wie im groben Sinn der Reuter
nach Pferden riecht, der Buchladen nach leichtem
Moder und um den Jäger nach Hunden. So iſts
auch im Feinern. Die Materie woraus einer formt,
die Werckzeuge die einer braucht, die Glieder die er
dazu anſtrengt das alles zuſammen giebt eine ge=
wiſſe Häuslichkeit und Ehſtand dem Künſtler mit
ſeinem Inſtrument. Dieſe Nähe zu allen Saiten der
Harfe, die Gewiſſheit und Sicherheit wo mit er ſie
rührt mag den Meiſter anzeigen in ieder Art. Er
geht wenn er bemercken ſoll grad auf das los, wie

Batty auf einem Landgut, er träumt nicht im all=
gemeinen wie unſer einer ehmals um Bildende Kunſt.
Wenn er handeln ſoll greift er grad das an was
iezt nötig iſt. Gar ſchön iſt der Feldbau weil alles
⁵ ſo rein antwortet wenn ich was dumm oder was
gut mache, und Glück und Unglück die primas vias
der Menſchheit trifft. Aber ich ſpüre zum voraus,
es iſt auch nicht für mich. Ich darf nicht von dem
mir vorgeſchriebnen Weeg abgehn, mein Daſeyn iſt
¹⁰ einmal nicht einfach, nur wünſch ich daſſ nach und
nach alles anmaßliche verſiege, mir aber ſchöne Krafft
übrig bleibe die wahren Röhren neben einander in
gleicher Höhe aufzuplumpen. Man beneidet ieden
Menſchen den man auf ſeine Töpferſcheibe gebannt
¹⁵ ſieht, wenn vor einem unter ſeinen Händen bald ein
Krug bald eine Schaale, nach ſeinem Willen hervor=
kommt. Den Punckt der Vereinigung des manig=
faltigen zu finden bleibt immer ein Geheimniſſ, weil
die Individualitet eines ieden darinn beſonders zu
²⁰ Rathe gehn muſſ und niemanden anhören darf.

18) Wollt ich nach Bercka. Hinter Legefeld kam
mir der Bote entgegen daſſ der Amtmann abweſend
ſey. Ritt auf Tiefurt. Aß mit dem Prinzen ſand
Knebeln weich und gut. Verſprach Mayen mich für
²⁵ die Herzogin von Würtenb. mahlen zu laſſen. Als=
denn nach Dennſtädt. Abends herein.

19. Zu Hauſe. Früh Kriegs C. Repoſ. Kam
Abends der Stadthalter. Auf der Wieſe geſſen.

20. Früh zum Herzog. Dann Conseil. Zu ⊙ essen blieb da nach Tische sizzen und las. Abends Crone die L. und P. Waren die Affen sehr närrisch.

21. War ich still in mir mancherley Gedancken Plane, Eintheilung der Zeit auf die nächste Woche, mit Battys Relationen beschäfftigt. Wollte Sonntags d. 25 auf Bercka. in der Nacht ward ein gewaltsam Feuer zu Apolda, ich früh da ich's erst erfuhr hin, und ward den ganzen Tag gebraten und gesotten. d. Herzog war auswärts in Bendeleben und Erfurt. Verbrannten mir auch meine Plane, Gedancken, Eintheilung der Zeit zum theil mit. So geht das Leben durch bis ans Ende, so werdens andre nach uns leben. Ich dancke nur Gott daß ich im Feuer und Waſſer den Kopf oben habe, doch erwart ich sittsam noch starcke Prüfungen, vielleicht binnen vier Wochen. Meine Ideen über Feuerordnung wieder bestätigt. Uber hiesige besonders wo man doch nur das Spiel, wie in allem, mit denen Karten spielt, die man in diesem Moment auf hebt. Der Herzog wird endlich glauben. Die Augen brennen mich von der Glut und dem Rauch und die Fusſolen schmerzen mich.

Das Elend wird mir nach und nach so prosaisch wie ein Kaminfeuer. Aber ich laſſe doch nicht ab von meinen gedancken und ringe mit dem unerkannten Engel sollt ich mir die Hüfte ausrencken. Es weis kein Mensch was ich thue und mit wieviel Feinden

ich kämpfe um das wenige hervorzubringen.. Bey
meinem Streben und Streiten und Bemühen bitt
ich euch nicht zu lachen, zuschauende Götter. Allen=
falls lächeln mögt ihr, und mir beystehen.

d. 26. lies mich versprochner Massen von Mayen
mahlen. Und bat Wielanden mir dabey seinen Oberon
zu lesen er thats zur Hälfte. Es ist ein schäzbaar
Werck für Kinder und Kenner, so was macht ihm
niemand nach. Es ist grose Kunst in dem Ganzen
soweit ichs gehört habe und im einzelnen. Es sezt
eine unsägliche Übung voraus, und ist mit einem
grosen Dichter Verstand, Wahrheit der Charactere,
der Empfindungen, der Beschreibungen, der Folge der
Dinge, und Lüge der Formen, Begebenheiten, Mähr=
gen Frazzen, und Plattheiten zusammen gewoben,
dass es an ihm nicht liegt wenn es nicht unter=
hält und vergnügt. Nur wehe dem Stück wenns
einer ausser Laune und Lage, oder einer der für
dies Wesen taub ist hört, so einer der fragt a quoi
bon.

Der Herzog kam Abends mit der Gräfin Werther
von Erfurt.

Diese lezten Tage des Monats wurden mir viele
Wünsche und Ahndungen erfüllt.

d. 29 Unterred mit ♃ über Fr.

d. 30 Dessen Brief an Schnaus wegen Burgs=
dorf und seine Entlassung. Auch dies hat uns das
Schicksaal schön eingeleitet durch seine lezte Ab=

weſenheit ſind wir geprüft und er fällt ab wie ein
überreiſer Apfel.

Neue Conduite fürs künftige. Vorſicht mit dem
Herzog. Von einem gewiſſen Gang nicht abzuweichen,
und im Anfang nichts zu rühren.   5

War wieder Streit mit ♃ und ſ. Fr. die leidige
Undanckbarkeit drückt ihn ſehr, und daſſ man ihn ſo
ſcheuslich verkennt.

D. ♃ abzuhalten daſſ er nur nichts für ſich
thut, denn er iſt noch ſehr unerfahren beſonders mit 10
Fremden, und hat wenig Gefühl zu anfangs wie neue
Menſchen mit ihm ſtehen.

Projeckt zur Reiſe nach Frf. überlegt.

d: 31. Berthan. Früh noch Mahen geſeſſen. Mittag
bey Hofe Abends in Ettersburg, wo ſie die Gouver= 15
nante aufführten von Boden imitirt.

Auguſt.

1) den ganzen Tag allein, auſſer mit ♃ und
umgeworfen den künftigen Zuſtand, die Reiſe nach
F. und wie Merck herbeizuziehn. Abends nach Bel=
vedere zu Fus.   20

2. Merckwürdig! früh rein aufgeſtanden. ♃ hatte
verſprochen um 8 zukommen. Da er ausblieb ſezt
ich meine Gedancken von geſtern weiter fort, machte
mein Abſteigquartiergen richtig. Schickte 10 in die
weite Welt. kam um 10 ♃. Sprachen wir unaus= 25
ſprechliche Dinge durch, er hatte geſtern ſchon an=

geſangen, über unſer inner Regiments Verhältniſſ das
äuſſere, meine Ideen einer Reiſe die ich vornehmen
muſſ wie die Weinhändler auf ihre Art. Von dem
Hof, der Frau, den andern Leuten, von Menſchen
5 kennen. Erklärt ihm warum ihm dies und das ſo
ſchweer würde, warum er nicht ſo ſehr im Kleinen
umgreifen ſolle. Er erklärte ſich dagegen und es
ward eine groſe intereſſante Umredung. zu ☉ zu
Tiſche nach Tiſch zu Schn. der über die Reſolution
10 erſchüttert war. Ich ſchlug in dem Modo eine Aus=
kunft vor. dann mit ♃ lange Unterred über eben
das. Nach her allein. Propria qui curat neminis
arma timet

Vom 3ten zum 6. anhaltend in ſtiller innrer Arbeit,
15 und ſchöne reine Blicke. Auf der Kriegs Comm der
lezten Ordnung der Repos. näher.

In Tiefurt groſ Soupee den 5ten.

den 6ten Abends nach Apolda.

d. 7. Zu Hauſe aufgeräumt, meine Papiere durch=
20 geſehen und alle alten Schaalen verbrannt. Andre
Zeiten andre Sorgen. Stiller Rückblick aufs Leben,
auf die Verworrenheit, Betriebſamkeit Wiſſbegierde der
Jugend, wie ſie überall herumſchweift um etwas befrie=
digendes zu finden. Wie ich beſonders in Geheimniſſen,
25 duncklen Imaginativen Verhältniſſen eine Wolluſt
gefunden habe. Wie ich alles Wiſſenſchafftliche nur
halb angegriffen und bald wieder habe fahren laſſen,
wie eine Art von demütiger Selbſtgefälligkeit durch

· alles geht was ich damals ſchrieb. Wie kurzſinnig
in Menſchlichen und göttlichen Dingen ich mich um=
gedreht habe. Wie des Thuns, auch des Zweck=
mäſigen Denckens und Dichtens ſo wenig, wie in
zeitverderbender Empfindung und Schatten Leiden=
ſchafft gar viel Tage verthan, wie wenig mir davon zu
Nuz kommen und da die Hälfte nun des Lebens vorüber .
iſt, wie nun kein Weeg zurückgelegt ſondern vielmehr
ich nur daſtehe wie einer der ſich aus dem Waſſer
rettet und den die Sonne anfängt wohlthätig abzu=
trocknen. Die Zeit daſſ ich im Treiben der Welt bin
ſeit 75 Oktbr. getrau ich noch nicht zu überſehen.
Gott helfe weiter. und gebe Lichter, daſſ wir uns
nicht ſelbſt ſo viel im Weege ſtehn. Laſſe uns von
Morgen zum Abend das gehörige thun und gebe uns
klare Begriffe von den Folgen der Dinge. Daſſ man
nicht ſey wie Menſchen die den ganzen Tag über
Kopfweh klagen und gegen Kopfweh brauchen und
alle Abend zu viel Wein zu ſich nehmen. Möge die
Jdee des reinen die ſich bis auf den Biſſen erſtreckt
den ich in Mund nehme, immer lichter in mir werden.

d. 11 früh ging ⊙ nach Kochberg. Abends ich
nach Ettersb. blieb daſ.

d. 12. hatte eine ſtarcke Erklärung mit ☾ die
auf das alte hinauslief. bey Verhältniſſen die nicht
zu ändern ſind müſſen gewiſſe Schärfigkeiten ſich
ſammeln, und zulezt irgendwo ausbrechen. Von
Zeit zu Zeit wiederhohlt ſich das. Ubrigens gings

gut. Bode war luſtig, bis auf die Ehrlichkeit die
ihn manchmal Ausfälle thun läſſt die Gräfin war von
unſrem Diskurs in Confuſion ihrer Ideen gebracht.

d. 13 ging ich zeitig weg. Abends kam Fritſch.
♃ kam Mittags von Gotha wieder, wohin er d.
12ten gegangen war.

d. 14 Conſeil. Mittags mit ♃ und Wedel in
dem Kloſter geſſen. Die paar lezten Tage waren nicht
rein gleich den Vorigen.

Vom 15. bis zum 21. die ganze Woche mehr
gewatet als geſchwommen. Freytags ſatalen Druck
daſſ Batty mir die mancherley Sauereyen denen nicht
gleich abzuhelfen iſt lebendig machte. Sonſt mit Cr.
gut gelebt und einiges mit Liebe gezeichnet, wenns
nur anhielte. Auf dem Troiſtädter Jagen d. 18ten
einen vergnügten Tag mit Wedeln.

d. 22 Nachmitt nach Kochberg. Rein und gut
da gelebt. Das erſte mahl daſſ mirs da wohl war,
doch kann ich mich noch nicht mit dem Ort noch der
Gegend Befreunden. Was es iſt weis ich nicht ob die
ſatale Erinnerung p. Zeichnete friſch, hoffte auf ein
wenig Talent.

d. 25. kam ein Huſar mit der Nachricht Grot=
hauſen wolle mich zu ſehen heraus kommen, ich wählte
nach Weim. zu gehn um mancher Urſachen willen.
Kam Abends 9 Uhr an, ſandt d Herzog Knebeln
Herdern Groth. auf der Wieſe. es iſt ein ſchöner
braver edler Menſch und es thut einem wohl ihn zu

ſehen, ſein Landſtreicheriſch Weſen hat einen guten
Schnitt. eigentlich iſt er ſo. eine ſeltſame Erſcheinung
daſſ man Wohlthut ſich nicht Rechenſchafft über den
Eindruck zu fordern den er auf einen macht.

d. 26. Früh dejeune b. Hofdamen. Getanzt
in Kalbs Saal, mit Wedeln luſtige Projeckte zur
nächſten Reiſe. Mittags mit 2ꝛ Prinz. Knebel. Grot=
haus, Wedel, Wieland unter den Aſchen gegeſſen Er
erzählte ſein Corſiſches Abentheuer aber obenhin.
Nach Tiſche ging er weg nach Jena. Ich blieb mit
Knebeln. Ward mir eine Erſcheinung über die Con=
duite der Picks womit ich gleich d: Anfang zu
machen beſchloſſ — Abends kam H. Louiſe mit d. Fräu=
lein Wöllwarth auf die Wieſe und Knebel und ich
gingen mit, es ward gut geſchwäzzt. — und auch

d. 27. gleich that. Es Geht, nur muſſ friſch ge=
wirthſchafftet werden. Die Pesanteur der Leute druckt
einen gleich nieder. Ich wills auf dem Weeg eine
Weile fort treiben. Früh alles abgethan, Mittags
zu Cronen. Dann zu Herdern dem Vorgeſtern Nacht
ein Knabe gebohren war dann zur fl. Schardt.
Dann mit Boden auf die Tobacks Acker.

d. 28 zum Geburtstage frey und froh. Nachmittag
ſagte mir d. Herz ſeine Gedancken über Schn. und
meinen Tittel.

30. Mittags Er. Abends gingen wir nach Belo.
War ein überſchöner Abend und Nacht.

31 Früh ſechs ſpazieren nach Tiefurt viel Ge=

dancken über die bevorstehende Reise und Verände=
rung. sonst muthig und gut. Bewegung ist mir ewig
nötig.

September.

2.) Wie durch ein Wunder seit meinem Geburtstag
in eine frische Gegenwart der Dinge versezt, und nur
den Wunsch daß es halten möge. Eine offne Fröh=
lichkeit und das Lumpige ohne Einfluß auf meinen
Humor. auch war das Wetter besonders herrlich

d. 3 Dejeune. dann Aufgestellt die Versuche unsrer
Zeichenschule. Es wird gut weils angefangen ist als
wärs gar nichts. Mittags mit ♃ d. Prinzen Wedeln
unter den Aschen gessen. Nach Tisch zum Vogelschiesen.
Bald wieder weg. Blieb ich still im Garten, Abends
halb 7 holt ich ♃ ab gingen nach Ettersburg,
Knebel begleitet uns eine Strecke. Fanden sie oben
leidlich vergnügt. Und trieben unter uns nachdem
die Damen retirirt waren viel Thorheiten. Einsiedel
sprach vernünftig über Boden.

d. 4. früh 7 weggeritten nach Weimar. fand im
Garten manches Sonnabends Geschäft auf die Kr.
Comm. zu Cr. essen. Nachm. allein Abends ums
Webich gelaufen. Dann halb 9 zu Schnaus über
die nächsten Politica. |:Der Besuch der schönen Götter
dauert noch immer fort:| auch das reine Wetter

d. 6. kriegt ich das Dekret als Geheimderath.
Der Wirbel der irrdischen Dinge auch allerley an=
stosende Persönliche Gefühle griffen mich an.

Es ziemt sich nicht diese innern Bewegungen auf=
zuschreiben. — Bemerckung eines Politischen Fehlers
den ich an mir habe, der auch schweer zu tilgen
ist —

d. 9 Conseil. Nachm nach Ettersb. und droben
sehr lustig.

d. 10 früh wieder herein.

Abreise.

d. 12. Sept. Sonntags früh Halbsechse von Etters=
burg. Schön Wetter ¼ auf 9 in Erfurt, nach
Eilfen in Gotha. Ahndung der freyen Lufft und
Projecte künftiger Wandrungen. Gottern zu Tische,
Nach Tisch Mrs. du bois und seine Taute die sich
präsentirten. Nach Eisenach gefahren, um halb 7
daselbst angekommen, unsere Pferde kamen um ½ 9.
hattens satt. Wir gingen zum Kanzler. Präs. Vize
Kanzl. W. as bey Herdas. G. war bis 10 bey
Vicktorgen. Nachts Krause geschwäzt bis ½ 12 über
W.th.rs.

d. 13 früh 6 nach Creuzburg, dort gezeichnet die
ausgebrannte Kirche. gegen 10 kam ♃ erst dahin,
nach Bischhausen geritten. Gegessen, gezeichnet. Ge=
fahren über Hüls, Nachts 1 Uhr in Cassell.

d. 14 früh die Parade, Orangerie, Auggarten,
Menagerie, Modelhaus pp. Nachm. die Galerie Abends
zu Forstern, ihn zu Tische mitgenommen. Viel ge=
fragt, und geschwazzt.

15. Auf Weissenstein, den Winterkasten erstiegen, die übrigen Anlagen besehen. Abends zurück.

16. früh das Kunstkabinet, die Antiken, die Statue des Landgrafen unter Nahls Händen. Gegessen. Weg-
gefahren um 12 Uhr. nach Wabern von da geritten auf Insberg. angel. um 8 Uhr.

October.

d. 8ten bis Thun.

d. 9. nach sieben von Thun abgefahren.

Gegen 12 kamen wir hier an. Das Jungfrau
horn war mit Wolcken angezogen. Das Eis thal in Sonnenblicken auserordentl. schön. Der Steinberg im Rücken an ihn schliesst sich der Tschingel Gletscher und so ist man im Ende des Thals wie gestern.

d. 10. Uber Radschocken, sahen im Thal grad ab
die Bleyhütten und Sichellauinen oben den Breit-
lauinen Gletscher der bis ins Thal fällt und sein Wasser unter dem grau beschaffnen Eis hervor jagt. hinter uns links der Mönch. Wir stiegen über den Schwendi 23 Minuten auf 10. Halb 10 erschien das
Jungfr. Horn. Rückwärts sahen wir Myrren und den M. B. und Bach. auch das ganze Lbr. Thal. neben M. Br. Gimmel Wald und links das Brundli horn wohinter Sewene liegt. Die Sonne ging über Br. L. Gl. auf, eine Weile stieg der Weeg über
Matten, dann wand er sich rauher an Berg hinauf. Man geht einen Fussteig über eine hängende Matte

die Steeg genannt. wir kamen über verschiedene Bächli und Wasserfälle. gegen halb 11 ward das Breithorn sichtbar. wir gingen an hoher Alp und dem Tschingel Gletscher vorbey.

Um ½ 12 stiegen wir immer an dem Gletscher gegenüber auf, sahen den Schwatri Bach in starckem Fall aus dem Gletscher kommen.

Wir assen auf Steinbergs Alp. Der Schaaf bach kommt ganz hinten aus dem Tschingel Gletscher und macht mit dem Schwatri bach die Lütschine.

Amerten war unter uns wir sahens nicht. Es ward kühl die Wolcken wechselten. wir assen und trancken und feyerten sehr lustig saturnalien mit den Knechten und Führern. Philip wurde vexirt daß er heut früh sehr viel Käs suppe gessen habe. Es war ein närrsches Original von Thun mit den wir herauf geschl. hatten.

Wir waren um ½ 2 auf dem Tschingel=Gl. und machten Thorheiten Steine abzuwälzen es war schön und höher als sich denckt. Der Herzog wolte es auch noch immer toller, ich sagt ihm das wäre das und mehr fänden wir nicht. wir gingen am Tschingel her. Das Tschingel horn mit Wolcken stand vor der sonne, es war von da herab der Gletscherstock bis unten wo er in Hölen schmilzt.

¾ Auf 3 kamen wir auf dem Ober horn an zwischen Felsen und Gletschern. die Sonne schien. D ♃ hatte den Spas gespürt. zwischen den Gesteinen

macht das Eis Wasser ein Seelein. Die hohen Fels=
lagen sind mit Eis bedeckt. Das Seelein liegt mehr
vorm Tschingelhorn, es war oberhalb leicht bewölckt.
Grau die Decke der absinckenden Eise, blau die Klüste
5 die Felsen, d. Stein alles Granit.

Um 3 Uhr gingen wir ab.

NB den Wasserfall aus den holen Gletschern durch
die Uberbogen und Schrunden.

Es ward wolckig regnete brav wir hörten offt
10 Gletscher Prall sahen auch einen.

d. 11ten von Lauterbr ab den untern Weeg gegen
2 Uhr im Grindelw angekommen, sahn den ausfluss
des untern Glätschers. früh morgens regnet es, dan
war es das schönste wetter.

15 d. 12ten früh vom Wirtsh. im Grindelwald, es
war das der erste gang an dem Morgen, seit wir in
dem Schnee sind.

Des Morgens nach 7. Verirrte mich kamen am
ob. Gl. zusammen gingen im Schatten des Wetter=
20 horns den Scheideg hinauf. es war wie wir hinauf
gingen alles scharf gefroren. um 11 Uhr waren wir
oben. Abend auf die Scheidegg alp fanden noch
Leute. um 12 rasteten wir an einer Hütte, unter
dem Wellhorn und Engelhorn das in spizzen Thür=
25 men und Zacken gar verwunderlich ist. es war liebl.
kühl die Sonne schien hoch. gegen 1 brachen wir auf.

November.

d. 8 vor Tag aus Martinach die Haupt Straße
gangen. Sonnenschein Morgen. Sehr lustiger Weg. eine
abgebrochne Brücke drei Stunden von Martinach über
die Rhone. an der lincken Seite weg herrliche Aussicht
von einem alten Schloß nach Sion und dem ganzen 5
Thal. Aufsteigen der Dämpfe von den schnee bergen.
NB Nacht und erst nach Sion etwas gegessen und
zu Fus nach Syders alias Sierre gekom. Schöner
Weeg an den Wenden am schönsten Tourbillon vorbey.
NB schöner Anblick ehe man nach S kommt. Viele 10
Formen von Hochpflanzungen bis zum abgesteckten Weeg

d. 9. Bey Zeiten aus Siders mit ♃ allein. nach
dem Leucker Bad. schöne Aussicht ins Wallis, beschweer=
licher Weeg. schrieb eine Scene am Egm. Besonders
trefflicher Anblick nach Inden hinein. bösen Felsgang. 15
Ruhige Laage. das Baad — Gang gegen die Gemmi.
Zurück gute Wirths leute Essen Gespräch geschrieben pp.

d. 10. Erster Schnee. NB Das Brauen der
Wolcken Abends vorher. mit Tags Anbruch ab. über
Inden nach Leuck Wasserleitung. Schöne Lage vor 20
Inden, einige andre Dörfer auf den Höhen. In Leuck
Wedels Vorschlag die Pferde zurück zuschicken. Wedel
mit den Pf. ab. ♃ und ich auf Brieg mit 1 Maulth.
und Wagen. Abendwind hinter uns Zug der Wolcken,
Seitenzug der Thäler Schnee wände Herrliche Wolcken 25
im Abend. Brieg. Gute Stube und Camin.

11 Von Brieg mit Pferden. enger das Thal, auf=
wärts. Ängstl Stimmung Verfl. Gefühl des Euten=
fangs. es hatte die Nacht auf den Bergen geschneit.
nach und nach in die Region des Schnees. Nachm.
5 Oſtwind ſtarcke Kälte und Hoffnung geblieben der
Furcka. in Münſter.

Fatale Ahndungen Erinnerung Enge böſes Gefühl
daſſ man im Sack ſtickt Hoffnung und Vertraun

d. 12 Wacht ich Nachts auf und ging ſogleich
10 ans Fenſter. es war hell und kalt ich ſah den Orion,
es hatte nicht geſchneit. Früh Trieben die Wolcken
vom Abend aus gegen die Furca. wir um 7 Uhr ab
nach Oberwald. tiefrer Schnee ein ſcharfer Morgenwind
riſſ den Vorhang über uns auf wir faſſten Muth.
15 In Oberwald fragten wir ob man über die Furcka
kommen und ob ſich Leute verbinden wollten uns
hinüber zu bringen. Es melden ſich 2 Burſche wie
Roſſe, um 10 ab. Sonnenſchein. Wilder ſtieg das
erſte Thal hinauf groſſer Anblick des Rhone Glätſchers.
20 Zweite Stunde leidlicher Stieg viel Schnee, dritte
Stunde aufwärts beſchweerlicher. am Kreuz Wechſelnde
Wolcken, Sonne wie Mond, Stöber Wetter Lapp=
ländiſche Anſichten, Grauen der unfruchtbaren Thäler.
Abwärts weit tiefrer Schnee Sonnen blick in dem
25 Thal von fern. Oede Gegend. abends 5 in Realp.
Capuziner gute Aufnahme gut durch gewärmt. Geſſen
Geſchwazt ſchöne Geſchichten und Geſinnungen unſrer
Führer. pp.

d. 13 früh gegen 10 wohl ausgestattet ab. Der
klarste Himmel durchs Urseler thal. Sonne an den
Bergen. Einsamkeit abnehmend. im Hospital ein Zug
Maulthiere. Hohe Sonne. Leben. Eingekehrt. Dann
aufwärts. heisse Sonne. alles Schnee! schöner Anblick ₅
nach Ursern hinein weiter aufwärts herrlicher Wasser=
fall. wie über schwarzen Marmor. Die Maulth.
eingehohlt. 63. es fielen ihrer auf dem Eis. Scharfer
Wind im Rücken beym hohen Sonnensch. gegen 2 an=
gekom. Gute Aufn. Essen gespräch p. p.   ₁₀

1780.

d. 17. früh Anfang zur Ordnung und Besorgung
gemacht. Krafft Epistel sexti. Kriegs Comm.
waren mir die Sachen sehr prosaisch. zu Wieland.
Gut Gespräch und Aussicht besseres zusammenlebens.
5 Vorschlag zu einer Sozietät. zu ☽ zu Tische munter
und gesprächig die H. und andre. Nach Tisch zur
Tus. dann zu Boden. weitläufige Erklärung über
▭ △ Er ist ein sehr ehrlicher Mann. Nach Tiefurt
der Prinz nicht ganz wohl. Knebel freundlich Baty
10 gelesen. NB. Jederman ist mit ♃ sehr zufrieden
preißt uns nun und die Reise ist ein Meisterstück!
eine Epopee! Das Glück giebt die Titel die Dinge
sind immer dieselben.

d 18. früh an Müllers u Krafft arrangements
15 gearbeitet. fortgefahren das übrige einzeln abzuthun.
Ich will nicht ruhen bis ich rein von dem hinter=
bliebnen zeug bin, neues giebts immer. Rosten
schreiben lassen. Auf die Kr. Comm. Gute Ordnung
gefunden. Captatio benevolentiae. Wenn sie wüßten
20 daß mich Staub und Moder erfreute sie schafften ihn
auch. Indeß ist das auch gut. Baty bey mir zu

Tisch). Auch gute Nachrichten von Gros Rudstädt.
er will aufs frühjahr ins Oberland. Wenns nur
anfängt zu geschehen. Wenn nur das gepflanzte nicht
gleich ausgerissen das gesäte nicht zertreten wird.
Nach Tisch auf Belvedere da gehts seinen Gang. 5
Abends Tiefurt war vergnügt mit den Misels.

19. Immer weggearbeitet. Kriegs Komm. Mittags
Staff und Luck zum Essen. Kam Bertuch. Entsezlich
behaglicher Laps. Bei ☽ Conzert. Alexanders Fest.
Unsre Leute sind nicht dazu. Abends bey ☉ gut. 10

20 Weiter aufgeräumt. Bin ein wenig erhizt,
es ist doch des getreibes zu viel. Schwabhäuser Sache.
Ilmenauer. An Sinnern. Auf die Bibl. wegen Bernh.
Leben Aufträge. Zu Cr. Essen. Sie drückt mich
durch eine unbehagliche Unzufriedenheit, ich ward sehr 15
traurig bey Tisch. Zu Clauern, G.L R Schmidt zu
Albrecht. Nach Hause. An Kaysern dicktirt.

21. Aufs Eis. Bey Hofe gessen. Nach Tafel
ausführlich Gespräch mit ♃. Abends Redoute bis
Nachts 1 Uhr. 20

22. hatte einen Schnuppen gehohlt. und hezzte
noch zu. Kriegs Comm. Vorher Schwabh. Sache.
Kamen die Kisten an. bey ☉ gessen. Nach Tisch
gespr. über Lav. und unser Verhältniss. Zu Castrop.
Die Weegeb. Sachen in Ordn. Zu Herdern. Erzählt 25
von Stuttgard Homb. Hanau pp. Zu ♃ war H
L da. Phis Kupfer angesehen. Sie war sehr gut und
Aufmerckend und gefällig. Nach Hause gangen. 10.

Ward d. Schnuppen Aerger es schlug ein Fieber
dazu und ich mußte die schöne Zeit ohne irgend etwas
zu thun zubringen. Es lag mir im Kopfe daß ich
nichts einmal lesen kounte. Langsam erhohlte ich
5 mich und muß mich noch in acht nehmen.

Februar.

den Anfang des Monats mit wenigen Versuchen
im Zeichnen dicktiren meiner Reise beschr. zugebracht
um nach und nach wieder in Thätigkeit zu kommen.

6. früh Reise dickt. Wenig an Wilh. kam Albrecht,
10 ging zu Er. essen. Abends zu ☉. dann nach Hause.

7. Reise dickt. Castrop wegen des Weegebaus.
dann kam Albrecht. sprachen über Elecktrizität. zu
☉ essen. Gezeichnet. zu d. Geh. R Schardt. die
kranck war. halb 7 nach Hause. `Reichshistorie.
15 Carl. V.

8. aufs Theater. Kriegs Comm. Zu ☾. kriegte
gegen Mittag weniges Kopfweh. zu Seckendorf. zu
☉ essen. hatte Lust auf die Redoute unterließ es aber.
Abends kam Wieland und wir waren sehr lustig.

20 9. Früh Ackten. Conseil. ging mit meinem Kopf
wieder ziemlich. Nach Tiefurt Essen. Knebel las
Amor und Psyche. Abends mit ☉ und der kl.
Schardt hereingef. Crone zu Tisch bey mir waren
sehr lustig.

25 d. 11 Abends auf der Redoute. Täglich geht es
besser und ich kan anhaltender arbeiten.

12 Kr Com. und Besorgung wegen d. Reise.

d. 13 nach Gotha. waren recht gut da, mit vieler wechselseitiger aisance und bonhomie. Kam mancherley interessantes vor. Versprach aufs Früh Jahr wiederzukommen.

d. 16 Mit Wedeln zurück im Wagen ♃ ritt auf Neuheiligen war wild Stöper Wetter.

Donn. 17 Kriegs Comm. mit Cr. gessen war gut.

d. 18. früh viel weggearbeitet. zu ☽ zur Tafel. Ging ganz leicht und gut die Conv. aufs Theater. nach Tiefurt geritten sand H. L. ☉ die kl. Sch. die Hofdamen und Steinen. Knebel las. gegen 7 alles fort. Ich blieb wir lasen Dürers Reise. nach 10 Uhr zurück zu Pferde, es war ein grimmiger Wind.

d. 19 Sturm die ganze Nacht und Tag. früh scharf weg dicktirt. bey ☉ gessen. zu Seckend. Lese Probe der Kalliste. zu ☽ wo Wieland war. m. Baty vorgelesen. Waren sehr munter und vertraut.

20. Bey Hose gessen, Abends im Conzert.

21. 22 Meine Arbeiten fortgetrieben früh. Nachm. Gezeichnet. Schön auf dem Eis.

23 bey ☽ im Concert. Kam d. Herzog.

24 früh sehr schön auf dem Eis. sehr reine und kalte Tage.

25 ward ♃ nicht wohl. Conseil. bey ♃ d. ganzen Nachmitt. und Abends. Wilh. Meistr. gelesen. War H. L. zugegen.

26. früh Briefe pp. zu Mittag zu ♃. den Rest
des Tags bis Abends 8 gezeichnet. Es fängt an
besser zu gehen, und ich komme mehr in die Bestimmt=
heit und in das lebhaftere Gefühl des Bildes. Das
5 Detail wird sich nach und nach heraus machen. Auch
hier seh ich daß ich mir vergebne Mühe geben, vom
Detail ins ganze zu lernen, ich habe immer nur mich
aus dem ganzen ins Detail herausarbeiten und ent=
wickeln können, durch Aggregation begreiff ich nichts,
10 aber wenn ich recht lang Holz und Stroh zusammen=
geschleppt habe und immer mich vergebens zu wärmen
suche, wenn auch schon Kohlen drunter liegen und es
überall raucht, so schlägt denn doch endlich die Flamme
in Einem Winde übers ganze zusammen. Ich sprach
15 davon mit ♃ er sagte eine gute Idee. Die Sachen
haben kein detail sondern ieder Mensch macht sich
drinn sein eignes. Manche könnens nicht und die
gehn vom detail aus, die andren vom ganzen. Wenn
man diesen Gedancken bestimmte und ihm nachgienge
20 eigentlich was er sagen will nicht was er sagt be=
herzigte, würde es sehr fruchtbaar seyn.

d. 27. Früh dicktirt Briefe exped. pp. Zu ♃ Essen
Nachmittags gezeichnet war Albrecht zu Tisch. wun=
derliche Art Menschen. kam ☾. H. L. die Damen
25 Abends ☉ und die Werthern war unwillig daß ♃
auch diese Crise des Catharrs nicht aushalten wird.

März.

Von Tag zu Tag die Geschäffte ordentlich besorgt, und hernach gezeichnet. Ward ♃ besser. Ball bey d. Gräf. Bernstorf. kam die Gr. Werther. Gährung bey Hofe.

4. War Er. M. und Probst bey mir zu Tische. fing ich an dem Garten das Pachtkleid auszuziehen. Die Veränderungen die ich nach und nach drinn ge= macht habe ließen mich über die Veränderung meiner Sinnes art nachdencken. Es ward mir viel lebendig.

5. Bey Hofe gessen. zu ☉ war sie kranck. Abends Conzert.

6. Zu Hause besorgt. Briefe geendigt. Nach Belv. wo ♃ mit W. ♀ war. Eine schöne Seele, wie in einer reinen Luft, wie an einem heitern Tag ist man neben ihr. Bey ihrer Toilette, war sie char= mant. Ich paßte ihr sehr auf konnt aber nichts er= lauschen. ♃ reiste weg mit ♀

War ich sehr still, alles der Reihe nach besorgt, gute Stunden mit ☉. Eine sehr schöne Erklärung mit ♃ abends im Kloster.

war d. 11ten d. 12 mit Batty ins Amt Gros= Rudstädt seine Anstalten gut befunden. seine Handels= weise mit den Leuten unverbesserlich. Wenn wir nachhalten, so wirds gut, aber freylich Jahrelang immer gleich nachhalten. Bey Amtm. Schmidt gessen, Abends in Bachstädt.

d 13. Früh 6 hereingeritten. Guter Brief von Rickgen B. war ⊙ mit ihrer Mutter bey mir zu Tische.

14 werden Aepfelkerne bey mir gesät ging meinen Gesch. nach war Conseil. aß mit ♃. fingen an in den Institutionen zu lesen.

15. mit ♃ Inst. aufs Theater, auf die Kriegs= komm. Cr. und M. bey mir zu Tische. zu ⊙ Abends mit ♃ im Kloster.

16. früh I. mit ♃. spazieren an Egmont ge= schrieben. nach Tiefurt. da gegessen. Mit Knebeln herein geritten bey Kraus nach Bulern gezeichnet. zu ⊙. zu ♃ I. wieder zu ⊙ kam Stein und er= zählte vielerley. Diese Tage her hatte ich schöne manig= faltige Gedancken.

b. 20. Aerger wegen abgesagter Probe Abends das Theater erleuchtet.

21 Morgens nach Belv. zu fus vorher Mon= zanb. an H. Bernds Leben im Gehen viel gedacht. Was ich guts finde in Überlegungen, Gedancken ja so gar Ausdruck kommt mir meist im Gehn. Sizzend bin ich zu nichts aufgelegt. drum das dicktiren weiter zu treiben. War sehr vergnügt den ganzen Tag.

22 Conseil. Alte Sünden in Rechnung.

23 Ehersuchen der Kinder im Redoutenhause. Hälfte der Helena bey ☾.

24 Ordnen und auslesen abends Helena andre Hälfte.

25. Kriegskomm. Grose Explikation mit Volg=
städt. Mitags Cor. und Mine. mit ihnen spazieren
ums ganze Webicht. zu G. R Schardt. ⊙ abgeholt
bey ihr geblieben kam die Basch. Wurd mir auf
einmal nicht wohl, und sehr schläffrig einige Tage 5
her hab ich den Schmerz beym Schlingen.

26. Früh zu Fus nach Tiefurt Manichfaltige Ge=
dancken und überlegungen, das Leben ist so geknüpft
und die Schicksaale so unvermeidlich. Wundersam!
ich habe so manches gethan was ich iezt nicht möchte 10
gethan haben, und doch wenns nicht geschehen wäre,
würde unentbehrliches Gute nicht entstanden seyn.
Es ist als ob ein Genius oft unser ἡγεμονικον ver=
dunckelte damit wir zu unsrem und andrer Vortheil
Fehler machen. war eingehüllt den ganzen Tag und 15
konnte denen vielen Sachen die auf mich drucken
weniger widerstehn. Ich muss den Cirkel der sich in
mir umdreht, von guten und bößen Tagen näher be=
mercken, Leidenschafften, Anhänglichkeit Trieb dies oder
iens zu thun. Erfindung, Ausführung Ordnung alles 20
wechselt, und hält einen regelmäsigen Kreis. Heiter=
keit, Trübe, Stärcke, Elastizität, Schwäche, Gelassen=
heit, Begier eben so. Da ich sehr diät lebe wird der
Gang nicht gestört und ich muss noch heraus kriegen
in welcher Zeit und Ordnung ich mich um mich selbst 25
bewege.

27. Nachklang von Gestern. Und Ermannung
Abends kam ⊙ die Werthern und Schardt zum Essen

ich las meine Reisebeschreibung. Kuebel kam auch.
Vorher waren ♃ der Prinz, Seckendorf, Einsiedel und
Knebel da gewesen. Unterredung mit der Schweizerinn.

28. früh zu Schnaus über Bolgst. und Batty,
zu Lincker wegen Krafft. mit ♃ unter den Aschen
viel gutes. zu ☉ essen. Auf Theater die ange=
gebnen Bauschler durchgegangen mit Steinart. um
4 nach Tiefurt. viel getauzt und sehr lustig und ver=
träglich bis 10. mit ☉ herein noch bey ihr geschw.
und gut.

d. 29. ging ♃ mit d. Prinz und andern nach
Quersurt. frühe hat ich den aufräumenden und ord=
neuden Tag. Viel Briefe weggeschrieben und alles
ausgepuzt. Abends Probe d. Kalliste. O Kalliste O!
O Kalliste!

d. 30 hatt ich den erfindenden Tag. Anfangs
trüblich ich lenckte mich zu Geschäfften, bald wards
lebendiger. Brief an Kalb. Zu Mittag nach Tiefurt
zu Fus Gute Erfindung Tasso. Herders Stein Wer=
thern Knebel, gut, nur beyde Männer bissig, um 4
herein. Abends wenig Momente sinckender Krafft.
darauf acht zu geben. Woher.

d. 31. Die Dämmrung des Schlafs gleich mit
frischer Luft und Wasser weggescheucht. sehnte sich
schon die Seele nach Ruh und ich wär gern herum=
geschlichen. Raffte mich und dictirte an der Schweizer
Reise. Antwort von Kalb, angesagt Conseil. Mo=
mentanen Bewegung, Widerstanden und überwunden.

Es scheint das Glück mich zu begünstigen daß ich
in wenig Tagen viel garstige mit geschleppte Ver=
hältnisse abschütteln soll Nemo coronatur nisi qui
certaverit ante. sauer laß ich mirs denn doch wer=
den. zu ♃. Erzählung von Querfurt. Conseil. 5
Volgstädts Sache leidlich präparirt. in diesem Monat
muß alles zurecht. Zu Hause gessen nach Tisch
Briefe und Ordnung. Weggearbeitet. ☉ Kranck.

April.

d. 1 April. gleich früh frisch gefaßt. Orduung
Briefe pp. Kriegs Commiss 9. Volgstädten haranguirt. 10
um 11 Conseil. Kraffts Sache. fatale Ilmenauer sache.
Wenn man einmal den Kutscher hat der mit sechs
Pferden fährt, wenn er auch eine falsche Kehre nimmt
was hilfts in die Speichen einzugreifen. mit ♃ gessen.
Seit drey Tagen keinen Wein. Sich nun vorm Eng= 15
lischen Bier in acht zu nehmen. Wenn ich den Wein
abschaffen könnte wär ich sehr glücklich. Nach Tisch
Tohrheit ♐ kam Crone zu mir und Mine. Las ich
ihnen die Schw. Reise. kam ♃ Abends und da wir
alle nicht mehr verliebt sind und die Lava Oberfläche 20
verkühlt ist, giengs recht munter und artig, nur in
die Rizzen darf man noch nicht visitiren. da brennts
noch.

2. früh gleich wieder munter und geschäfftig um
10 mit Kalb 2 stunden lange Erörterung, er ist sehr 25
herunter. Mir schwindelte vor dem Gipfel des Glücks

auf dem ich gegen so einen menschen stehe. Manch=
mal möcht ich wie Polykrates mein Liebst Kleinod
ins Wasser werfen. Es glückt mir alles was ich
nur angreise. Aber auch anzugreifen sey nicht lässig.
5 zu ☽. zur Waldnern. ☉ war besser. bey Hose
gessen. Mässig ist halb gelebt. mit Einsiedeln iun
spazieren viel über den Erdbau, neuen Büffon. Zu ☽.
Schw R. lesen. Wieland sieht ganz unglaublich
alles was man machen will, macht und was hangt
10 und langt in einer Schrifft. bis 10.

d. 3 von 6 Uhr bis halb 12 Diderots Jaques le
Fataliste in der Folge durchgelesen mich wie der Bel
zu Babel an einem solchen ungeheuren Maale ergözt.
und Gott gedanckt daß ich so eine Portion mit dem
15 grösten Apetit auf ein mal als wärs ein Glas Wasser
und doch mit unbeschreiblicher Wolluft verschlingen
kan. zu ♃ essen. kamen auf unsre alte moralische
Pferde und turnierten was rechts durch. Man klärt
sich und andre unendlich durch solche Gespräche auf.
20 zu ☉ war wieder kranck. Ist mein einzig Leiden.
Nach Hause. War sehr stürmisch Wetter.

bis d. 15. erst gut sort gelebt in den lezten
Tagen weil ich keine Bewegung hatte nahm d. S. a.
d B. z. Wenn ich mich nur anhalten könte, öffter
25 zu reiten. hab ich's doch so bequem. Las zur Gesch.
H. Bernds. War 4 Tage Musterung. Kam d. Stadt=
halter. Lies am Theater sort arbeiten. War sehr
ruhig und bestimmt, die lezten Tage wenig einge=

zogen. Ich trincke faſt keinen Wein. Und gewinne
täglich mehr in Blick und Geſchick zum thätigen
Leben. Doch iſt mirs wie einem Vogel der ſich in
Zwirn verwickelt hat ich fühle, daſſ ich Flügel habe
und ſie ſind nicht zu brauchen. Es wird auch wer= 5
den, in deſſ erhohl ich mich in der Geſchichte, und
tändle an einem Dram oder Roman. der ♃ wird
täglich beſſer, nur iſts ein Ubel daſſ ein Prinz der
etwas angreiſen will nie in die Gelegenheit kommt
die Dinge im Alle tags gang von unten auf zu ſehen. 10
Er kommt manchmal dazu ſucht wohl wos ſehlt aber
wie ihm zu helſen? Uber die Mittel macht man ſich
klare Begriffe wie man glaubt, und es ſind doch nur
algemeine.

Auch leid ich viel vom böſen Clima.   15
Lidte Prometheiſch.
Waren in Leipzig. Vergnügte Tage. der Fürſt
v. Deſſau war da mit Erdmannsdorf. Ich gewinne
viel Terrain in der Welt.
in der Stürmiſchen Nacht vom 25 auf d. 26. 20
zurück.
d. 30 las meinen Werther ſeit er gedruckt iſt das
erſtemal ganz und verwunderte mich.

Mai.

d. 2. Nach Erfurt die Straſen zu beſichtigen die
das Obergleit beſſert. Kam Abends zum Stadthalter 25
zurück und wir durchſchwazten viel politiſche philo=

sophische und poetische Dinge. Tanzten auch einmal
beym Graf Ley. Gute Tage.

Sonnab. d. 6.ten Mittags wieder zurück. Die Blüten
und ersten Blätter sind höchst liebl. es treibt nach
der langen rauhen Witterung alles auf einmal.

d. 13 Das grüne ist über die massen schön die
Blüten durch den Regen bald vertrieben. War die
Zeit manigfaltig beschäfftigt. Brachte des Prinzen
und Kn. Sache in Ordnung. War ♃ sehr verlegen
über einen zur Unzeit abgeschickten Boten zu ♀.
Hatt ich gute Blicke in Geschäfften. Geht das all=
tägliche ruhig und rein. War das Theater fertig.
Kalliste probiert auch Bätely. Ist Kall. ein schlecht
stück und Bat schlecht komponirt, es unterhält mich
doch. das Theater ist eins von denen wenigen dingen
an denen ich noch Kinder und Künstler Freude habe.
Händels Messias ward offt probirt gab mir neue
ideen von Deklamation. Lies mir von Aulhorn die
Tanz Terminologie erklären. War im Jägerhaus
und lies alles völlig zu rechte machen den Prinzen auf
künftigen Winter zu logiren. Ging Fritsch weg.
Verzogen sich einige hypochondrische Gespenster. Es
offenbaaren sich mir neue Geheimnisse. Es wird mit
mir noch bunt gehn. Ich übe mich und bereite das
möglichste. In meinem iezzigen Kreis hab ich wenig,
fast gar keine Hinderung ausser mir. In mir noch
viele. Die Menschlichen Gebrechen sind rechte Band
würmer, man reist wohl einmal ein Stück los und

der Stock bleibt immer sizzen. Ich will doch herr
werden. Niemand als wer sich ganz verläugnet ist
werth zu herrschen, und kan herrschen. Bracht ich
Lavaters Albrecht Dürers in Ordnung. Ruckte wieder
an der Kr. Komm Repositur. Hab ich das doch in ₅
anderthalb Jahren nicht können zu stand bringen!
es wird doch! Und ich wills so sauber schaffen als
wenns die Tauben gelesen hätten. Freilich es ist des
Zeugs zu viel von allen Seiten, und der Gehilfen
wenige. Brief von Bath. das ist mein fast einziger ₁₀
lieber Sohn an dem ich Wohlgefallen habe, so lang
ich lebe solls ihm weder fehlen an nassem noch
trocknem. Für Krafft ists schade er sieht die Mängel
gut, und weis selbst nicht eine Warze wegzunehmen.
Wenn er ein Amt hätte würf er alles mit dem besten ₁₅
Vorsaz durcheinander, daher auch sein Schicksaal ich
will ihn auch nicht verlassen, er nüzt mir doch, und
ist würckl ein edler Mensch. In der Nähe ists un=
angenehm so einen Nage wurm zu haben, der, untätig
einem immer vorjammert was nicht ist wie es seyn ₂₀
sollte. Bey Gott es ist kein Canzellist der nicht in
einer Viertelstunde mehr gescheuts reden kan als ich
in einem Vierteljahr Gott weis in zehn iahren thun
kann. dafür weis ich auch was sie alle nicht wissen
und thu was sie alle nicht wissen, oder auch wissen. ₂₅
Ich fühle nach und nach ein allgemeines Zutrauen
und gebe Gott daß ichs verdienen möge, nicht wies
leicht ist, sondern wie ichs wünsch. Was ich trage

an mir und andern sieht kein Menſch. Das beſte iſt
die tiefe Stille in der ich gegen die Welt lebe und
wachſe, und gewinne was ſie mir mit Feuer und
Schwert nicht nehmen können. | War ein Muſikus
5 da der auf dem Contrebaſſ ſehr ſingend ſpielte |

d. 25 bisher war keine Raſt und kam ſehr viel
zuſammen. War in Neuenheiligen. hatte gute Er=
klärung mit ☉ über H. L. Trat die Probe der
fataln Kalliſte mit ein, das ich völlig als Dienſt
10 tracktiren muſſte, um's nur zu thuu. Ward Händels -
Meſſias der 3 Theil aufgeführt.

Mai. Juni.

NB. vom 26 bis 22 folgenden Monats habe
nichts geſchrieben. Vorgefallen iſt viel und hab ich
ſehr glückliche Tage gelebt. viel ganzes. Ich war
15 in Gotha und hatte reine Verhältniſſe mit allen. die
☉ ging weg und lies mir ein leeres. Oeſer kam und
ich vernahm ihn recht ad protocollum. In der Kalliſte
hatte ich ·die ſchlechte Rolle mit groſem Fleis und viel
Glück geſpielt, und habe allgemein den Eindruck ge=
20 macht den ich habe machen wollen. Vogtens Minera=
logiſche Unterſuchungen vergnügen mich es wird ein
artigs Ganze geben. Oeſer brachte die Dekorations
Mahlerey auf einen beſſern Fus. Und ich fing an
die Vögel zu ſchreiben. Meine Tage waren von
25 Morgends bis in die Nacht beſezt. Man könnte noch
mehr, ia das unglaubliche thun wenn man mäſiger

wäre. das geht nun nicht. Wenn nur ieder den
Stein hübe der vor ihm liegt. doch sind wir hier
sehr gut dran. alles muff zulezt auf einen Punckt,
aber Ehrne Gedult, ein steinern Aushalten. Wenns
nur immer schön Wetter wäre. Wenn die Menschen 5
nur nicht so vober innerlich wären. und die reichen
so unbehülflich. Wenn pppp. Ordnung hab ich nun in
allen meinen Sachen, nun mag Erfahrenheit, Ge=
wandheit pp auch an kommen. Wie weit ists im
kleinsten zum höchsten! 10

22. früh leise beschäfftigt. kam die Werthern und
Seckend. kam d. Prinz leitete ihn zu neuer wirth=
schafftlicher einrichtung. Ritt nach Ettersb. war H.
Louise da. ward gut gesprochen. Produzirte d. Electro=
phor. mit Oefern über mancherley. herein! Secken= 15
dorf. ♃ d. den Tag mit seinen Feuersprizen pp zu=
gebracht hatte. Abends die Vögel in Orduung gebracht.
Knebels Brief. Ich mache entsezliche Schritte.

23. Brach ein Bauerweib in Schmidts Garten das
Bein. Kriegs Comm. Bey Cronen gessen. Abends ☐. 20

24 früh Briefe an ⊙ und Kuebel. Mittag Tiefurt.
Abends ☐.

25. Einiges früh besorgt nach Ettersb. sand
Clauern der Oesers Büste bossirte. las ihm die Mit=
schuldigen vor. Waren munter nach Tisch dicktirte 25
ich Jöckh. an den Vögeln sehr lebhafft und sprach
viel dazwischen über alle Kunst. Ward Feuer lärm,

ritt nach Gros Brembach kam mitten in die Flamme.
die Dürrung! der Wind trieb grimmig. War um
die Kirche beschäfftigt. Versengten mir die Auglieder
und fing das Wasser mir in Stiefeln an zu sieden.
5 hielten sich die Leute gut. und thaten das schickliche.
Nun war das Feuer um stellt. Der Herzog kam und
der Prinz. Das halbe Dorf brannte ganz hinunter
mit dem Winde wie ich ankam. Ging mit einem
Husaren aussen weg unterm Wind, kaum durchzu=
10 kommen. Nach Mitternacht Mußt ich ruhen, legte
mich ins Wirthshaus über dem Wasser. Ein Husar
wachte. früh dem Pfarrer Quartier geschafft und
herein. Geschlafen Gelesen geschrieben. Reise Mar=
schall kam.

15 Verschiednes besorgt. In Ettersburg in Tiefurt.
Oeser weg. Wolf komponirte das Chor zu den
Vögeln p.

Juli.

1 Alles in Ordnung. Abends nach Ettersburg
Mittags Aerger über des Prinzen Inkonsequenz.
20 2). in Ettersb. an den Vögeln dicktirt gezeichnet.
herein.

3.) Briefe dicktirt. Ackten gelesen Abends Mine=
ralogie.

4. Conseil mit ♃ und Wedeln unter den Aschen
25 gessen. Schickte Trebra Stufen.

5. Kriegs Comm. Brachte Voigt meine Stufen

und Gebürgarten in Ordnung. und as mit mir.
Nachmittag sah ich der Ballet Probe zu. War zu
Hause. Im Wälschen Garten Gesellschafft.

6) früh 6 Uhr mit ♃ nach Jena gefahren, war
in der zweyten Kutsche der Prinz, Werther, Wedel
Staff. in der dritten die Herzoginn und die Damen.
ins Cabinet. gessen Kirche zu Lobern, Bibliotheck.
Paulsens Garten wieder nach Weimar war ein sehr
kalter Wind.

7. Abends nach Ettersb.

8. früh wieder herein Kriegs Commiff. Varia.
Abends Probe Jeri.

10 Conseil. Kam Abends die Herrschafft von
Gotha.

11 Cour

12 Jeri und Bätely

13 Nach Kahle.

14 war ich für mich. Abends Tiefurth.

In dem weitern Lauf des Monats ist viel vor=
gefallen.

War die Gothische Herrschafft da. Fuhren die beyden
Herzoge, Helmold und ich nach Kahle über Jena, den
eingestürzten Berg zu sehn. Schrieb ich Sonntags
an den Vögeln. War die Woche sehr pünctlich be=
schäfftigt. Hielt sehr Ordnung. Leisewiz war einige
Tage hier. Brand in Stadt Ilm.

War der Herzog allein nach Waldeck.

War die Herrschafft in Alstädt.

Auguſt.

Geſchichte mit des Kanzl. Kochs Sohn

War der Schauſpieler Schröter mit Gottern da.
Brand in Lobda.

d. 18. die Vögel in Ettersb. geſpielt.

5 zog die Herrſch. auf Belv. war d. Herzog nicht
wohl.

d. 23. Conſeil allein mit Schnauß. mit ☉ nach
Belvedere geſahren. Gieng alles gut drauſſen.

d 24 Conſeil noch alles aufzuräumen. Mittags
10 allein geſſen Abends zu ☉ gezeichnet. Spazieren.

d. 25. Früh das vorliegende weggearbeitet und
aufgeräumt. Gebadet. kam ♃ geſahren und nahm
mich mit nach Belv. War ☾ drauſſen iſt ✡ ſehr
gut. zeichnet ich nach Tiſch. Kam Fritſch. ſuhr mit
15 ☾ herein. Abends zu ☉ ſand ſie mit Lingen am
Kloſter. Aſſen, gingen noch ſpazieren.

26 früh im Garten auf und ab und nachgedacht
was in dieſem meinem zu Ende gehenden 31ten Jahr
geſchehen und nicht geſchehen ſey. Was ich zu Stande
20 gebracht. Worinn ich zugenommen pp. Conzepte ſignirt.
Unterſchrieben. Zu Hauſe gegeſſen. kam nach Tiſch
die March. Branckoni an. ſührte ſie ſpazieren, waren
Abends im Garten.

d. 27. früh mit M. Branck. in Tiefurth. Mit-
25 tags im Kloſter geſſen. Abends Belvedere.

d. 28 früh im Stern spazierend überlegt, wo und an welchen Ecken es mir noch fehlt. Was ich dis Jahr nicht gethan. Nicht zu Staude gebracht. Uber gewisse dinge mich so klar als möglich gemacht. Mittags zu ⊙ artig gegessen. Abends Gesellschafft im Garten, sehr vergnügt.

d. 29. Früh Conseil. Mittags mit ♃ zu ⊙ gessen. Nachklang der Schönen Gegenwart. Abends die Springer gesehen Nachts zu ⊙.

September.

1. Conseil as ♃ mit mir im Garten. Ausgebreitetes Gespräch über moralische Verhältnisse war er sehr klar und kräfftig

2) Ordnung zubereitung zur Reise Crone zu Tisch.

3.) ♃ Geburtstag. in Belveder Ennui abends beym zurückfahren sehr lustig Nachts Missverständniss mit ⊙.

4) Ausstellung der Akadem. Zeichnungen. Schnaus Hochzeit.

Reise nach dem Oberland, Meiningen pp

October.

In Kochberg.

d. 10. Gegen 1 Uhr Nachmittag zurückgekommen. Lieblicher Auftrag und ausrichtung.

d. 14. Kriegs Comm. zu Hause gessen in den

Grimmenstein und das Zeutsch. Haus. Probe Kalliste
bis 11 Bey Cr. noch im Mondschein spazieren ge=
raunt und im Bette die Mönchsbriefe gelesen. Ord=
nung und Fleis.

5   Tasso angefangen zu schreiben.

Cronen getröstet. Mit Pr. Const zu thun.

d. 31. Zog H. Am. von Ettersb. herein. da ge=
essen abends zur kl. Schardt.

November.

D. 1. früh Tasso. Rechnungen. Briefe. Kriegs
10 Commiss.

4 Mit ♃ nach Kochberg. schöner Tag

d. 5ten desgleichen. viel gezeichnet.

d. 6. zurück. erster Schnee und sehr starck Briefe
dicktirt. und viel in Ordnung.

15   7.) Früh gearbeitet. Mittag bey Hof war der
Graf v. d. Lippe gekommen. Abend bey Emilieu.

8. Zu Hause gearbeitet Mittags allein gegessen
nach Tische Sievers Knebel. Zu Schnaus abends ins
Conzert bey ☾ zu Tafel geblieben war der Gr. v.
20 d. Lippe. und Marquis d'Entrugues da.

bis d. 20ten immer Schritt vor Schritt nach Ver=
mögen vorwärts. fürchtete die Kranckheit vom An=
fang des Jahrs. An Tasso morgendlich geschrieben.
In Geschäfften mich gehalten. Wenn nichts gehn
25 wollte gezeichnet.

d. 21. Conseil. Mittag allein. Abends die Werther
Carolingen die Schardt. d. ♃. Knebel Schardt zu
tisch. Waren gut und vergnügt. ☉ war kranck.

December.

Viel Arbeit und Bearbeitung. Volgstedt. abge=
schüttelt. diesen Monat hab ich mirs sauer werden
laſſen.

1781.

Januar.

d. 1 bis 3. Viel Geschäfft auf der Kriegskomiſſion, um alle Fäden an mich zu knüpfen.

4 früh auf der Caſſe. Mittag Kahſer.

5 Immer gearbeitet in Caſſe Sachen. Abends Redoute.

6. früh dicktirt an der Literatur. Zur Gräfinn Bernsd. eſſen Nach Tiſche ☽ Gemäld geſehen. zu ☉ Abends Liebh. Conzert. Heil. drey Könige aufgeführt. bei ☽ eſſen. mit Wiel Knebel. Crone.

7. früh viel dicktirt. auf dem Eis gegeſſen mit Kahſern, viel gute Geſpräche, er läſſt mich hoffen. zu ☉. Conzert Händels Meſſias. Dummheiten darüber von der quinze Parthie. Abends ☉. geleſen.

8. Früh Kriegskomm. Mittag 4. Prof. Eichhorn wegen Büttners Bibliotheck. Nachher zu ☉. kam Knebel. war ſie gar lieb. um 6 Uhr nach Hauſe.

d. 9. früh Conſeil mit ♃ eſſen zu ☉. nach Hauſe mit Kahſeru über ☐. zu ☉.

d. 10. früh Kr. Comm et varia zu ☉ zu Tiſch mit Friz wenig aufs Eis. zurück. Kam ♃ in den Briefen übers Studium der Theologie geleſen. O Ouen Ouang!

Bis d. 16ten immer anhaltend beschäfftigt und ohne Rast fort gearbeitet, in allem.

d. 17. früh im Wälschen Garten Hasen getrieben und in der kalten Küche. dann auf der Ilm Schrittsch. gefahren mit ☉. dann mit Knebeln im Kloster gessen, nach Tische ☉ ♃ Lichtenb. Abends mit Knebeln wohl eine Stunde starckes Gespräch auf dem Eis. Dann ins Conzert zu ☾. spielte Kayser Abends zu ☉.

d. 1 August.

Es thut mir leid daß ich bis her versäumt habe aufzuschreiben. Dies halbe Jahr war mir sehr merck=würdig. von heut an will ich wieder fortfahren.

d. 1. Früh Kriegs Komm. Zu Fr. Göchhaus die kranck ist. Zeichen Akademie. Zu Knebel essen. Nach Tisch Boromäus gelesen. Zu ☉. Abend in den Gängen erst allein, dann kam Knebel wir asen da, zulezt der Herzog.

d. 2. Früh Ackten und vielerley Menschen. Mit= tags zu Hause dann zu ☉ sie war noch kranck. War H. L. daselbst. spazieren im Wälschen Garten. Mit Toblern über Historie bey Gelegenheit Borromäis Unterm Zelt gegessen. ♃ fuhr die Hofdamen ums Webicht es drohte zu wittern.

d. 3. früh Conseil bei ☽ essen. Nachher ☉. war empfindlich von der KrancKheit.

♃ früh zu Hause schrieb am Tasso, korrigirte die Iphigenie. As allein. Auf die Gewehrkammer

d. alten Sch. zu beruhigen. Auf dem Paradeplatz das zu pflanzende Buschwerck abgesteckt. mit d. Herrsch. spazieren. Zu ☉ wo d Waldner und Carolingen waren, und kinderten.

d. 5 früh Conzepte signirt. Ackten das Conk. Patent betr. gelesen. Zu Cronen. die Arien zu der Fischerinn berichtigt. kam Aulhorn und sie sangen die alten Duetts Abends mit ☉ spazieren. Mit ihr und Stein zu Nacht gegessen. Auf die Schnecke das Blitzen am Horizont zu sehen. War die Nacht sehr schön.

d. 6. früh Conkurs Patent. Zu Hause gegessen Nachmittags und Abends theils für mich theils mit andern spaziert und mancherley Gedancken nach= gehangen. Müllers Brief.

d. 7. Früh Conseil. zu ☉ essen. Nach Tische mich still enthalten. Abends mit ♃ und Knebeln nach dem Jagen. Vor Bergern kampirt. Die Nacht war schön.

d. 8. früh um 6 Uhr herein. Kriegskomm Session. Viel abgethan. zu ☉ essen. Nach Tisch Seckendorf, Krone. Nach Hause. Abends mit H. Louise spazieren, viel geredet. mit ☉ Stein d. Waldner gegessen.

d. 9. Gearbeitet und Geordnet.

d. 10 früh Conseil. im Wälschen Garten gessen, nach Mittag Jagd. Abends um 10 Uhr mit ☽ nach Tiefurth vom Jagen gefahren. Zu Fuse herein.

11. Gearbeitet in die Zeichenstunde. Zu ☉ essen.

Abends aufs Theater.   Elpenor angefangen.
Aerndtekranz in Tiefurt

12 früh mit| Leuten geplagt. Mittags allein.
Abends Er. Rouſſeaus Lieder geſungen, kam ♃ noch ſpät.

13. früh d. Prinzeſſ. Etat gemacht. Mittag allein.
dann zu ☉ zu Kraus wo ſie nach dem Leben zeich=
neten und boſſirten.   Auf die Bibliotheck, aufs
Theater.   Mit Wieland ſpazieren Abends in Wälſchen
Garten dann zu ☉.

14. Conſeil. Mit ☉ geſſen. Nach Tiſch bey den
Arbeitern auf d. Par. Plaz. Aufs Theater. ſpazieren.
Ab. bey ☉ eſſen.

15. Kr. Komiſſion. Rekapitulirte in der Stille
was ich bey dieſem Departement geſchafft. Nun wäre
mirs nicht bange ein weit gröſeres, ia mehrere in
Orduung zu bringen, wozu Gott Gelegenheit und
Muth verleihe. Zu Er. eſſen ſie ſang Rouſſeaus L.
und andre ich war vergnügt. Bey den Arbeitern
auf dem P. Plaz. Abends Geſellſchafft bey mir.
Kam ♃ noch ſpät. Gewitter. Seckendorf las die
Bayriſche Kinderlehre.

16. früh über die Conkurs Conſtit. Betrachtungen
dicktirt. zu Hauſe geſſen nach Tiſch zu ☉ Clauern.
der Schardt. Allein ſpazieren Abends zu ☉ wo die
Waldner war.

17. Conſeil. mit ♃ Wedel und Werther in der
Laube geſſen. Nachm. bey d. Arbeitern zu Kuebel.
Abends wenig ſpazieren. dann zu ☉.

18. Meist zu Hause.

d 19 früh an Elpenor. meine Iphig. durchge=
sehen. Nachm. zu ☉.

20. Briefe dicktirt. zu Tiefurt gessen. blieb da=
selbst bis 5 Uhr. Seckendorf las sein Reise Journal.
Abends ☉.

21. Conseil. mit ♃ bey ☉ gessen. Mit Krause
ins Gefängniß d. Mordbrenner zu sehen. Abends mit
Knebel und ♃ auf dem Theater Nathan lesen. Zu
Tische ☉. Bloods Geschichte.

22 Kr. Komm. bey Kronen gegessen. Nach Tische
Gesang von Gluck.

23. Abends Tiefurt Nathan und Tasso gegen
einander gelesen.

24 kein Conseil. Mit ♃ gessen unter der Laube.
Nachm. bey den Arbeitern. Abends Theater

25. d. H. L. d. Tasso vorgelesen. Mittags bey
Knebeln. War diese Zeit her überhaupt gute Con=
stellation.

26. 27 In der Stille meist mit mir selbst zu=
gebracht.

28. früh Conseil. bey ☉ zu Mittage. Abends
in Tiefurt wo man die Ombres Chinois gab.

29. Kriegs Commiss. Mittag im Redouten Haus
gegessen Abend bey Seckendorf. las Kn. die Eumeniden.

31. Conseil mit ☉ gegessen. Schöne Nacht. Auf
der Altenburg.

September.

d. 1 Sept Kr. Komm. Vorher in der Zeichen=
stunde Präparation auf das Aussetzen. Bey Crone
gessen Musick. Abends gezeichnet.

d. 2. Meist gezeichnet.

d. 3. Ausstellung. bei ☽ gessen. Abends viel Ge= 5
sellschafft bey mir.

Niederkunft der Herzoginn mit einer todten Prin=
zeff. Stille und Trauer. Mancherley Geschäffte Zum
Stadthalter. Fand ♀ kam der Graf Schuwalov mit
seiner Familie. von Paris. Fuhr ich mit ihnen nach 10
Weimar. sie blieben 2 Tage. Nähe zu Herdern.

d. 20ten Aufräumens und arbeitens zu Hause.
Nach Dessau. Leipzig.

October.

d. 1 Oktber wieder nach Hause.

d. 2 Auf Gotha.

d. 12 auf Kochberg.

d. 15 wieder nach Hause.

Den Rest des Oktbr und den November

Täglich mehr Ordnung bestimmtheit und Conse=
quenz in allem. Mit d. alten Einsiedel nach Jena. 20
dort Anatomie. Auf der Zeichen Akad. Anfang
Osteologischer Vorlesungen. Glück durch ☉. hielte
sorgfältig auf meinem Plan. Haus gemietet. Auf=

klärung und entwicklung mancher Dinge. Dicke Haut
mehrerer Personen durchbrochen

Dezember.

In Eisenach Wilhelmsthal Gotha. Uberall Glück
und Geschick. Ruhe und Orduutg zu Hause. Sorge
⁵ wegen ♃ allzu kostspieligen Ausschweifungen. Mit ☉
stille und vergnügt gelebt.

1782.

Januar.

1. Früh verschiednes in Ordnung. Agenda durch=
gesehn und überlegt. Leben Pombals gelesen. Quin-
tilian . zu ☉ essen. Nachm. viel gesprochen. Besonders
über die gegenwärtigen Verhältnisse. Wir waren meist
klar und einig darüber.

2. Fr. Akten. Staffete von der Herz. v. Gotha.
Mittag zur Schr. um vier Stunde auf der Akadem.
Abends zu ☉. an die Herzoginn geschrieben.

3. Fr. Akten. Kam Kalb und sprach über ver=
schiednes, besonders über die Kammer Umstände. Als
zu Hause Las die Journeaux de Paris. Abends
Ballet Probe. zu ☉. mit ihr zur Waldner.

4. Kam ♃ wieder. Abends Redoute.

5. Kam Loder. früh demonstration des Arms auf
der Akad. Mittags bey Kraus. Nachm. Repetition.
Abends bei ♃ nachher zu ☉.

6. früh demonstr. des Herzens durch Loder. Mit=
tags bey Hofe Conzert. Abends bey ☉.

7. Akten und verschiedne Besorgungen. Mittags
Crone. um halb 5 zur reg H. dann zu Seckend. wo
♃ war und über Aufzüge gesprochen wurde p. zur

Waldner war ⊙ daselbst und Stein. kam ♃. Ging
mit ihm aufs Zimmer, ihm die Erfindung zu er=
zählen.

8. Früh Conseil. bey ⊙ gegessen zu Krausen.
Aufs Theater Probe des Ballets. zu H. M. war
der Stadthalter, sein Bruder, der Graf Ley mit ♃
daselbst. Trug das neuste von Plw. vor. As Abends
dorten. der Stadth. fuhr nach Tafel weg. er nahm
Absch. weil er auf Würzburg geht.

9. Fr. Kriegs Commission. Mittag bey Schr. zu
Tische. um 4 Vorlesung über den Fus. um halb
sechs aufs Theater. den IIten Ackt des Ballets probirt.
Abends zu ⊙ zu Tische.

10. Vieles aller Art weggearbeitet. Nach Tisch
zu ⊙ wo Reviglio war.
Abends Ballet Probe.

11. Früh Conseil. mit ♃ gessen. Wieder einmal
eine radikale Erklärung gehabt. Zu ⊙. Nachts
Redoute. in der Stadt geschlafen.

12. Verschiedne Arbeiten. zu Krause. Gezeichnet.
mit ⊙ spazieren gefahren da gegessen. Nach Tisch
über W. Schicksaal und meine Vorschläge. kam ♃.
Ballet Probe zur Herzoginn Mutter. war Wieland
da und gar gut. zu Tisch geblieben. noch zu ⊙.
Nach Hause.

13. Früh Varia. Schubert brachte die Musick
zum Aufzug kam ♃ und sprach über W. Einrichtung.
Er. as Mittags da. Nach Tische zu ⊙ Abends bey Hofe

14. Früh Eckardt wegen der Tondorfer Sache.
Probe des Aufzugs. zu Er essen, deren Geburtstag
war. Zu Seckendorf wo Kalb war. viel über ▭.
zu ☉. war kranck.

15. Fr. Conseil. Mit ♃ und Stein bey der
Waldner gegessen. Probe des Aufzugs, Abends bey ☉
die kranck war. Kam der Apollo von Gotha

16. Fr. Kriegs Comission. P. d. A. zu Hause
gegessen. War ♃ da den Apollo zu sehn. In der
Akademie die Osteologie geendigt. Abends bey ☉.

17. Fr. Verschiednes. Pr. d. Aufz. bey H. M.
gegessen. Nach Tafel zu Krause. zur reg. Herzoginn.
Abend zu ☉ die besser war.

Früh Wedeln die Vorschläge zu seiner bessern Ein=
richtung eröffnet.

18. Nachts Redoute. der Aufzug.

19. Den Morgen vergängelt. Schön Gespräch mit
☉. Mit ♃ gegessen. Sehr ernstlich und starck über
Oekonomie geredet und wider eine Anzahl falsche
Ideen die ihm nicht aus dem Kopf wollen. Wedet
stimmte mit ein. bis auf einen gewissen Punckt. Ich
blieb bis 6 Uhr. Zur Herzoginn Mutter zum Thee.

Jeder Stand hat seinen eignen Beschränckungs
Kreis, in dem sich Fehler und Tugenden erzeugen.

20. Kalbs Betrachtungen gelesen. Kam Bertuch
und klagte mir seine Noth. Bey Hofe zu Tafel.
Nachm zu ☉. zu Boden, der mir die Präpar. las
womit ♃ aufgen. werden sollte. Ins Conzert. Als=

den zu ☉ kam ♃ auch hin. Er war gar nicht
wohl.

21. Früh Ackten. Die Remonte Pferde besehen.
Wahl und Gerhard geschrieben. Zu Hause gessen.
zu ☉. Probe des Ballets.

22. Früh Ackten pp

23. Früh Conseil. Mittag zu ☉ pp

24. Früh mancherley abgethan Kriegsk. dann
zu ♃ wo Colloquium über die Holz sache war. zur
Herzoginn Mutter zu Tafel. Streit über die Wünschel=
ruthe. Aufs Theater. war Probe. Abends zu ☉.
war ich sehr müde, und hatte den Kopf durch das
tausendfache Zeug verwüstet.

25. Briefe geschrieben und allerley gearbeitet. Nachts
Redoute und der Ritter außzug zum zweitenmale.

26. Bis Abends gearbeitet und Briefe geschrieben.
Probe des Ballets

27. den Schirm der Herzoginn gemahlt. war Er.
zu Tisch bey mir. Kam der Herzog vorher wir
hatten ein gutes Gespräch. Abends ging ich um's
Webicht und dann zu Herdern wo ich zu Tisch
blieb.

28. Früh Ackten gelesen. Auf die Hochzeit zu
Schnaus. Abends Hauptprobe.

29. Conseil.

30. Das Stück aufgeführt.

31. Wiederhohlung des Stücks.

Februar.

1. Conseil. Abends Redoute. Aufzug der weib=
lichen Tugenden

2. Früh verschiednes abgethan. Mittag bey d
Herzoginn Mutter den Aufzug der 4 Weltalter arran=
girt. Abends kam der H. v. Gotha und Pr. August. 5

3. Fr. Akten gelesen. zum Prinzen August. Mit=
tags Bey Hofe und so den Ganzen Tagen verdorben.
♃ mit Fr. wegen des A.

4. Für mich gearbeitet. Abends das neuste v. Pl.

5. Aufnahme des Herzogs. Bis gegen 11 in 10
der ▭

6. Abends das Stück aufgeführt. Nachher bey
Hofe. Domherr v. d. Pforte. Alberne Geistergeschichte.

7. Ging der Herzog von Gotha weg. Prinz August
blieb. 15

8. Abends Redoute. den Aufzug des Winters.

9. Früh den Aufzug der Herzoginnen in Ordnung.
Abends bey der regierenden Thee und Essen. War
zugegen der Prinz. d. Herzog Herder, Wieland. Ward
der Agamemnon des Eschyl. gelesen. War die Gesell= 20
schafft vergnügt und angenehm. ☉ nicht wohl.

10. Enthielt ich mich stille. Es war mir nicht recht.

11. Ackten gelesen. Nachher Probe des Aufzugs
der Herzoginnen.

12. Nachts Redoute. Der Aufzug der 4 Welt= 25
alter Ward ein Reveillon gegeben.

13. Conseil. Bey Hofe gegessen. Nach Tafel bey der reg Herzoginn Abend Conzert bey der Herzoginn Mutter Schröter spielte. Geburtst. Jöchhaus.

14. den ganzen Tag zu Hause. Abends Gesellf. 4 Pr. August. Herder Seckendorf, Stein. mit ihren Frauens und Carolinen

15. Früh Conseil. Bey der Waldner gegessen Nachts letzte Redoute.

16. Früh zu Hause weggearbeitet. Zu Tisch aufs Eis. Lange und gute Unterredung mit 4. Abends ☉. Des Morgens war Pr. August weggegangen.

17. Enthielt ich mich zu Hause und war fleißig.

18. Früh Ackten und Briefe. Zu Hause gessen. Nach Tische ferner gearbeitet. Abends Pygmalion. dann zu ☉. Nachts Brannte ll. Sömmeringen

19. Bemüht alles vor der Reise aufzuarbeiten. Abends bey 4 kam die Herzoginn. Ward Reinicke Fuchs gelesen.

20. Conseil. Abends bey Herdern

21. Fr. Kriegskomm. Mittag zu Hause. Mit ☉ um's Webicht gefahren Abends bey ihr. Hebel, Monds= karten.

24. Kam Kalb früh. Über verschiednes. Auch die Präzedenz zw. u. b.

25. Früh gearbeitet. Zu Herdern wegen d. Monu= ments. Mittags mit d. Herzog und d. Herzoginn und ☉ auf d. Zimmer gegessen.

26. Conseil. Abends bey der reg. Herzoginn.
Herder. ☉. Heiml. Gericht. Brutus Mengs.

27. Ging ♃ auf Gotha.

März.

5. Conseil. bey ☉ Mengs gelesen. Uberhaupt
einen schönen Tag.　　　　　　　　　　　　　　5

Mai.

3. Quintil. Vrbanitas. Journ. de Paris. Histoire
Philos. des Judes. Buffon Quadrupedes.

8. Abends nach Erfurt.

9. In Gotha.

10. Von Gotha auf Meiningen in Friedrichrode　10
zu Mittag.

11. Meiningen

12. Meiningen.

13. Mittag Hildburghausen Abends Coburg.

14. Coburg.　　　　　　　　　　　　　　　　15

15. Coburg.

16. Auf Sonneberg.

17. Tour durch das Oberamt.

18. Auf Kochberg.

19. Nach Weimar.　　　　　　　　　　　　　　20

Juni.

2. in die Stadt gezogen zum erstenmal, hinne ge=
schlafen.

9. Im Garten geschlafen früh auf spazieren ge=

zeichnet. Im Hause alles geordnet. Gelesen. Abends
mit ⊙ spazieren einen schönen Tag.

10 War Kalb bey mir zum 1 Mal nach seiner
Entlassung.

11. Conseil mit Schnaus Allein.

12. früh F. v. Dessau. interessantes Gespräch.
über seine Lieblings Materien. Kriegs Comm. Mit=
tags zur Waldner. mit ⊙ Stein. Riedesel. Abends
Tiefurt wo die Herrschafften waren.

13. Ging d. Fürst von Dessau und die Hoheit
weg. Ringleber Sache mit Gusfeld. Zu Hause gessen.
beschäfftigt mit Rechnungssache.

Tagebuch

der

Italiänischen Reise

für

Frau von Stein.

Reise=Tagebuch erstes Stück.

von Carlsbad auf den Brenner in Tyrol.
1786.

Stationen von Carlsbad
bis auf den Brenner in Tyrol,
zurückgelegt vom 3. Sept. bis den 8ten 1786.

Nahmen und Entfernung. Post.		Angekommen	Abgefahren
	3.		
10 Zwota	1½	halb 8 Früh	bald
Eger	1½	12 Mitt.	2
Tirschenreuth	1½	5	gleich
Weyda	2	9	gleich
	4.		
15 Wernberg .	1	1	—
Schwarzenfeld	1¼	2½	
Schwanendorf	1	4½	
Bahnholz	1¼	7½	—
Regenspurg	1¼	10	12½ Mittag
20	**5.**		
Saal	1½	3	3½
Neustadt	1½	6	gleich
Geisenfeld	1½	8	—
Pfaffenhofen	1½	10	
25 Unterbrück	1½ 6.	2	
München	2	6 früh	
	21¾ P.		

Nahmen und Entfernung.		Angekommen	Abgefahren
	P. 7.		
Wolfrathshausen	2	9 früh	bald
Benedicktbeuern	2	1½ ·	gleich
Walchensee	1½	4½ ·	gleich
Mittenwald	1½	7½	
	8.		6. Uhr früh
Seefeld	1	8½	
Inspruck	1½	11	2
Schönberg	1	4	
Steinach	1	5½	
Brenner	1	7½ Abends	
	12½ 9.		7 Uhr Abends
Lat 1.	21¾		
P.	34¼ ·		

1786.

D. 3. Sept. früh 3 Uhr stahl ich mich aus
dem Carlsbad weg, man hätte mich sonst nicht fort=
gelassen. Man merkte wohl daß ich fort wollte;
die Gräfin Lanthieri setzte auch einen entsetzlichen
Trumpf drauf; ich ließ mich aber nicht hindern, denn
es war Zeit. Ich wollte schon den 28ten. Das ging
aber nicht, weil an meinen Sachen noch viel zu
thun war.

Um halb 8 in Zwota schöner stiller Nebelmorgen.
No. 1.

um 12. in Eger bey heißem Sonnenschein. Der
Morgen war bedeckt gewesen, die oberen Wolcken
streifig und wollig, die unteren schwer, es hielt sich
das Wetter bey Süd West Wind. Gedancken darüber.
Das Wetter gab schon den 2ten gute Anzeichen. Siehe
das weitere in der Note a fol. 20.

Ich faud daß Eger dieselbe Polhöhe wie Franck=
furt hat und freute mich einmal wieder nahe am
50 Grade zu Mittag zu essen. Von Karlsbad bis
Zwota der quarzhaffte Sandstein; der Weg nach
Maria Culm geht auf einem aufgeschwemmten Gebirg
hin. Bis Eger Plaine und Feldbau.

10*

In Bayern stößt einem gleich das Stifft Wald=
saſſen entgegen, ein köſtlich Beſitzthum derer die früher
als andre klug waren. Es liegt in einer fruchtbaren
Teller= (um nicht zu ſagen Keſſel) Vertiefung, in
einem ſchönen Wieſengrunde, rings von fruchtbaren 5
ſanften Anhöhen umgeben und hat im Lande weit
Beſitzungen. Der Boden iſt aufgelöſter Thonſchiefer,
den der Quarz, der ſich im Thonſchiefer befand und
nicht aufgelöſt iſt, locker macht. Es liegt zwar noch
hoch aber anmutig und die Felder ſind fruchtbar. 10

Bis gegen Tirſchenreuth ſteigt das Land noch, die
Waßer flieſen einem entgegen, nach der Eger und Elbe
zu; von Tirſchenreuth an fällt nun das Land ſüd=
wärts ab und die Waſſer lauſſen nach der Donau.

Tirſchenreuth um fünfe. Treffliche Chauſſee von 15
Granitſand, es läßt ſich keine vollkommnere denken.
Die Gegend durch die ſie geht deſto ſchlechter, auch
Granitſand, flach liegend, moorig ꝛc. Da nunmehr
gute Chauſſee iſt und das Land abfällt, kommt man
mit unglaublicher Schnelle fort, die gegen den böhmi= 20
ſchen Schneckengang recht abſticht. Ich wär halb
neun in Weyda, Nachts 1 Uhr in Wernberg, halb
dreye Schwarzenfeld, halb fünfe Schwanendorf, halb
achte Bahnholtz, um zehen in Regenſpurg und hatte
alſo dieſe 12¼ Poſten oder 24½ Meile in 31 Stunden 25
zurückgelegt.

Von Schwanendorf gegen Regenſtauff zu, da es
anfing Tag zu werden, bemerckte ich die Veränderung

des Ackerbodens ins beſſere. Den Regenfluß herauf
hatte, in uralten Zeiten, Ebbe und Fluth aus der
Donau gewürckt und ſo · dieſe natürlichen Polder ge=
bildet, die wir nun benutzen. Es iſt dieſes in der
5 Nachbarſchafft aller groſen Flüſſe bemercklich. Ich
glaube ich habe dir ſchon davon geſprochen. Regens=
purg liegt gar ſchön, die Gegend mußte eine Stadt
hierher locken. Auch haben ſich die Geiſtlichen Herrn
wohl poſſeſſionirt; alles Feld um die Stadt gehört
10 ihnen, und in der Stadt ſteht Kirche gegen Kirche
und Stifſt gegen Stifſt über.

Die Donau hat mich an den alten Mayn er=
innert. Bey Franckfurt präſentirt ſich Fluß und
Brücke beſſer, hier ſieht aber das gegenüberliegende
15 Stadt am Hof recht artig aus.

Die Jeſuiten Schüler gaben heut ihr iährliches
Schauſpiel, ich beſuchte es gleich, ſah den Anfang des
Trauerſpiels und das Ende der Oper. Sie machten
es nicht ſchlimmer als eine angehende Liebhaber
20 Truppe. Und waren recht ſchön, faſt zu prächtig ge=
kleidet. Auch dies und das Ganze, wovon einmal
mündlich, hat mich von der Jeſuiten groſer Klugheit
auf's neue überzeugt; und es iſt nicht Klugheit, wie
man ſie ſich in Abstracto denckt, ſondern es iſt eine
25 Freude an der Sache dabey, ein Mit und Selbſt=
genuß, wie er aus dem Gebrauch des Lebens entſpringt.
Wie freut mich's daß ich nun ganz in den Catholi=
cismus hineinrücke, und ihn in ſeinem Umfange
kennen lerne.

Wärest du nur mit mir, ich wäre den ganzen Tag gesprächig, denn die schnelle Abwechslung der Gegenstände giebt zu hundert Beobachtungen Anlaß. Offt wünsch ich mir Fritzen und bin und bleibe allein.

Wie glücklich mich meine Art die Welt anzusehn macht ist unsäglich, und was ich täglich lerne! und wie doch mir fast keine Existenz ein Räthsel ist. Es spricht eben alles zu mir und zeigt sich mir an. Und da ich ohne Diener bin, bin ich mit der ganzen Welt Freund. Jeder Bettler weist mich zu rechte und ich rede mit den Leuten die mir begegnen, als wenn wir uns lange keunten. Es ist mir eine rechte Lust.

Heute schreib ich dir accurat unterm 49ᵗᵉⁿ Grade und er läßt sich gut an, der Morgen war kühl und man klagt auch hier über Nässe und Kälte, aber es war ein herrlicher gelinder Tag, und die Luft die ein groser Fluß mitbringt ist ganz was anders.

Das Obst ist nicht sonderlich, doch leb ich der Hoffnung es wird nun kommen und werden. Auch habe ich einem alten Weibe, das mir am Wasser begegnete, für einen Kreutzer Birn abgekauft und habe solche wie ein andrer Schüler publice verzehrt. Nun gebe Gott bald Trauben und Feigen. Ein Grundriß von Regensburg und das Jesuitenspiel sollen hier behliegen.

NB. Jesuitenkirchen, Türme, Dekoration überhaupt! Etwas grosees in der Anlage, das allen Menschen insgeheim Ehrfurcht einflöst. Gold, Silber,

Metall und Pracht, daß der Reichthum die Bettler aller Stände blenden möge, und hie und da etwas abgeschmacktes, daß die Menschheit versöhnt und angezogen werde. Es ist dies überhaupt der Genius des Catholischen äussern Gottesdiensts, noch hab ich's aber nicht mit soviel Verstand, Geschick und Geschmack und soviel Consequenz ausgeführt gesehn, als bey den Jesuiten, und alle ihre Kirchen haben eine Übereinstimmung. In der Folge mehr. Wie sie nicht die alte, abgestümpfte Andacht der andern Ordensgeistlichen fortgesetzt haben sondern mit dem Genio Säkuli fortgegangen sind.

Regensburg d. 5. Sept.

Vom Carlsbad hatte ich nur einen Mantelsack und Dachsranzen mitgenommen, und für meine Garderobe wäre es überflüssig, da ich aber soviel Bücher und Papiere mit habe, so war es zu beschwerlich. Nun hab ich mir ein Coffregen gekauft das mich recht freut. Auch ists recht gut daß ich allein bin, denn gewiß man wird durch anhaltende Bedienung vor der zeit alt und unfähig. Jetzt freut mich alles mehr, und ich fang in allem gleichsam wieder von vorne an.

Gewiß ich hoffe auf dieser Reise ein Paar Hauptfehler, die mir aufleben, loszuwerden.

An der Donau gezeichnet. No. 2.

um halb zwölfe.

Ich muß nun machen daß ich wegkomme! Ein Ladenbedienter, aus der Montagischen Buchhandlung,

hat mich erkannt, der in der Hoffmannischen ehmals
stand. So muß dem Autor nichts guts von den
Buchhändlern kommen. Ich hab es ihm aber grade
ins Gesicht, mit der größten Gelassenheit, geläugnet
daß ich's sey.

Den Pastor Schäffer hab ich gesehen und sein
Cabinet, unter dem angenommenen Nahmen Möller,
den ich auch behalten werde. Nun leb wohl, ich setze
mich auf nach München.

Ein sonderbar Gestein wird hier verarbeitet, zu
Werckstücken, eine Art Todtliegendes, doch von dem,
was ich für älter und ursprünglich erkenne. Es ist
grünlich, mit Quarz gemischt, löchrich und finden sich
grose Stücke des festesten Jaspis drin, in welchem
wieder kleine runde Flecken von Todtliegendem sich
befinden. Ein Stück war gar zu apetitlich, der Stein
aber zu fest, und ich habe geschworen mich nicht auf
dieser Reise mit Steinen zu schleppen.

d. 5ten halb 1 Mittag von Regensburg.

Schöne Gegend bey Abach wo die Donau sich an
Kalckfelsen bricht, bis gegen Saal.

Es ist der Kalck wie der bey Osterode am Harz.
Dicht aber im Ganzen Löchrich.

3 Uhr in Saal, No. 2ᵇ.

halb 4 von Saal, um sechs in Neustadt, Geisen=
feld um achte, Pfaffenhofen um 10 Uhr, d. 6. S.
Unterbrück um 2, München um 6 in der frühe.

Abends um sechse. nun ist mein Münchner

Penſum auch abſolvirt, dieſe Nacht will ich hier ſchlafen,
und Morgen früh weiter. Du ſiehſt ich richte mich
eilig ein, und will und muß nun einmal dieſe Manier
verſuchen, um von der alten hockenden und ſchleichenden
5 ganz abzukommen.

. Ich habe die Bildergallerie geſehn und mein Auge
wieder an Gemälde gewöhnt. Es ſind trefliche Sachen
da. Die Scizzen von Rubens zu der Luxenburger
Gallerie ſind herrlich. Das vornehme Spielwerck, die
10 Colonna Trajana im Modell, die Figuren verguldet
Silber auf Lapis lazuli, (ich glaube Archenholz
ſpricht davon) ſteht auch da. Es iſt immer ein ſchön
Stück Arbeit.

Im Antiquario, oder Antiken Cabinet, hab ich
15 recht geſehen daß meine Augen auf dieſe Gegenſtände
nicht geübt ſind, und ich wollte auch nicht verweilen
und Zeit verderben. Vieles will mir gar nicht ein.

Ein Druſus hat mich frappirt, die zwey Antoninen
gefielen mir und ſo noch einiges. Sie ſtehen auch
20 unglücklich, ob man gleich recht mit ihnen aufputzen
wollen, und als Ganzes der Saal, oder vielmehr das
Gewölbe, ein gutes Anſehn hätte, wenn es nur rein=
licher und beſſer unterhalten wäre.

Im Naturalienkabinet faud ich ſchöne Sachen aus
25 Throl, die ich aber durch Knebeln ſchon kannte.
Apropos von Knebeln! Ihm gefiel im Antikenſaal
ein Julius Cäſar ſo wohl, der, (ich müßte mich ent=
ſetzlich betrügen) gar nichts taugt, allein ich finde

eine frappante Ähnlichkeit der Büste mit Knebeln
selbst. Die Übereinstimmung des Charackters hat also
den Mangel der Kunst ersetzt.

Ich wohne auch hier in Knebels Wirthshaus, mag
aber nicht nach ihm fragen, aus Furcht Verdacht zu 5
erwecken oder dem Verdacht fortzuhelfen. Niemand
hat mich erkannt und ich freue mich so unter ihnen
herum zu gehen. Bey Kobelln war ich, fand ihn aber
nicht zu Hause. Sonst hatt ich den Spas einige die
ich dem Nahmen nach kannte, und ihr Betragen zu 10
sehen.

Überhaupt da ich nun weis wie es allen Ständen
zu Muthe ist und niemand seinen Stand verbergen
kann und will; so hab ich schon, das phisiognomische
abgerechnet, einen grosen Vorsprung, und es ist un= 15
glaublich wie sich alles auszeichnet.

Herder hat wohl recht zu sagen: daß ich ein grofes
Kind bin und bleibe, und ietzt ist mir es so wohl daß
ich ohngestraft meinem kindischen Wesen folgen kann.

Morgen geht es grad nach Inspruck! Ich lasse 20
Salzburg, wovon ich dir sogerne erzählt hätte, um
den reisenden Franzosen auszustechen, das Zillerthal
mit seinen Turmalinen, die Bergwercke von Schwaz,
die Salinen von Hall! Was lass ich nicht alles
liegen? um den Einen Gedancken auszuführen, der fast 25
schon zu alt in meiner Seele geworden ist.

Heute früh fand ich eine Frau die Feigen ver=
kaufte auf einer Gallerie des Schlosses, sogleich wurden

ihrer gekauft und obgleich theuer drey Kreutzer das
Stück, doch die ersten, denen wills Gott mehr folgen
sollen. Das Obst ist doch auch für den 48ten Grad
nicht übermäsig gut. Man klagt wie überall über
5 Kätte und Nässe. Ein Nebel, der für einen Regen
gelten konnte, empfing mich heute früh vor München,
den ganzen Tag blies der Wind sehr kalt vom Thyroler
Gebirg, der Himmel war bedeckt. Ich stieg auf den
Turm von dem sich die Fräulein herabstürzte und sah
10 mich nach den Thyroler Bergen um. Sie waren bedeckt
und der ganze Himmel überzogen. Nun scheint die
Sonne im Untergehn noch an den alten Turm der
mir vor dem Fenster steht. Lebe wohl. Du bist mir
immer gegenwärtig und offt regt sich der Wunsch
15 wieder: mögt ich doch Frizen mitgenommen haben.

Noch eine böse Arbeit steht mir bevor. Nach einer
letzten Conferenz mit Herdern, mußt ich die Iphigenie
mitnehmen und muß sie nun gelegentlich durchgehn
und ihr wenigstens einige Tage widmen. Das will
20 ich auch thun, sobald ich ein Plätzgen finde wo ich
bleiben mag.

b. 7. Sept. Abends. Es scheint mein Schutzgeist sagt
Amen zu meinem Credo, und ich danck ihm, nicht daß
er mir diesen schönen Tag gemacht, sondern daß er
25 mich an diesem Tage hierhergeführt hat. Der Postillon
sagte noch zulezt es sey der erste diesen ganzen Sommer.
Ich hab eine herzliche, stille danckbare Freude über
mein Glück und hoffe es soll nun so fort gehn.

Um 5 Uhr fuhr ich von München weg. Klarer
Himmel. An den Tyroler Bergen standen die Wolcken
feſt und die untern Streifen bewegten ſich auch nicht.
Der Weg geht an der Iſar hin, in der Höhe auf zu=
ſammengeſchlemmten Kieshügeln, die Arbeit der alten
höheren Waſſer. Ich ſah Knebels Kieſel wieder und
begrüſte ihn. Die Nebel des Fluſſes und der Wieſen
wehrten ſich eine Weile, endlich wurden auch dieſe
aufgezehrt.

Zwiſchen gedachten Kieshügeln (die du dir mehrere
Stunden lang und breit dencken mußt) das ſchönſte
fruchtbare Erdreich. Siehe rückwärts fol. Vor Wolf=
rathshauſen, wo ich um 9 Uhr ankam und ſo den
48. Grad erreichte, muß man wieder an die Iſar; man
ſieht da einen Durchſchnitt und Abhang der Kieshügel,
wohl auf 150 Fus hoch. In Wolfrathshauſen brannte
die Sonne ſtarck. Alle Welt iammert über das böſe
Wetter und daß der groſe Gott gar keine Anſtalten
machen will. Nun ging mir die neue Welt auf, ich
näherte mich den Gebürgen, ſie wurden freyer von
Wolcken. Benedickt Beuern liegt köſtlich! Wie man
es zuerſt erblickt, liegts in einer fruchtbaren Plaine,
ein lang und breites weiſes Gebäude und ein breiter
hoher Felsrücken dahinter. Dann kommt man zum
Kochel See No. 3. dann zum Walchen See No. 4.
zum Kochel See gehts ſchon hinauf, der andre liegt
noch höher im Gebürge. Wie ich den erſten beſchneiten
Gipfel ſah, griff ich nach dem Hute, doch war es mir

unbegreifflich schon so nahe an den Schneebergen zu
sehn. Dann hört ich daß es gestern in dieser Gegend
gedonnert geblitzt geregnet und auf den Bergen geschneit hatte. Es war also der erste Schnee den ich
5 begrüßte.

Die hohen Felsklippen sind alle Kalck, von dem
ältesten der noch keine Versteinerungen enthält. Diese
Kalckfelsen gehn in ungeheurer ununterbrochener Reihe
von Dalmatien bis nach dem Gotthart und auch weiter
10 fort. Hacquet hat einen grosen Theil der Kette bereist.
davon mündlich. Sie lehnen sich an den Granit,
Porphyr u. s. w. Ich habe nur wenige Stücke eine
Art Gneis in den Giesbächen gefunden.

Walchensee halb 5. Ich war nicht weit von dem
15 Orte, als mir das erste Abenteuergen aufsties. Ein
Harfner ging mit seinem Töchtergen einem Mädchen
von 11 Jahren vor mir her, und bat mich sie einzunehmen. Ich ließ sie zu mir sitzen und nahm sie
auf's nächste Dorf mit. Ein artiges ausgebildetes
20 Geschöpf, das weit herumgekommen war; mit seiner
Mutter nach Maria Einsiedeln gewallfahrtet und seine
Reisen immer zu Fuß gemacht hatte. In München
hatte sie bei dem Churfürsten gespielt und überhaupt
schon sich vor 21 fürstlichen Personen hören lassen. Sie
25 unterhielt mich recht gut. hatte hübsche grose braune
Augen, eine eigensinnige Stirne, die sie ein wenig hinaufwärts zog. War hübsch und natürlich wenn sie sprach,
besonders wenn sie kindisch laut lachte. Wenn sie

schwieg, wollte sie was bedeuten und machte mit der
Oberlippe eine fatale Mine. Ich schwätzte alles mit
ihr durch. Sie war überall zu Hause, und paßte gut
auf. Einmal fragte sie mich, was das für ein Baum
sey? Es war ein Ahorn und der erste den ich auf
der ganzen Reise sah. den hatte sie gleich bemerckt.
Es kamen nachher noch mehr. Sie zeigte mir eine
neue Haube die sie sich hatte in München machen
lassen und in einer Schachtel mit sich führte.

Es gäbe schön Wetter, wenigstens einige Tage, sagte
sie. Sie trügen ihr Barometer mit, das sey die Harfe;
wenn sich der Diskant hinauf stimme, so geb es gutes
Wetter, das hab er heute gethan. Ich nahm das Omen
an, und hatte noch viel Spas mit ihr ehe wir schieden.
Mittenwald halb 8 angekommen.

d. 8. Sept. Abends.

Auf dem Brenner angelangt, gleichsam hierher ge=
zwungen, wie ich mir nur ein Ruheort gewünscht
habe. Mein erstes ist dir das Gute des vergangnen
Tages mitzutheilen. Es war ein Tag an dem man
Jahrelang in der Erinnerung genießen kann.

Von Mittenwald um sechs Uhr, klarer Himmel, es
blies ein sehr scharfer Wind und war eine Kälte wie
sie nur dem Februar erlaubt ist. Die dunckeln mit
Fichten bewachsnen Vorgründe, die grauen Kalck=
felsen, die höchsten weisen Gipfel auf dem schönen
Himmelsblau, machten köstliche, ewig abwechselnde
Bilder.

Bey Scharniz kommt man ins Thyrol und die
Grenze ist mit einem Walle geschlossen der das Thal
verriegelt und sich an die Berge anschließt. Es sieht
schön aus. An der einen Seite ist der Felsen be=
5 festigt, an der andern geht es steil in die Höhe.

In Seefeld um halb neun.

Von da wird der Weg immer interessanter. Bisher
ging er über die von Benedikt Beuern herauf er=
stiegne Höhen weg, nun kommt man dem Innthal
10 näher und sieht von oben hinein Inzingen liegen.
Die Sonne war hoch und heis. Meine Garderobe,
(eine Veste mit Ermeln und ein Uberrock,) die auf alle
vier Jahrszeiten gerichtet ist mußte gewechselt werden,
und sie wird offt des Tags 10 mal gewechselt.

15 Bey Zirl steigt man in's Innthal herab. Die
Lage ist unbeschreiblich schön und der hohe Sonnen=
duft machte sie ganz herrlich. Ich habe nur einige
Striche aufs Papier gezogen, der Postillon hatte noch
keine Messe gehört und eilte sehr auf Inspruck, es war
20 Marien Tag.

Nun immer an der Inn hinab an der Martins
Wand vorbey, einer steilabgehenden ungeheuren Kalck=
wand. Zum Orte wohin Kayser Max sich verstiegen
haben soll, getraut ich mir wohl ohne Engel hin und
25 her zu kommen, ob es gleich immer ein frevelhafftes
Unternehmen wäre.

Innspruck liegt herrlich in einem breiten reichen
Thal zwischen hohen Felsen und Gebirgen.

Ich wollte heute dableiben, aber es lies mir inner=
lich keine Ruhe.

Ich faud an des Wirths Sohn den leibhaften Söller.
So finde ich nach und nach meine Menschen.

Es ist Mariä Geburt. Alle Menschen geputzt und 5
gesund und wohlhäbig wallfahrtend nach Wilden
das eine Viertelstunde von der Stadt liegt. Von
Innsbruck fuhr ich um 2 Uhr ab und war halb
achte hier

auf dem Brenner.   10

hier soll mein Rastort seyn, hier will ich eine Reca=
pitulation der vergangnen sechs Tage machen, Dir
schreiben und dann weiter gehn.

Von Innspruck herauf wirds immer schöner, da
hilft kein Beschreiben. Man kommt eine Schlucht 15
herauf wo das Wasser nach der Inn zu stürzt. Eine
Schlucht die unzählige Abwechslungen hat.

Bald ist die Seite gegenüber nicht abhängiger
als daß nicht noch sollte der schönste Feldbau drauf
geübt werden. Es liegen Dörfgen, Haüser, Hütten, 20
Kirchen alles weis angestrichen zwischen Feldern und
Hecken auf der abhängenden hohen Fläche.

Bald verengt sichs, es wird Wiese, steil abfallendes
Thal ꝛc.

Zu meiner Weltschöpfung hab ich manches erobert. 25
Doch nichts ganz neues noch unerwartétes. Auch hab
ich viel geträumt von dem Model, von dem ich solang
rede und an dem ich Euch lieben Layen allein das

alles anschaulich machen könnte was immer mit mir herumreist.

Endlich ward es dunckl und dunckler, das Detail verlohr sich und die Massen wurden größer und herr= licher. Endlich da alles nur wie ein tiefes geheimniß= volles Bild vor mir sich bewegte, sah ich auf einmal die hohen Gipfel wieder vom Monde erleuchtet und die Sterne herabblincken.

In Inspruck und der Gegend mögt ich mit dir einen Monat verleben, mit solchem Wetter wie heute ver= steht sich. Und das Gebirg herauf was ich für Gegen= stände vorbeygefahren bin, die dir die größte Freude machen würden, wenn du sie zeichnen könntest. Einige schick ich dir.

Nun bin ich hier, finde ein sehr saubres bequemes Gasthaus; Will ausruhen meine Vergangne Tage über= legen und alles für dich in Ordnung bringen, auch mich zu weiterer Reise zubereiten.

Von Witterung Not. a. Von Polhöhe ꝛc. S. Note b. Von Pflanzen N. c. Von Gebürgen Steinarten Note d. Von Menschen Note e.

b. 9. Sept. 86 Abends.

Da ich meine flüchtige Bemerckungen dieser Tage zusammenbringe, schreibe und hefte; so findet sich's das sie beynahe ein Buch werden, ich widme es dir. So wenig es ist wird es dich erfreuen und wird mir in der Folge Gelegenheit geben besser ordentlicher und aus= führlicher zu erzählen. Wir werden nun gerne etwas

von diesen Gegenden lesen, weil ich sie gesehn, manches
über sie gedacht habe und du sie durch mich genießen
sollst. Ich werde so fortfahren von Zeit zu Zeit einen
Rasttag zu machen und das Vergangne in Ordnung zu
bringen, denn in die Weite gehts nicht und man mag
zuletzt die einzelnen Blätter nicht mehr ansehn.

Hier oben in einem wohlgebauten, reinlichen, be=
quemen Hause seh ich nun noch einmal nach dir zurück.
Von hier fliesen die Wasser nach Deutschland und nach
Welschland, diesen hoff ich morgen zu folgen. Wie
sonderbar daß ich schon zweymal auf so einem Puncte
stand, ausruhte und nicht hinüber kam! Auch glaub
ich es nicht eher als bis ich drunten bin. Was andern
Menschen gemein und leicht ist, wird mir sauer ge=
macht. Lebe wohl! Gedenck an mich in dieser wich=
tigen Epoche meines Lebens. Ich bin wohl, freyen
Gemüths und aus diesen Blättern wirst du sehn wie
ich der Welt genieße. Lebwohl. Der ganze Tag ist
mir über diesen Papieren hingegangen.

G

Note a.

Gedancken über die Witterung.

Sobald ich die Schäfgen der Oberen Lufft sah, schon
im Carlsbad d. 2. Sept., hatte ich gute Hoffnung, ich
schloß daraus: daß die Atmosphäre ihre Elasticität
wieder gewinne und im Begriff sey das schöne Wetter
wieder herzustellen. Allein ich dachte nicht an das

was ich nachher bemerckt zu haben glaube. Nämlich:
daß eine Elastischere Athmosphäre die Wolcken
aufzehrt, ihnen den Zusammenhang unter sich
benimmt, so daß also die Dünste die vorher Massen=
5 weis zusammen gedrängt waren, als Wolcken umher=
zogen, nur in einer gewissen Höhe über der Erde
schwebten, als Regen herab fielen, als Nebel wieder
aufstiegen, nunmehr in den ganzen Raum gleichförmig
ausgetheilt sind. Da ieder Dunst und Wassertropfen
10 durch Mittheilung der Athmosphärischen Elasticität
unendlich elastisch werden, ia ins unendlich kleine ge=
theilt werden kann, so kann auch die Wasser Masse
sich in eine weit größere Höhe austheilen und vor un=
sern Augen so verschwinden daß sie zuletzt auch nicht
15 den geringsten Dunst bemerckbar läßt. Vielleicht ist
das was ich sage was bekanntes, ich setze nur meine
Bemerckungen hin, und folgere aus meiner Hypothese.

Wenn eine ungeheure Menge condensirte Dünste
aufzulösen sind, wie es diesmal war; so geht es lang=
20 sam zu, und die obere Lufft, da sie zuerst ihre Elasti=
cität wieder erlangt, fängt zuerst an Schäfgen (leicht
wie gekämmte Wolle aneinander gereihte Wölckgen)
zu bilden. An den hohen Gebürgen, die durch die
Anziehung die Wolcken halten, fangen diese an, in
25 Grosen, Bergähnlichen über einander gethürmten weißen
Massen, festzustehn, indeß die Wolcken der untern
Athmosphäre als graue Streifen, und in langgedehnten
schweeren Formen unter ihnen hinziehen. Vermehrt

sich nun immer die Elasticität der Luft so zehrt sie
von oben herein die um die Berge feststehende Wolcken
auf und der Wind der vom Berge kommt, der vor
wenigen Tagen Regen brachte, bringt nun gutes
Wetter.

Ich sah das Aufzehren einer solchen Wolcke ganz
deutlich, sie hing am Berge fest, löste sich mit der
grösten Langsamkeit auf, kaum daß einige Flocken
sichtbar sich ablösten und in die Höhe stiegen die aber
auch gleich verschwanden. Und so verschwand sie nach
und nach und hinter dem Berge bemerckt ich in der
Lufft ganz leichte weiße Streiffgen, die mir zuletzt
auch aus dem Gesicht kamen.

Ist nun das Wasser so in der ganzen Athmosphäre
vertheilt, und noch einigermassen nah an einander, so
sieht mans an der Luft=Perspecktiv und am Auseinander=
gehn der Landschafftsgründe ganz deutlich. Das muß
nun als Thau, oder Reif herunter, oder muß sich
weiter ausdehnen und verbreiten. Diesmal machte
das Wetter um die Thyroler Berge ein gewaltsames
Ende mit Donnern, Blitzen und Schneyen; dann hellte
sichs aus.

Eben so sah ich den 9ten als die Sonne den Schnee
auf den Gipfeln zu schmelzen anfing leichte Schaum=
streifen in die Höhe steigen und sich bey einem kalten
Mittag Winde weit über den Himmel gegen Norden
verbreiten. So ging es immer fort, es zog immer
mehr weißer Duft von Mittag herauf, der ganze

Himmel ward bedeckt, und die Sonne endlich ver=
dunckelt, die Dünste verwandelten sich in Wolcken, die
noch in ziemlicher Höhe schwebten und die Bewohner
jammerten, daß schon wieder Regen folge.

Nach meiner Theorie fahre ich fort zu erklären.
Die Athmosphäre war nun in dieser Gegend fast mit
Dünsten gesättigt, sie konnte sie also nicht mehr rein
aufzehren, sie mußte also leiden daß die Dünste wieder
ein zusammenhangender Dunst und endlich noch ver=
wandter unter sich und Wolcken wurden. Kann nun
diese Nacht durch da die Kühlung die Elasticität des
Wassers vermindert und die Elasticität der Luft ver=
mehrt, letztere über ersteres Herr werden, so müssen
die Wolcken wieder von den Bergen angezogen werden
und auch als Wasser niederfallen.

Noch eine Bemerckung. Die Athmosphäre und die
Berge ziehen wechselsweise die Dünste an, unter
welchen Bestimmungen dies geschieht wird sich erklären
lassen. Jetzt nur soviel: Wenn sich die Elasticität
der Luft vermehrt, vermehrt sich ihre Anziehungskrafft
und die Wolcken verlassen die Berge und werden, wie
mehrmals gesagt, von der Luft gehoben und verzehrt,
umgekehrt ist die Würckung umgekehrt. Es ist wie
mit einem Luftballon der sich auch wieder hebt wenn
die Luft elastischer wird.

Ich habe das Wort Elasticität, statt des in dieser
Materie auch gewöhnlichen Wortes Schwere gebraucht,
und es ist auch besser. Überhaupt aber sind meine

Kunstwörter nicht die besten, komme ich zurück; so
wollen wir meine Bemerckungen und Erfahrungen
mit den Grundsätzen der Phisicker, ihren Theorien und
Erfahrungen zusammen halten. Ich bin leider nicht
gelehrt wie du weißt.

Note b.

Über Polhöhe, Clima ꝛc.

Ich habe den ganzen Weg mit mir selbst über
Polhöhe, Clima und was daran hängt gescherzt, nun
darüber auch ein Paar Worte.

Die Polhöhe machts nicht aus, sondern die Berg=
rücken die von Morgen nach Abend die Länder durch=
schneiden; diese machen sogleich grose Veränderungen
und die Länder die alsdann nordwärts liegen haben
davon zu leiden. Die Wittrung dieses Jahr für den
ganzen Norden scheint durch die grose Alpenkette auf
der ich dieses schreibe, bestimmt worden zu seyn. Hier
haben sie den ganzen Sommer Regen gehabt und
Südwest und Südost haben von hier den Regen in
den ganzen Norden verbreitet. In Italien sollen sie
schön Wetter, fast zu trocken gehabt haben.

Note c.

Über Pflanzen, Früchte ꝛc.

Was ich bisher an Früchten angetroffen habe will
nichts sagen. Aepfel und Biru hängen schon vor
Inspruck im Innthal, Pfirschen Trauben bringen sie
aus Wälschland oder eigentlich dem mittägigen Tyrol.

Um Inspruck bauen sie Türckisch Korn sehr viel, es war eben im ansetzen.

Auch noch ein Gewächs das sie Blende (Haide=korn an andern Orten) nennen, das ein Braünlich Korn trägt, woraus Mehl gemacht und als Muß oder Knötel gegessen wird.

Hinter Inspruck sah ich die ersten Lerchenbäume die hieroben häufig wachsen, und bey Schönberg den ersten Zirbel. Die Pflanzen betreffend fühl ich noch sehr meine Schülerschafft.

Bis München sah ich nur die gewöhnlichen. das Hieracium, die blaue Blume die sie bey uns wilden Sellery nennen, die Schaafgarbe, Disteln, was ich von Carlsbad beständig sah. Vor München an einem Wassergraben die Federnelcke, eine art niedriger Sonnen=blume. hinter Benedicktbeuern das Gebürg herauf und am Walchensee andre die ich eingelegt habe und die erste Gentiana; immer war es das Wasser in dessen Nähe ich die neuen Pflanzen zuerst faud.

Uberhaupt über den Einfluß der Barometrischen Höhe auf die Pflanzen will ich eine Meynung her=setzen die geprüft werden muß.

Die mehr elastische Lufft würckt auf die Organe der Pflanze und giebt ihr auch alle mögliche Aus=dehnung und macht ihre Existenz vollkommner. Ist Feuchtigkeit genug da die in das ausgedehnte Organ eindringen kann; so nährt sich die Pflanze gut und kann sich aufs beste entwickeln, stärcker wachsen und

fich reichlicher fortpflanzen. Dieſer Gedancke iſt mir
bey einer Weide und Gentiane eingekommen da ich
ſah daß ſie ſehr zart waren und von Knoten zu
Knoten viel Zwiſchenraum hatten.

Statt wie Fig. 1. waren ſie wie Fig. 2. gebildet. 5

Fig. I.   Fig. II.

Hiervon in der Folge mehr.

NB. Ich ſah auch im Walchen See ſehr lange
Binſen.

Note d.   10

Von Gebürgen und Steinarten.

Ich habe ſchon geſagt daß ich bisher die Kalck
Alpen durchwandert habe. Sie haben ein Graues
Anſehn und ſchöne ſonderbare unregelmäſige Formen
ob ſich der Fels gleich auch in Lager und Bäncke ab= 15
theilt. Aber weil auch geſchwungene Lager vorkommen
und der Fels überhaupt ungleich verwittert; ſo ſehen
die Gipſel ſeltſam aus.

Es war alles Kalck ſoviel ich bemercken kounte
bis herauf. In der Gegend des Sees verändert ſich 20
das Gebirg (vielleicht früher, das einem Nachfolger

zu unterſuchen bleibt) und ich ſaud Glimmerſchiefer
ſtarck mit Quarz durchzogen. Stahl-Grün und dunckel
Grau. An denſelben lehnte ſich ein weiſer dichter
Kalckſtein der an den Ablöſungen glimmrich war und
in groſen Maſſen die ſich aber unendlich zerklüfſteten,
brach. Oben auf den Kalckſtein legte ſich wieder
Glimmerſchiefer auf der mir aber zärter zu ſeyn ſchien.

Weiter hinauf zeigte ſich eine beſondere Art Gneis
oder vielmehr eine Granitart die ſich zum Gneis anlegt, wie das Stück was ich von der Gegend von
Ellenbogen habe. No. 4. iſt ein ſchnell aufgenommner
Riß des Sees.

Hier oben gegen dem Hauſe über iſt der Fels
Glimmerſchiefer und die Waſſer die aus den nächſten
Bergen kommen bringen grauen Kalck wie Glimmer-
ſchiefer mit.

Es zeigt ſich alſo daß hier oben nicht ſerne der
Granitſtock ſeyn muß an dem ſich das alles anlehnt.
Granit ſelbſt habe ich noch nicht gefunden.

Auf der Karte ſieht man daß man hier an der
Seite von dem eigentlichen groſen Brenner iſt von
dem aus ringsum ſich die Waſſer ergieſen. Denſelben zu umreiſen wär eine hübſche Aufgabe für einen
jungen Mineralogen.

Note e.

Menſchen.

Von ihnen kann ich nicht viel als vom Anſehn
ſagen.

Die Nation ist wacker grad vor sich hin, die Ge=
stalten sich ziemlich gleich, doch wag ich keine Be=
schreibung der Formen aus dem Stegreif.

Braune wohl geöffnete Augen und sehr gut ge=
zeichnete schwarze Augbrauen bey den Weibern sind 5
mir aufgefallen und dagegen blonde Augbrauen und
breite bey den Männern. Die grünen Hüte geben
zwischen den Bergen ein fröhlich Ansehn. Sie tragen
sie geziert mit Bäudern oder breiten Schärpen von
Tafft mit Franzen die mit Nadeln gar zierlich auf= 10
geheftet werden, auch hat jeder eine Blume oder eine
Feder auf dem Hute.

Dagegen tragen die Weiber weise, baumwollene,
zotige, sehr weite Mützen, wie unförmliche Manns
Nachtmützen, das ihnen ein ganz fremdes Ansehn giebt. 15

Ihre übrige Tracht ist bekannt.

Ich habe Gelegenheit gehabt zu sehen was für
einen Werth die gemeinen Leute auf Pfauenfedern
legen, und wie iede andre bunte Feder geehrt wird,
daß ich jedem Reisenden, der Freude machen und statt 20
eines kleinen Trinckgeldes ein grofes ohne Unkosten
geben will, sölche Federn mit sich zu führen rathen
will. Es versteht sich von selbst daß man sie mit
Geschicklichkeit anbrächte.

Reise-Tagebuch zweytes Stück.

vom Brenner in Tyrol bis Verona.
1786.

Stationen vom Brenner in Tyrol
bis Verona zurückgelegt vom 9. S. bis d. 14. S.

Nahmen und Entfernung		angekommen	abgefahren
		9.	
Sterzing	⎫	9 Uhr Nachts	9½
Mittenwald	⎪	**10.** 12	⎫
Brixen	iedesmal	3½	⎪
Collman	1 Post	5	⎪
Deutschen	die Post 2 Meilen.	7	gleich
Boßen	⎪	9	⎬
Brandsol	⎪	11	⎪
Neumarck	⎪	1½	⎪
Salurn	⎭	2½	3½
Neefes	1½	6	
Trient	1½	7½	5 Uhr Abends
		11.	
Aqua viva	1	6½	
Roveredo	1½	8½	
		12.	
Porto al Lago di Garda eigentlich Torbole.	2½	8	4. früh
		13.	5 früh
Malsesine		7	nach Mitternacht
		14.	
Bardolino		10	gleich
Verona.		2	

Trent d. 10. Sept. Abends 8.

Nun bin ich völlige 50 Stunden am Leben und
in steter Beschäfftigung und Bewegung. Wenn ich
mich gehn ließe; schrieb ich dir auch noch wie es mir
ergangen ist. Um des morgenden Tags willen ist es
aber besser daß ich ruhe und so sollst du Morgen von
mir hören. Heute Gute Nacht.

d. 11. früh.

Ich fahre in meiner Erzählung fort.

Am 9. Abends als ich mein erstes Stück an dich
geschlossen hatte, wollte ich noch die Herberge zeichnen
aber es ging nicht, ich verfehlte die Formen und ging
halb mißmutig nach Hause.

Mein Wirth fragte mich ob ich nicht fortwollte?
es sey Mondschein ꝛc. und ob ich wohl wußte daß er die
Pferde morgen früh brauchte und sie also bis dahin
gerne wieder zu Hause gehabt hätte, sein Rath also
eigennützig war; so nahm ich doch weil es mit meinem
innern Trieb übereinstimmte ihn als gut an, die
Sonne ließ sich wieder blicken, und es war eine sehr
leidliche Lufft.

Ich packte ein und um sieben fuhr ich vom Brenner
weg. Wie ich gehofft hatte, ward die Athmosphäre
Herr der Wolcken und der Abend gar schön.

Der Postillon schlief ein und die Pferde liesen den
schnellsten Trab bergunter immer auf dem bekannten
Wege fort, kamen sie an ein eben Fleck ging's desto

langsamer, er erwachte und trieb und so kam ich sehr
geschwind zwischen hohen Felsen, an den reißenden
Etsch Fluß hinunter. Der Mond ging auf und be-
leuchtete ungeheure Gegenstände. Einige Mühlen über
5 dem reißenden Strom waren völlige Everdingen. Wenn
ich dir sie nur vor die Augen hätte stellen können.

Um 9 kam ich nach Sterzing und man gab mir
zu verstehen daß man mich gleich wieder weg wünschte,
um 12 in Mittenwald war alles im tiefen Schlafe
10 außer den Postillons, um halb 3 in Brixen eben so,
daß ich mit dem Tage in Collman ankam. So leid
es mir that, diese interessanten Gegenden, mit der entsetzlichen Schnelle, (die Postillon fuhren daß einem
oft Hören und Sehen verging) und bey Nacht wie
15 der Schuhu zu durchreisen; so freute mich's doch, daß
wie ein Wind hinter mir her blies und mich meinen
Wünschen zujagte.

Mit Tags Anbruch erblickt ich die ersten Rebhügel,
eine Frau mit Birn und Pfirschen begegnete mir, so
20 gings auf Deutschen, wo ich um 7 Uhr ankam und
endlich erblickt ich bey hohem Sonnenschein, nachdem
ich eine Weile Nordwärts gefahren war, das Thal
worinn Botzen liegt.

Von steilen bis auf eine ziemliche Höhe bebauten
25 Bergen umgeben, ist es gegen Mittag offen, gegen
Norden von den Thyroler Bergen bedeckt, eine milde
sanfte Luft füllte die Gegend, der Etsch Fluß wendet
sich hier gegen Mittag wieder. Die Hügel am Fuß

der Berge. ſind mit Wein bebaut. Uber lange niedrige
Lauben ſind die Stöcke gezogen und die blauen Trau=
ben hängen gar zierlich und reich von der Decke
herunter. Auch in der Fläche des Thals, wo ſonſt
nordwärts Wieſen ſind, wird der Wein in ſolchen eng   5
aneinander ſtehenden Reihen von Lauben gebaut, da=
zwiſchen das Türckiſche Korn, Italiäniſch Fromen-
tass[1]) oder weiter hin Fromentone genannt, das nun
immer höher wächſt. Ich habe es offt zu 9—10 Fus
hoch geſehn. Die zaſeliche männliche Blüte iſt noch   10
nicht abgeſchnitten, wie es geſchieht wenn die Befruch=
tung eine Zeitlang vorbey iſt.

Bey heißem Sonnenſchein nach Botzen, wo alles
von der Meſſe lebte. Die vielen Kaufmannsgeſichter
freuten mich beyſammen, ihr abſichtliches wohlbehäg=   15
liches Daſeyn druckt ſich recht lebhaft aus.

Auf dem Platze ſaßen Obſtweiber mit Körben 4
bis 4½ Fus im Durchſchnitt, flach, worinn die
Pfirſchen neben einander lagen, eben ſo die Biru.
Hier fiel mir ein was ich in Regensburg am Feuſter   20
des Wirthshauſes geſchrieben ſaud

> Comme les peches et les Melons
> Sont pour la bouche d'un Baron
> Ainsi les verges et les batons
> Sont pour les fous dit Salomon.

25

---

[1]) Sie ſprechen es Formentass aus und Formenton iſt die
Btende deren ich oben gedacht.

Daß ein nordischer Baron dieses geschrieben, ist offenbar und daß er in diesen Gegenden seine Begriffe verändern würde ist auch natürlich.

Die Messe zu Bozen ist stark an Seidenvertrieb, auch Tücher 2c. werden dahin gebracht und was sonst an Leder 2c. aus den Gebürgen und der Gegend zusammengebracht wird. Auch kommen die Kaufleute vorzüglich dahin ihr Geld einzukassiren.

Ich eilte fort damit mich nicht irgend einer erkennte, und hatte ohne dies nichts da zu thun — Zwar wenn ich es recht gestehe; so ist es der Trieb und die Unruhe die hinter mir ist; denn ich hätte gern mich ein wenig umgesehen und alle die Producte beleuchtet die sie hierher zusammenschleppen. Doch ist das mein Trost, alles das ist gewiß schon gedruckt. In unsern statistischen Zeiten braucht man sich um diese Dinge wenig zu bekümmern, ein andrer hat schon die Sorge übernommen, mir ists nur jetzt um die sinnlichen Eindrücke zu thun, die mir kein Buch und kein Bild geben kann, daß ich wieder Interesse an der Welt nehme und daß ich meinen Beobachtungsgeist versuche, und auch sehe wie weit es mit meinen Wissenschafften und Kenntnissen geht, ob und wie mein Auge licht, rein und hell ist, was ich in der Geschwindigkeit fassen kann und ob die Falten, die sich in mein Gemüth geschlagen und gedruckt haben, wieder auszutilgen sind.

Komm ich weiter; so sag ich dir mehr.

Schon jetzt daß ich mich selbst bediene, immer auf=
merckſam, immer gegenwärtig ſeyn muß, giebt mir
dieſe wenige Tage her eine ganz andre Elaſticität des
Geiſtes. Ich muß mich um den Geldkurs bekümmern
wechſeln bezahlen, notiren, dir ſchreiben anſtatt daß   5
ich ſonſt nur dachte, wollte, ſann, befahl und dik=
tirte. Von Botzen auf Trient[1]) (die Stationen ſiehe
fol. 2) gehts in einem immer fruchtbaren und frucht=
barern Thal hin. Alles was höher hinauf nur zu
vegetiren anfängt hat nun hier ſchon alles mehr   10
Krafft und Leben, man glaubt wieder einmal an einen
Gott.

Die Etſch fließt ſanfter, macht an vielen Orten
breite Kieſe, auf dem Laude nah am Fluß und an
den Hügeln iſt alles ſo in einander gepflanzt daß   15
man denckt es müßte eins das andre erſticken. Wein=
geländer, Mays, Haidekorn, Maulbeerbäume, Frucht=
bäume Nuß und Quittenbäume. Uber die Mauern
wirft ſich der Attich lebhafft herüber, der Epheu
wächst in ſtarcken Stämmen die Felſen hinauf und   20
verbreitet ſich weit über ſie und die Eidexe ſchlüpft
über die Steine weg.

Könnt ich nur mit dir dieſer Gegend und Luft
genieſen in der du dich gewiß geſund fühlen würdeſt.

---

[1]) NB. arme Frau die mich bat ihr Kind in den Wagen zu   25
nehmen weil ihm der heiſe Boden die Füße brenne. Sonderbarer
Putz des Kindes. Ich redet es Italiäniſch an, es ſagte daß ſie
kein Deutſch verſtehe.

Auch was hin und her wandelt erinnert einen an
die liebsten Bilder. Die aufgewundnen Zöpfe der
Weiber, die bloße Brust und leichten Jacken der
Männer, die treflichen Ochsen die sie vom Marckte
5 nach Hause treiben, die beladnen Eselgen, alles macht
einen immer lebenden und sich bewegenden Heinrich
Roos.

Und nun wenn es Abend wird und bey der milden
Luft wenige Wolcken an den Bergen ruhn, am Himmel
10 mehr stehn als ziehn, und gleich nach Sonnen Unter=
gang das Geschrille der Heuschrecken laut zu werden
anfängt! Es ist mir als wenn ich hier gebohren und
erzogen wäre und nun von einer Grönlandsfahrt
Von einem Wallfischfang zurückkäme. Alles ist mir
15 willkommen, auch der Vaterländische Staub der manch=
mal starck auf den Strasen wird und von dem ich
nun solang nichts gesehen habe.

Das Glocken oder vielmehr Schellengeläute der
Heuschrecken ist allerliebst durchdringend und nicht
20 unangenehm.

Lustig klingts wenn muthwillige Buben mit einem
Feld voll Heuschrecken um die Wette pfeifen. Es ist
als wenn sie einander würcklich steigerten. Heute ist
wieder ein herrlicher Tag, besonders die Milde der
25 Luft kann ich dir nicht ausdrücken.

Wenn das alles jemand läse der im Mittag
wohnte, vom Mittag käme, er würde mich für
sehr kindisch halten. Ach was ich da schreibe hab ich

lang gewußt, seitdem ich mit dir unter einem bösen
Himmel leide, und jetzt mag ich gern diese Freude als
Ausnahme fühlen, die wir als eine ewige Naturwohl=
that immer genießen sollten.

Das übrige siehe in den angehängten Noten die
ich der Bequemlichkeit halber fortsetzen und mit eben
den Buchstaben wie beym ersten Stück bezeichnen will.

Trient. Ich bin in der Stadt herumgegangen
die uralt ist und in einigen Strasen neue wohlgebaute
Häuser hat. In der Kirche hängt ein Bild, wo das
versammelte Concilium einer Predigt des Jesuiten
Generals zuhört. Ich mögte wissen was er ihnen
vorgesagt hat.

Ich trat in die Jesuiten Kirche, die sich von aussen
gleich durch rothe Marmor Pilastres auszeichnet, ein
großer Vorhang hängt nahe an der Thüre herunter
den Staub von aussen abzuhalten, ein eisernes Gitter
schliest die Kirche von einer kleinen Vorkirche, so daß
man alles sehen, weiter hinein aber nicht kommen
kann. Es war alles still und ausgestorben, die Thüre
nur auf weil zur Vesperzeit alle Kirchen geöffnet sind.
Wie ich so dastehe und über die Bauart, die ich den
bekannten Kirchen ähnlich fand nachdachte, kommt
ein alter Mann mit einem schwarzen Käppgen auf
dem Kopfe das er sogleich abnimmt, und in einem
langen schwarzen für Alter vergrauten Rock herein,
kniet vor dem Gitter nieder, und steht nach einem
kurzen Gebet wieder auf. Wie er sich umkehrt sagt

er halb laut für sich: da haben sie nun die Jesuiten
herausgetrieben, sie hätten ihnen auch zahlen sollen
was die Kirche gekostet hat, ich weis wohl was sie
gekostet hat, und das Seminarium wie viele Tausende
5 (indeß war er wieder den Vorhang hinaus, ich trat
an den Vorhang, sah an der Seite hinaus und hielt
mich stille, er war auf der Kirchschwelle stehen ge=
blieben) der Kayser hats nicht gethan, der Papst hats
gethan, fuhr er fort mit dem Gesicht nach der Strase
10 gelehrt und ohne mich zu vermuthen. Erst die Spanier,
dann wir, dann die Franzosen (er nannte noch einige);
Abels Blut schreyt über seinen Bruder Kain! — und
so ging er die Treppe hinab immer mit sich redend
die Straße hin.

15 Ich vermuthe daß es entweder selbst ein Jesuite,
oder einer den sie erhalten war und der über den un=
geheuren Fall des Ordens den Verstand mag verlohren
haben, der nun jetzt kommt in dem leeren Gefäß die
alten Bewohner zu suchen und nach einem kurzen
20 Gebet ihren Feinden den Fluch zu geben.

Mein Begleiter zeigte mir mit Verwundrung ein
Haus das man das Teufelshaus nennt, wozu in einer
Nacht der Teufel die Steine nicht nur hergebracht
sondern es auch aufgebaut haben soll. Das Teuflischte
25 daran bemerckte er aber nicht, das ist: daß es das ein=
zige Haus von einem guten Geschmacke ist das ich in
Trient gesehn habe. Es ist aus einer alten Zeit aber
gewiß von einem guten Italiäner aufgeführt.

12*

Abends um 5 Uhr ab nach Roveredo.

Wieder das Schauspiel von gestern Abend und die
Heuschrecken die gleich bey Sonnenuntergang zu schrillen
anfingen. Man fährt wohl eine Meile von der Stadt
zwischen Mauern über welche die Traubengeländer sich
sehen laßen, andre die nicht hoch genug sind hat man
mit Steinen, Reisig und andern Künsten erhöht um
das Abrupfen der Trauben den Vorbeygehenden zu
wehren, viele Besitzer besprengen die vordersten Reihen
mit Kalck der die Trauben dem Essen unangenehm
macht und dem Magen feind ist, dem Wein aber nicht
schadet, weil er durch die Gährung wieder heraus
muß. Das schöne Wetter dauert fort. Es war sehr
heiß als ich um 3 Uhr vor die Stadt und auf die
Brücke spazieren ging. Mir ists wie einem Kinde,
das erst wieder leben lernen muß. Es macht schon
hier niemand mehr die Thüren zu, die Fenster stehn
immer offen 2c. Es hat kein Mensch Stiefeln an,
kein Tuch Rock zu sehn. Ich komme recht wie ein
nordischer Bär vom Gebirge. Ich will mir aber den
Spas machen mich nach und nach in die Landstracht
zu kleiden.

d. 11. S. Abends.

Hier bin ich nun in Roveredo, hier schneidet sichs
ab. Von oben herein schwanckte es noch immer vom
deutschen zum italiänischen, nun hatt ich einen stock=
wälschen Postillon. Der Wirth spricht kein deutsch
und ich muß nun meine Künste versuchen. Wie froh

bin ich daß die Geliebte Sprache nun die Sprache
des Gebrauchs wird.

d. 12. Sept. nach Tische.

Wie sehnlich wünsch' ich dich einen Augenblick
neben mich, damit du dich mit mir der Aussicht freuen
könntest die vor mir liegt.

Heut Abend hätt ich in Verona seyn können, aber
es lag mir noch eine schöne Natur Würckung am Wege,
ein schönes Schauspiel, der Lago di Garda.

Den wollte ich nicht versäumen und bin herrlich
belohnt. Nach fünfen fuhr ich von Roveredo ab ein
Seiten Thal hinauf, das seine Wasser in den Adige
ausgießt. Wenn man hinauf kommt, Liegt ein un=
geheurer Riegel hinten vor, über den man nach dem
See hinunter muß. Hier waren die schönsten Kalck=
felsen zu mahlerischen Studien.

Wie man hinab kommt liegt ein Örtgen am nörd=
lichen Ende des Sees und ist ein kleiner Hafen oder
vielmehr Anfahrt da, es heist Torbole. Die Feigen=
bäume hatten mich schon den Weg her häufiger be=
gleitet und im hinabsteigen fand ich die ersten Oel=
bäume, die voller Oliven hingen. Hier fand ich
zum erstenmal die weiße Feigen als eine gemeine
Frucht, die mir die Gräfinn Lanthieri verheißen
hatte. Aus dem Zimmer wo ich sitze geht eine
Thüre in den Hof hinunter, ich habe meinen Tisch
davor gerückt und dir die Aussicht mit einigen Linien
gezeichnet. Sie zeigt den See in seiner Länge dessen

Ende man besonders an der Lincken Seite nicht sehen
kann.

Nach Mitternacht bläst der Wind von Norden
nach Süden, wer also den See hinab will muß vor
Tage fahren, einige Stunden nach Sonnen Aufgang 5
wendet er sich und bläst nordwärts. Jetzt nach Mittag
um eins weht er sehr starck gegen mich und kühlt die
heise Sonne gar herrlich ab.

Eben lehrt mich Volckmann den ich zuerst aus
meinem Coffer hohle daß dieser See ehmals Benacus 10
geheisen und zeigt mir einen Vers des Virgils an
worin seiner gedacht wird·

                                        teque
Fluctibus et fremitu assurgens Benace marino.

Der erste lateinische Vers dessen Gegenstand mir 15
lebendig vorsteht und der, da der Wind immer stärcker
weht und der See höhere Wellen schlägt, recht wahr
wird. Nun will ich schliesen, wenn es kühle wird
noch einen Spaziergang machen, Morgen früh um
dreye von hier absahren und dir dann wieder von 20
Verona schreiben. Die schönsten und grösten Natur
Erscheinungen des festen Landes hab ich nun hinter
mir, nun gehts der Kunst, dem Alterthum und der
Seenachbarschafft zu! Lebe wohl! Heute hab ich an
der Jphigenie gearbeitet, es ist im Angesichte des Sees 25
gut von statten gegangen. Ich muß einpacken und
scheide ungern von dir, ich will noch heute zeichnend
an dich dencken. Die Thyroler Karte die ich Knebeln

weggenommen liegt bey), ich habe meinen Weg mit
einem Bleystifftstrich gezeichnet.

Geschrieben den 46. Grad hinter mir.

d. 13. Sept.

Wenn man mit dem Wasser zu thun hat, kann
man nicht sagen: ich werde heut da oder da seyn.

Ich bin in Malsesine dem ersten Orte des
Venetianischen Staats an der Morgenseite des Sees.
Nun noch einiges von Torbole, so heißt der Hasen
wo ich gestern blieb.

Der Gasthof hat keine Schlösser an den Thüren,
und der Wirth sagte mir ich könnte sicher seyn, und
wenn alles Diamanten wären was ich bey mir hätte.
Sodann die Zimmer keine Fenster, sondern Oelpapierne
Rahmen und es ist doch köstlich drinne seyn, drittens
keinen Abtritt. Du siehst also daß man dem Natur=
zustande hier ziemlich nah kommt. Als ich nach
meiner Ankunft den Hausknecht nach einer Bequem=
lichkeit fragte, deutete er in den Hof: qui abasso!
puo servirsi. Ich fragte dove? er antwortete per
tutto, dove vuol. Durchaus zeigt sich eine Sorglosig=
keit, doch Geschäfftigkeit und Leben genug und den
ganzen Tag verführen die Nachbarinnen ein Geschwätz
und Geschrey, haben aber immer was zu schaffen
und zu thun. Ich habe noch kein müßiges Weib
gesehn.

Köstliche Forellen (Trutte) werden bey Torbole
gefangen, wo der Bach vom Gebürge herunter kommt

und der Fisch den Weg hinauf sucht. Der Kayser
erhält von diesem Fang 10/m f. Pacht.

Es sind keine eigentliche Forellen, sie sind bis auf
50 tt. schwer, über den ganzen Leib bis auf den Kopf
hinauf punctirt. Der Geschmack ist zwischen Forelle 5
und Lachs, sehr zart und trefflich.

Mein eigentlich Wohlleben ist aber in Früchten;
Feigen eß ich den ganzen Tag. Du kannst dencken
daß die Birn hier gut seyn müßen wo schon Zitronen
wachsen. Heute früh fuhr ich um drey Uhr von 10
Torbole ab mit zwey Ruderern, einigemal ward der
Wind günstig daß sie das Seegel brauchen konnten,
aber wir kamen nicht weit unter Malsesine als der
Wind sich völlig umkehrte seinen gewöhnlichen Tagweg
nahm und nach Norden zog. Das Rudern half wenig 15
gegen die übermächtige Gewalt und wir mußten in
den Hasen von Malsesine einlausen.

Der Morgen war herrlich wolckig und bey der
Dämmrung still. Ich habe einige Linien gezogen.
Wir fuhren bei Limone vorbey, dem die Berggärten, 20
die terassenweis angelegt sind und worinn die Citronen=
bäume stehen ein reinliches und reiches Ansehn geben.
Der ganze Garten besteht aus reihen von weißen vier=
eckten Pfeilern, die in einer gewißen Entfernung von
einander stehn und deren Reihen hinter einander den 25
Berg hinauf rucken. Uber diese Pfeiler sind starcke
Stangen gelegt um im Winter die Bäume zu decken
die dazwischen gepflanzt sind, sonst würden sie in

diesem Klima noch leiden. Hier in Malsesine ist auch
so ein Garten, ich will ein Stück zeichnen.

Wie auch das Schloß das am Wasser liegt und
ein schöner Gegenstand ist.

5 Heute im Vorbeyfahren nahm ich eine Idee da=
von mit.

Ich betrübte mich heute früh daß ich nicht mehr
zeichnen kann und freute mich, daß ich so viel kann.
Wie mir auch Mineralogie und das bischen botanischer
10 Begriff unsäglich viel aufschliesen und mir der eigent=
lichste Nutzen der Reise bis jetzt sind.

Gestern hab ich meinen Mantel in den Koffer ge=
than, in Verona muß ich mir was leichtes auf den
Leib schaffen; es ist zwar nicht heis aber so recht
15 innerlich warm, wovon ich seit solanger Zeit keinen
Begriff gehabt habe.

Abends.

Die Lust dir das Schloß zu zeichnen, das ein
ächter Pendant zu dem böhmischen ist, hätte mir übel
20 bekommen können. Die Einwohner fanden es ver=
dächtig, weil hier die Gränze ist und sich alles vorm
Kayser fürchtet. Sie thaten einen Anfall auf mich,
ich habe aber den Treufreund köstlich gespielt, sie
haranguirt und sie bezaubert. Das Detail davon
25 mündlich.

d. 14. Nachts vor 1 Uhr von Malsesine ab, wegen
des guten Windes, doch erst um 10 Uhr in Bardo=
lino. Weil ich der kleinen schlechten Wirthshäuser

und ihrer Theurung satt hatte eilt ich fort und,
mein Gepäck auf ein Maulthier geladen, mich auf ein
andres, kam ich gegen 1 Uhr d. 14. Sept. in gewal=
tiger Hitze hier in Verona an, wo ich dir dieses noch
schreibe, das zweyte Stück schliese, hefte und dann   5
gehe das Amphiteater zu sehen.

Von der Gegend kann man durch Worte keinen
Begriff machen, es ist Ein Garten eine Meile lang
und breit (ich sage zu wenig), der am Fuß der hohen
Gebürge und Felsen ganz flach in der größten Rein=   10
lichkeit daliegt. Nähere Beschreibung im folgenden
Stück. Noch ein Wort von meiner Seefahrt, sie
endete glücklich und die Herrlichkeit des Wasserspiegels
und des daran liegenden, besonders des Brescianischen
Ufers freute mich recht im Herzen. Da wo an der 15
Abendseite das Gebürg aufhört steil zu seyn und die
Landschaft flächer nach dem See fällt, liegen an Einer
Reihe in einer länge von ohngefähr anderthalb Stun=
den: Gargnano, Bogliacco, Cecina, Toscolan, Maderno,
Verdom, Saló. Alle auch meist wieder in die Länge 20
gezogen.

Ich endigte nicht von dieser Schönheit zu reden.

Von Bardolino mach ich den Weg über einen
Rücken der das Thal worinn der Adige fließt und
die Vertiefung worinn der See liegt scheidet.   25

Die Wasser von beyden Seiten scheinen ehmals
hier gegeneinander gewürckt und diesen ungeheueren
Kiesel Haufen hier aufgethürmt zu haben. Es ist

fruchtbares Erdreich darüber geschlemmt, aber der
Ackersmann ist doch von denen immer wieder vor=
dringenden Kieseln geplagt.

Sie haben eine gute art sie in die Höhe zu bauen
und davon am Wege hin gleichsam sehr dicke Mauern
anzulegen.

Auch sehen die Maulbeerbäume wegen Mangel an
Feuchtigkeit nicht so fröhlig auf dieser Höhe. An
Quellen ist nicht zu dencken, von Zeit zu Zeit trifft
man Pfützen von zusammengeleitetem Regenwasser
woraus die Maulthiere, auch ihre Treiber, den Durst
löschen. Unten am Flusse sind Schöpfräder ange=
bracht um die in der Tiefe liegenden Pflanzungen
nach Gefallen zu wässern.

Note a.

Witterung.

Diesen Punckt behandle ich so ausführlich weil ich
eben glaube in der Gegend zu sehn, von der unser
trauriges nördliches Schicksal abhängt. Wie ich schon
im vorigen Stück gesagt habe. Ja es giebt mich nun
nicht so sehr wunder, daß wir so schlimme Sommer
haben, vielmehr weis ich nicht wie wir gute haben
können.

Die Nacht vom 9. auf den 10ten war abwechselnd
helle und bedeckt, der Mond behielt immer einen Schein
um sich. Morgens gegen 5 Uhr der ganze Himmel
bedeckt mit grauen nicht schwer hängenden Wolcken.

Die obere Luft war noch immer elaſtiſch genug.
wie der Tag wuchs, theilten ſich die Wolcken, nach
meiner Theorie: ſie wurden aufgezehrt und ie tiefer
ich hinab kam deſto ſchöner war das Wetter.

Wie nun gar in Boßen der groſe Stock der Ge=
birge mitternächtlich blieb, ward die Luft immer
reiner. Zwar muß ich das genauer ausdrücken.

Die Luft wie man an den verſchiedenen Land=
ſchafftsgründen ſah war Voller Dünſte, aber die
Athmoſphäre elaſtiſch genug ſie zu tragen.

Wie ich weiter hinab kam konnt ich deutlich ſehn
daß alle Dünſte aus dem Boßner thal und alle
Wolcken, die von den Bergen die noch mittägiger liegen
aufſtiegen, nach dem Gebirge zu zögen und es nicht
verdeckten aber in eine Art von Höherauch einhüllten.
Ja ich habe in der weitſten Ferne über dem Gebirge
eine Waſſergalle (den einen undeutlichen Fus eines
Regenbogens) geſehen.

Aus allem dieſem ſchlieſe ich, ihr werdet jetzt ge=
miſchte doch mehr gut als böſe Tage haben, denn ob=
gleich die Athmoſphäre wie ich offt wiederhole elaſtiſch
genug zu ſehn ſcheint: ſo muß doch immer ſoviel von
den Dünſten nach Norden kommen, was dort nicht
gleich aufgelöſt und in einer niedrern Athmoſphäre
ſchwebend als Regen herunter fallen muß. Von
Boßen ſüdwärts haben ſie den ganzen Sommer das
ſchönſte Wetter gehabt. Von Zeit zu Zeit ein wenig
Waſſer (Aqua ſtatt gelindem Regen) und dann wie=

der Sonnenschein, selbst gestern fielen von Zeit zu
Zeit einige Tropfen, und die Sonne schien immer
dazu. Eben sagt mir die Wirthstochter: sie hätten
lange kein so gutes Jahr gehabt, es gerathe alles.
5 Und ich glaube eben weil wir so ein übles gehabt
haben.

Note d.
Gebirge und Bergarten.[1]

Eine viertelstunde vom Brenner ist ein Marmor=
10 bruch, es war schon dämmrich. Er mag und muß
wie der von mir schon bemerckte Kalckstein der andern
Seite auf dem Glimmerschiefer aufliegen. Wahrschein=
lich folgt nun immer Glimmerschiefer[2] mit Kalck
an der Seite (abwechselnd mögt ich nicht sagen).

15 Bey Collman als es Tag ward fand ich Glimmer
Schiefer, auch in dem Fluße sah ich keinen Kalck (es
ist möglich daß ich ihn übersehen habe, auch zerreibt
er sich leichter, vielleicht ist auch dessen nur wenig).
Unter Collman gingen die Porphyre an deren ich eine
20 Sammlung mitbringe und sie also nicht beschreibe.
Die Felsen waren so prächtig und am Weege die
Haufen so apetitlich zerschlagen, daß man gleich hätte
Voigtische Cabinetchen daraus bilden und verpacken

---

[1] S. Ferbers Reise nach Italien. p. 397. Hacquet Reise
25 durch die 2c. Alpen.

[2] Ferber nennt ihn Hornschiefer doch war damals die
Terminologie der Gebirgsarten viel unbestimmter wie jetzt. Siehe
seine Klagen pag. 400 sqq.

können. Auch kann ich ohne Beschwerde von jedem
Gestein ein Stück mitnehmen, wenn ich nur mein
Auge und meine Begierde an ein kleineres Maas ge=
wöhnen kann.

Bald unter Collman faud sich auch ein Porphyr 5
Fels der sich in sehr regelmäsige Platten spaltete.

Vor Botzen ein Porphyr mit grünen Speckstein
Flecken und einer Speckstein Ablösung.

Unter Botzen Porphyre, endlich zwischen Brandsol
und Neumarck der Porphyr der sich auch in regelmäsige 10
Platten und wenn man will, in Säulen spaltet, die
eine Parallelepipedische Base haben.

Ferber hielt sie für Vulkanische Produckte, das
war aber vor 14 Jahren, wo die ganze Wissenschafft
viel neuer war. Hacquet macht sich deshalb über 15
ihn her.

Note e.

Menschen.

Sobald nur der Tag ausging vom Brenner herunter
bemerckte ich eine sonderbare Veränderung der Gestalt. 20

Besonders die Weiber hatten eine bräunlich bleiche
Farbe, elende Gesichtszüge und die Kinder eben so und
erbärmlich anzusehn. Die Männer waren ein wenig
besser, die Bildung übrigens regelmäsig und gut. ich
suchte die Ursache und glaubte sie im Gebrauch des 25
Mays und des Haiden zu finden. In diesen Gedancken
bin ich immer mehr bestärckt geworden. Der Mays

den sie auch gelbe Blende nennen, weil seine Körner
gelb sind, und die schwarze Blende werden gemahlen,
das Meel in Wasser gekocht daß es ein dicker Brey
wird und so gegessen. Die Deutschen, das heißt die
5 überm Berge, rupfen den Teig wieder auseinander
und braten ihn in Butter auf; aber der Wälsche
Tyroler ißt ihn so weg, manchmal Käse drauf ge=
rieben und das ganze Jahr kein Fleisch, nothwendig
muß das alle Gefäße verkleben und verstopfen, beson=
10 ders bey Kindern und Frauen, und die ganz kachecktische
Farbe kommt daher. Ich fragte ob es nicht auch
reiche Bauern gebe? — Ja freylich — Thun sie sich
nichts zu gute? essen sie nicht besser? — Nein, sie
sind es einmal gewohnt — Wo kommen sie denn
15 mit ihrem Gelde hin? Was machen sie sonst für
Aufwand? — O die haben schon ihre Herren die es
ihnen wieder abnehmen! —

Das war die Summe des Gesprächs mit meiner
Wirthstochter einem recht guten Geschöpfe.

20 Sonst essen sie auch noch Früchte und grüne
Bohnen die sie in Wasser absieden und mit Knoblauch
und Oel anmachen.

Die Leute die mir aus der Stadt begegneten sahen
wohler aus und hübsche volle Mädgen Gesichter, auf
25 dem Lande und in kleinen Städten fehlte es auch nicht
ganz, doch machten sie eine Ausnahme.

Wenn es viel Wein giebt kaufen die Städter und
andre Verleger den Bauern den Wein um ein Spott=

geld ab und handlen damit. ꝛc. Pauper ubique jacet.
Und der Unterbesitzer liegt überall unten. Ich
habe in Trent die Leute genau angesehn, sie sehn
durchaus besser aus als auf dem Laude. Die Frauen
sind meist für ihre Stärcke und die gröse der Köpfe 5
etwas zu klein aber mitunter recht hübsche entgegen=
kommende Gesichter. Die Mannsgesichter kennen wir,
doch sehn sie hier weniger frisch aus als die Weiber
wahrscheinlich weil die Weiber mehr körperliche Arbeit,
mehr Bewegung haben, die Männer mehr als Han= 10
delsleute oder Handwercker sitzen. Am Lago di Garda
fand ich die Leute sehr braun und ohne einen röth=
lichen Schein von Farbe; aber doch nicht ungesund
aussehend sondern ganz frisch und behäglich.

Reise=Tagebuch Drittes Stück.

Verona, Vicenza, Padua.

1786.

Verona d. 15. Sept. Abends.

Ja meine Geliebte hier bin ich endlich angekommen, hier wo ich schon lang einmal hätte seyn sollen, manche Schicksale meines Lebens wären linder ge= worden. Doch wer kann das sagen, und wenn ich's gestehen soll; so hätt ich mirs nicht eher, nicht ein halb Jahr eher wünschen dürfen.

Schon siehst du, das Format meines Tagebuchs ändert sich und der Junhalt wird sich auch ändern. Ich will fortfahren fleißig zu schreiben, nur schaffe dir Volckmanns Reise nach Italien, etwa von der Bibliotheck, ich will immer die Seite anführen und thun als wenn du das Buch gelesen hättest.

Seit gestern Mittag bin ich hier, und habe schon viel gesehen und viel gelernt. Nach und nach will ich meine Gedancken niederschreiben.

d. 16. Sept.

Nach und nach find ich mich. Ich lasse alles ganz sachte werden und bald werd ich mich von dem Sprung

über die Gebirge erhohlt haben. Ich gehe nach meiner
Gewohnheit nur so herum, sehe alles still an, und
empfange und behalte einen schönen Eindruck.

Nun eins nach dem andern.

Das Amphiteater.

Das erste Monument der alten Zeit, das ich sehe
und das sich so gut erhalten hat, so gut erhalten
worden ist. Ein Buch das nachkommt, enthält gute
Vorstellungen davon.

Wenn man hineintritt, oder oben auf dem Rande
steht ist es ein sonderbarer Eindruck, etwas Groses
und doch eigentlich nichts zu sehn. Auch will es leer
nicht gesehn sehn, sondern ganz voll Menschen, wie
es der Kayser und der Papst gesehen haben. Doch
nur damals that es seine Würckung da das Volck
noch mehr Volck war als es ietzt ist. Denn eigentlich
ist so ein Amphitheater recht gemacht dem Volck mit
sich selbst zu imponiren, das Volck mit sich selbst
zum besten zu haben.

Wenn irgend etwas auf flacher Erde vorgeht und
alles zuläuft, suchen die Hintersten auf alle mögliche
Weise sich über die vordersten zu erheben, man rollt
Fässer herbey, fährt mit Wagen heran, legt Bretter
herüber und hinüber, stellt wieder Bäncke hinauf,
man besetzt einen benachbarten Hügel und es bildet
sich in der Geschwindigkeit ein Crater. Kommt das
Schauspiel, es sey ein Kampf rc. offt an derselben

Stelle vor, baut man leichte Gerüste an einer Seite
für die, so bezahlen können und das Volck behilft
sich wie es mag.

Dieses allgemeine Bedürfniß hat der Architeckt
zum Gegenstand, er bereitet einen solchen Crater durch
die Kunst, so einfach als nur möglich und dessen
Zierrath das Volck selbst ist. Wie ich oben sagte,
wenn es sich so beysammengesehen hat, muß es über
sich selbst erstaunt seyn. Da es sonst nur gewohnt
ist sich durch einander laufen zu sehn, sich in einem
Gewühl ohne Ordnung und ohne sonderliche Zucht
zu sehn, sieht das vielköpfige, vielsinnige, schwanckende,
schwebende Thier sich zu Einem Ganzen vereinigt, zu
Einer Einheit gestimmt, in Eine Masse verbunden
und befestigt, und zu einer Form gleichsam von Einem
Geiste belebt. Die Simplicität des Ovals ist iedem
Auge auf die angenehmste Weise fühlbar und ieder
Kopf dient zum Maaße wie groß das Ganze ist. Jetzt
wenn man es leer sieht, hat man keinen Maasstab,
man weis nicht ob es groß oder klein ist.

Da es von einem mit der Zeit verwitternden
Marmor gebaut ist, wird es gut unterhalten.

Über folgende Puncte mündlich.

Stück der äußern Mauer.

Ob sie ganz umhergegangen?

Gewölbe rings umher an Handwercker vermiethet
das Gewölb jährlich um 20—30 f.

Ballon.

Als ich von der Arena (so nennen sie das Amphi=
teater) wegging, kam ich einige Tausend Schritte da=
von, auch zu einem öffentlichen Schauspiele. Vier
edle Veroneser schlugen Ball gegen vier Fremde. Sie
thun es das ganze Jahr unter sich, etwa 2 Stunden
vor Nacht. Diesmal weil Fremde die Gegner waren,
lief das Volck unglaublich zu; es können immer
4—5000 Männer, (Frauen sah ich von keinem Stande)
Zuschauer gewesen seyn. Oben; als ich vom Bedürf=
niß der Zuschauer sprach, wenn ein Schauspiel auf
flacher Erde vorgeht, hab ich das natürliche und zu=
fällige Amphitheater schon beschrieben, auf dem ich
hier das Volck übereinander gebaut sah. Ein leb=
haftes Händeklatschen ließ sich schon von weiten hören,
jeder bedeutende Schlag ward davon begleitet. das
übrige mündlich.

Porta Stupa oder del Pallio.

Das schönste, immer geschloßne Thor; Wenn man
auf etliche hundert Schritte davonkommt, erkennt man
es erst für ein schönes Gebäude. Als Thor aber und
für die grose Entfernung in der es zu sehn ist, ist es
nicht gut gedacht.

Sie geben allerley Ursachen an warum es ge=
schloßen ist, ich habe eine Muthmasung. Die Absicht
des Künstlers war offenbar durch dieses Thor eine
neue Anlage des Corso zu verursachen, denn auf die

ietzige Straſe ſteht es ganz falſch); die lincke Seite hat
lauter Barracken, aber die winckelrechte Linie der
Mitte geht auf ein Nonnenkloſter zu, das nothwendig
hätte müſſen niedergelegt werden, man ſah das wohl
5 ein, auch hatten die Nobili nicht Luſt ſich dorthin
anzubauen, der Künſtler ſtarb vielleicht und ſo ſchloß
man das Thor damit der Sache auf einmal ein Ende
war.

Nun ein Wort was auf die Wercke der Alten über=
10 haupt gelten mag.

Der Künſtler hatte einen groſen Gedancken aus=
zuführen, ein groſes Bedürfniß zu befriedigen, oder
auch nur einen wahren Gedancken auszuführen und
er konnte gros und wahr in der Ausführung ſeyn
15 wenn er der rechte Künſtler war. Aber wenn das
Bedürfniß klein, wenn der Grundgedancke unwahr iſt,
was will der groſe Künſtler dabey und was will er
daraus machen? er zerarbeitet ſich den kleinen Gegen=
ſtand gros zu behandeln, und es wird was, aber ein
20 Ungeheuer, dem man ſeine Abkunft immer anmerckt.

NB. Dieſe Anmerckung ſteht zufällig hier, und hat
mit dem vorſtehenden keinen Zuſammenhang.

Theater und Muſeum.

Das Portal des Theater Gebäudes von 6 Joniſchen
25 Säulen iſt gros und ſchön. Uber der Thüre, zwiſchen
den zwey mittelſten Säulen durch, erblickt man das
marmorne Bruſtbild des Maffei, vor einer gemahlten

Nische, die von zwey gemahlten Corinthischen Säulen
getragen wird. Daß Maffei die Büste bey seinem
Leben wieder wegnehmen ließ, schreibe ich lieber seinem
guten Geschmack als seiner Bescheidenheit zu, denn die
Büste gehört nicht dahin und es gehört keines Men= 5
schen Büste dahin, und noch dazu nicht in der Mauer
sondern angekleckt, und mit einer grosen Perrücke.
Hätte er sich nur einen guten Platz in den Sälen
wo die Philharmoniker gemahlt hängen ausgesucht
und seine Freunde veranlaßt daß sie nach seinem Tod 10
das Bild dahin gestellt; so wäre für den guten Ge=
schmack gesorgt gewesen und es sähe auch republi=
kanischer aus.

Hätte man es aber ja thun wollen, so hätte man
der Thüre nicht eine gemahlte Säulen Verzierung son= 15
dern eine solide Einfassung geben, die Nische in die
Mauer einbrechen, die Perrücke weglassen und die
Büste Colossalisch machen müssen, und mit allem dem
zweifl' ich daß man diese Partie zu einer Überein=
stimmung mit den grosen Säulen würde gezwungen 20
haben. Doch diese Harmonie scheint die Herrn Phil=
harmoniker nicht sehr zu rühren.

So ist auch die Gallerie die den Vorhof einfaßt
kleinlich und nehmen sich die kannelirten Dorischen
Zwerge neben den glatten Jonischen Riesen armselig 25
aus. Doch wollen wir das verzeihen in Betrachtung
des schönen Instituts das diese Galerien decken, und
indem wir bedencken daß es mit der Architectur eine

gar sonderbare Sache ist: wenn nicht ungeheure
Kosten zu wenigem Gebrauch verwendet werden; so
kann sie gar. nichts machen. Davon in der Folge
mehr.

Jetzt wieder zu den Antiquitäten die unter den
Galerien aufbewahrt sind.

Es sind meist Basreliefs, die auch meist in der
Gegend von Verona gefunden worden (ja sie sagen
sogar in der Arena) das ich doch nicht begreife. Es
sind Etrurische, Griechische, Römische von den niedern
Zeiten und neuere.

Die Basreliefs in die Mauer eingemauert und
mit den Numern versehn welche sie in dem Wercke des
Maffei haben, der sie beschrieb. Altäre, Stücke von
Säulen 2c. stehn in Interkolumnien.

Es sind sehr gute treffliche Sachen drunter und
auch das weniger gute zeugt von einem herrlichen
Zeitalter. Der Wind der von den Gräbern der Alten
herweht, kommt mit Wohlgerüchen wie über einen
Rosenhügel.

Ein ganz trefflicher Dreyfuß von weißem Marmor
steht da, worauf Genii sind, die Raphael in den
Zwickeln der Geschichte der Psyche nachgeahmt und
verklärt hat. Ich erkannte sie gleich. Und die Grab=
mähler sind herzlich und rührend. Da ist ein Mann
der neben seiner Frauen aus einer Nische wie zu einem
Fenster heraus sieht, da steht Vater und Mutter den
Sohn in der Mitte und sehn einander mit unaus=

sprechlicher Natürlichkeit an, da reichen ein Paar
einander die Hände. Da scheint ein Vater von seiner
Familie auf dem Sterbebette liegend ruhigen Abschied
zu nehmen. Wir wollen die Kupfer zusammen durch=
gehn. Mir war die Gegenwart der Steine höchst= 5
rührend daß ich mich der Trähnen nicht enthalten
kounte. Hier ist kein geharnischter Mann auf den
Knien, der einer fröhligen Auferstehung wartet, hier
hat der Künstler mit mehr oder weniger Geschick
immer nur die einfache Gegenwart der Menschen hin= 10
gestellt, ihre Existenz dadurch fortgesetzt und bleibend
gemacht. Sie salten nicht die Häude zusammen, schauen
nicht gen Himmel; sondern sie sind was sie waren,
sie stehn beysammen, sie nehmen Anteil an einander,
sie lieben sich, und das ist in den Steinen offt mit 15
einer gewissen Handwercksunfähigkeit allerliebst aus=
gedruckt. Die Kupfer nehmen das offt weg, sie ver=
schönern, aber der Geist verfliegt. Der bekannte Diomed
mit dem Palladio, ist in Bronze sehr schön hier.

Bey den Grabmälern hab ich viel an Herdern ge= 20
dacht. Überhaupt mögt ich ihn bey mir haben.

Auch steht ein verzierter Pfeiler von weisem Marmor
da, sehr reich und von gutem Geschmack.

An alle diese Dinge gewöhnt mein Aug sich erst,
ich schreibe nur hin wie mir jedes auffällt. 25

Morgen seh ichs noch einmal und sage dir noch
einige Worte.

Dom.

Der Titian ift ſehr verſchwärzt und ſoll das Ge=
mählde von ſeiner geringſten Zeit ſeyn.

Der Gedanke gefällt mir daß er die Himmelfahrende
Maria nicht hinaufwärts ſondern nach ihren Freunden
niederwärts blicken läßt.

St. Giorgio.

Eine Gallerie von guten Gemählden. Alle Altar=
blätter wo nicht gleich doch alle merckwürdig.

Aber die unglückſeeligen Künſtler was mußten ſie
mahlen? und für wen.

Ein Mannaregen 30 Fus vielleicht lang und
20 hoch, das Wunder der 5 Brodte zum Pendant.
Was war daran zu mahlen. Hungrige Menſchen die
über kleine Körner herfallen, unzählliche andre denen
Brod präſentirt wird. Die Künſtler haben ſich die
Folter gegeben um ſolche Armſeeligkeiten nur einiger=
maſſen bedeutend zu machen.

Einer, Caroto, der die Hl. Urſula mit den 11/m
Jungfrauen auf ein Altarblat zu mahlen hatte, hat
ſich mit groſem Verſtand aus der Sache gezogen. Die
Geſtalt der Hl. Urſula hat was ſonderbar iungfräu=
liches ohne Reitz.

Ich endigte nicht, drum laß uns weiter gehn.

Menſchen.

Man ſicht das Volck ſich durchaus hier rühren
und in einigen Straſen wo Kaufmannsläden und
Handwercks Boutiquen an einander ſind, ſicht es recht

luftig aus. Denn da ist nicht etwa eine Thüre in
den Laden oder das Arbeitszimmer, nein die ganze
Breite des Hauses ist offen, man sieht alles was drinne
vorgeht, die Schneider nehen, die Schuster arbeiten,
alle halb auf der Gasse. Die Boutiquen machen einen 5
Theil der Gasse. Abends wenn Lichter brennen siehts
recht lebendig.

Auf den Plätzen ists an Marcktägen sehr voll.
Gemüs und Früchte unübersehlich. Knoblauch und
Zwiebeln nach Herzensluft. Ubrigens schrehen singen 10
und schäckern sie den ganzen Tag, balgen sich, werfen
sich, jauchzen und lachen unaufhörlich.

Der milde Himmel, die bequeme Nahrung läßt sie
leicht leben, alles was nur kann ist unter frehem
Himmel. Nachts geht nun das singen und lärmen 15
recht an. Den Malborrouh hört man auf allen
Strasen. Dann ein Hackbret, eine Violin, sie üben
sich alle Vögel mit Pfeifen nachzumachen, man hört
Töne von denen man keinen Begriff hat. Ein solches
Vorgefühl seines Dasehns giebt ein mildes Clima auch 20
der Armuth und macht den Schatten des Volcks selbst
noch respecktabel.

Die Unreinlichkeit und wenige Bequemlichkeit der
Häuser kommt daher. In ihrer Sorglosigkeit dencken
sie an nichts. Dem Volck ist alles gut, der Mittel= 25
man lebt auch vom Tag zum andern fort, der Reiche
und Vornehme allein kann darauf halten. Doch weis
ich nicht wie es im Innern ihrer Palazzi aussieht.

Die Vorhöfe, Säulengänge 2c. find alle mit Unrath
besudelt und das ist ganz natürlich, man muß nur
wieder vom Volck herauf steigen. Das Volck fühlt
sich immer vor. Der Reiche kann reich seyn, Palläste
bauen, der Nobile darf regieren, aber wenn er einen
Säulengang, einen Vorhof anlegt, so bedient sich das
Volck dessen zu seinem Bedürfniß und das hat kein
dringenderes als das so schnell als möglich los zu
werden was es so häuffig als möglich zu sich ge=
nommen hat.

Will einer das nicht haben; so muß er nicht den
Grosen Herren spielen; das heißt: er muß nicht thun
als wenn ein Theil seiner Wohnung dem Publiko zu=
gehöre, er muß seine Thüre zumachen und dann ist's
gut. An öffentlichen Gebäuden läßt sich das Volck
sein Recht nicht nehmen. Und so geht's durch ganz
Italien.

Noch eine Betrachtung die man nicht leicht macht —
Und indessen ist das Abendessen gekommen, ich fühle
mich müd und ausgeschrieben, denn ich habe den ganzen
Tag die Feder in der Hand. Ich muß nun die Iphi=
genie selbst abschreiben, und diese Blätter dir zubereiten.
Diesmal gute Nacht meine Beste. Morgen oder wann
der Geist will meine Betrachtung.

d. 16. Sept. 86 Abends 10 Uhr.

d. 17. Abends.

Wenn nur gleich alles von diesem Tage auf dem
Papier stünde; es ist 8 Uhr (una dopo notte) und

ich habe mich müde gelaufen, nun geschwind alles
wie es kommen will. Heute bin ich ganz unbemerckt
durch die Stadt und auf dem Bra gegangen. Ich
sah mir ab, wie sich ein gewisser Mittelstand hier
trägt und lies mich völlig so kleiden. Ich hab einen 5
unsäglichen Spas daran. Nun mach ich ihnen auch
ihre Manieren nach. Sie schleudern Z. E. alle im
Gehn mit den Armen. Leute von gewissem Stande
nur mit dem rechten weil sie den Degen tragen und
also die lincke stille zu halten gewohnt sind, andre 10
mit beyden Armen. u. s. w.

Es ist unglaublich was das Volck auf etwas fremdes
ein Auge hat. Daß sie die ersten Tage meine Stiefeln
nicht verdauen konnten, da man sie als eine theure
Tracht, nicht einmal im Winter trägt; aber daß ihnen 15
heut früh da sie alle mit Blumen, Knoblauch 2c.
durcheinander liefen ein Cypressenzweig nicht entging,
den ich in dem Garten genommen hatte und den mein
Begleiter in der Haud trug, (es hingen einige grüne
Zapfen dran und er hatte noch ein Capern Zweigelgen 20
dabey die an der Stadtmauer wachsen) das frappirte
mich. Sie sahen alle Grose und Kleine ihm auf die
Finger und hatten ihre Gedancken.

Diese Zweige bracht ich aus dem Garten Giusti
der eine treffliche Lage und ungeheure Cypressen hat 25
die alle Nadelförmig in die Luft stehn. (Die Taxus
der Nördlichen Gärtnerey spitz zugeschnitten sind nach=
ahmung dieses schönen Naturproducts.) Ein Baum

deſſen Zweige von unten bis oben, deſſen älteſter Zweig
wie der iüngſte gen Himmel ſtrebt, der ſeine 300 Jahre
dauert, (nach der Anlage des Gartens ſollen ſie älter
ſeyn) iſt wohl einer Verehrung wehrt.

5 Sie ſind noch meiſt von unten auf grün und es
wärens mehrere wenn man dem Epheu der viele um=
faßt hält und die untern Zweige erſtickt, früher ge=
ſteuert hätte.

Ich faud Capern an der Mauer herab hängend
10 blühen, und eine ſchöne Mimosa. Lorbern in den
Hecken ꝛc.

Die Anlage des Gartens iſt mittelmäſig und gegen
den Berg an dem er hinauf ſteigt kleinlich. Die
Cypreſſen balanziren allein noch die Felſen. Davon
15 einandermal wenn von andern Gärten die Rede ſeyn
wird.

Ich ſah die Fiera die ein würcklich ſchönes Inſtitut.

Dann die Gallerie des Pall. Gherhardini, wo ſehr
ſchöne Sachen von Orbetto ſind. In der Entfernung
20 lernt man wenige Meiſter, offt die nur dem Nahmen
nach, kennen; wenn man nun dieſem Sternenhimmel
näher tritt und nun die von der zweyten und dritten
Gröſe auch zu ſlimmern anfangen und ieder auch ein
Stern iſt, dann wird die Welt weit und die Kunſt
25 reich. Nur ſind die Mahler mit ihren Sujets oſt
unglücklich. Und die Stücke mit mehrern Perſonen
gerathen ſo ſelten. Die beſte Compoſition faud ich
hier: einen entſchlafnen Simſon im Schoos der Delila

die eben leise nach der Scheere hinübergreift. Der
Gedancke und die Ausführung sind sehr brav. Andres
verschweig ich.

Im Pall. Canossa fiel mir eine Danae auf die
ich hier nur bemercke. Schöne Fische vom Volka. 5

Ich ging noch einmal ins Museum. Was ich von
der Colonnade, von der Büste des Maffei 2c. gesagt,
bedarf einiger Einschränckung.

Von den Antiken sag ich nichts, sie sind in Kupfer
gestochen, wenn ich sie wieder sehe fällt mir alles 10
wieder ein. Der schöne Dreyfuß geht leider zu Grunde,
er ist der Abendsonne und dem Abendwinde ausgesetzt;
wenn sie nur ein hölzern Futteral drüber setzten. Der
angefangne Pallast des Probeditor hätte ein schön
Stück Baukunst gegeben wenn er fertig geworden wäre. 15

Sonst bauen die Nobili noch viel, leider ieder auf
dem Platz wo sein Pallazzo schon steht, also oft in
engen Gassen. So wird jetzt eine prächtige Façade
eines Seminarii gebaut in einem Gäßgen der ent=
fernten Vorstadt. 20

Diesen Abend ging ich wieder ins Amphitheater.
Ich muß erst mein Auge bilden, mich zu sehen ge=
wöhnen. Es bekräfftigte sich mir was ich das erste=
mal sagte. Auch müssen die Veronenser wegen der
Unterhaltung gelobt werden. Die Stufen oder Sitze 25
scheinen fast alle neu. Eine Inschrift gedenckt eines
Hieronymus Maurigenus und seines unglaublichen
Fleißes mit Ehren.

Ich ging auf der Kante des Craters auf der oberſten
Stufe bey Sonnen Untergang herum die Nacht (Notte,
die 24ſte Stunde) erwartend. Ich war ganz allein
und unten auf den breiten Steinen des Bra gingen
5 Mengen von Menſchen, Männer von allen Ständen,
Weiber vom Mittelſtande ſpazieren.

Hier ein Wort vom Zendale den ſie tragen und
der veste. Dieſe Tracht iſt recht eingerichtet für ein
Volck das nicht immer reinlich ſeyn mögte und doch
10 offt öffentlich erſcheinen, bald in der Kirche bald auf
dem Spaziergang ſeyn will. Veste iſt ein ſchwarzer
Tafftener Rock der über andre Röcke geworfen wird.
Hat das Frauenzimmer einen reinen (meiſt weißen)
darunter; ſo weiß ſie den ſchwarzen an einer Seite
15 in die Höhe zu heben. Dieſer ſchwarze Rock wird ſo
angethan daß er die Taille abſcheidet und die Lippen
des Corſets bedeckt. Das Corſett iſt von jeglicher Farbe.
Der Zendale iſt eine groſe Kappe mit langen Bärten,
die Kappe halten ſie mit einer Maſchine von Dräten
20 hoch über den Kopf und die Bärte werden wie eine
Schärpe um den Leib hinterwärts geknüpft und fallen
die Euden hinten hinunter.

Casa Bevi l'aqua.

Schöne, treffliche Sachen.

25 Ein Paradies von Tintoret oder vielmehr die
Krönung Mariä zur Himmelsköniginn in Gegenwart
aller Erzväter, Propheten, Heiligen, Eugel ꝛc., ein un=
ſinniger Gedancke mit dem ſchönſten Genie ausgeführt.

Eine Leichtigkeit von Pinsel, ein Geist, ein Reichthum im
Ausdruck, den zu bewundern und dessen sich zu freuen
man das Stück selbst besitzen müßte, denn die Arbeit
geht, man darf wohl sagen in's unendliche, und die
letzten Engelsköpfe haben einen Charackter, die gröſten 5
Figuren mögen einen Fus gros seyn, Maria und
Christus der ihr die Krone aufsetzt mögen ohngefähr
4 Zoll haben. Die Eva ist doch das schönste Weibgen
auf dem Bilde und noch immer von Alters her ein
wenig lüstern. 10

Ein Paar Porträts von Paolo Veronese haben
meine Hochachtung für diesen Künstler nur vermehrt.

Die Anticken sind schön. Ein Endymion gefiel mir
sehr wohl. Die Büsten die meist restaurirte Nasen
haben sehr interessant. Ein August mit der Coroua 15
civica. Ein Caligula 2c.

Uhr.

Damit dir die italiänische Uhr leicht begreiflich
werde hab ich gegenüberstehendes Bild erdacht.

Vergleichungs Kreis
der italiänischen und teutschen Uhr, auch der italiänischen Zeiger für die zweyte Hälfte des Septembers.

Mittag

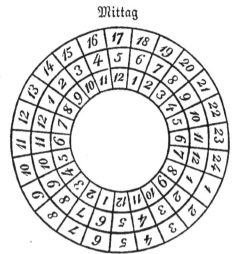

Mitternacht

Die Nacht wächst mit jedem halben Monat eine halbe Stunde.

Der Tag wächst mit jedem halben Monat eine halbe Stunde.

Monat. Tag.	Wird Nacht nach unserm Zeiger	ist Mitternacht alsdann um	Monat. Tag.	Wird Nacht nach unserm Zeiger	ist Mitternacht alsdann um:
August 1.	8½	3½	Febr. 1.	5½	6½
— 15.	8	4	— 15.	6	6
Sept. 1.	7½	4½	März 1.	6½	5½
— 15.	7	5	— 15.	7	5
Octb. 1.	6½	5½	Apr. 1.	7½	4½
— 15.	6	6	— 15.	8	4
Nov. 1.	5½	6½	May 1.	8½	3½
— 15.	5	7	— 15.	9	3

Von da an bleibt die Zeit stehen und ist

Von da bleibt die Zeit stehen und ist

	Nacht.	Mitternacht.		Nacht.	Mitternacht.
Dezemb. Januar	5	7	Juni Juli	9	3

Der innere Kreis ſind unſere 24 Stunden von
Mitternacht bis wieder Mitternacht, in zweymal zwölf
getheilt, wie wir zählen und unſre Uhren ſie zeigen.
Der mittelſte Kreis zeigt an wie die Glocken in der
ietzigen Jahrszeit hier ſchlagen nähmlich auch in
24 Stunden zweymal 12. allein dergeſtalt daß es
1 ſchlägt wenn bey uns 8 ſchlägt und ſo fort, bis
die zwölfe voll ſind. Morgens um 8 Uhr nach unſerm
Zeiger ſchlägt es wieder 1 und ſo fort.

Der oberſte Kreis zeigt nun eigentlich an wie bis
24 würcklich gezählt wird. Ich höre alſo in der Nacht
7 ſchlagen und weis daß Mitternacht um 5 iſt, ſub=
trahire ich $\dfrac{\overset{7}{5}}{2}$, iſt 2 Uhr nach Mitternacht.

Hör ich am Tage 7 ſchlagen, ſo weiß ich daß Mitter=
nacht um 5 Uhr iſt und alſo auch Mittag der Glocke
nach, ich mache alſo die vorige Operation $\dfrac{\overset{7}{5}}{2}$, es iſt alſo
2 Uhr nach Mittag. Will ich es aber ausſprechen;
ſo muß ich wiſſen daß Mittag um 17 Uhr iſt und
addire alſo nunmehr $\dfrac{\overset{17}{2}}{19}$ und ſage neunzehn Uhr, wenn
ich nach unſrer Uhr um zwey ſagen will.

Wenn du das geleſen haſt und meine Tafel anſiehſt;
wird dirs im Anfang ſchwindlich im Kopfe werden,
du wirſt ausrufen: welche Unbequemlichkeit, und doch

NB. Die Innländer bekümmern ſich wenig um Mittag und
Mitternacht ſondern ſie zählen nur vom Abend wenn es ſchlägt
die Stunden wie ſie ſchlagen, und am Tage wenn es ſchlägt addiren
ſie die Zahl zu 12.

am Orte ist man's nicht allein bald gewohnt sondern
man findet auch Spas daran wie das Volck dem das
ewige hin und wieder rechnen und vergleichen zur Be=
schäfftigung dient. Sie haben ohne dies immer die
Finger in der Luft, rechnen alles im Kopfe und machen
sich gerne mit Zahlen zu schaffen.

Nun kommt aber die Hauptsache. In einem Laude
wo man des Tags genießt, besonders aber sich des
Abends freut, ist es höchst bedeutend wenn es Nacht
wird. Wann die Arbeit des Tags aufhöre? Waun
der Spaziergänger ausgehn und zurückkommen muß.
Mit einbrechender Nacht will der Vater seine Tochter
wieder zu Hause haben 2c., die Nacht schließt den Abend
und macht dem Tag ein Ende. Und was ein Tag sey
wissen wir Cimmerier im ewigen Nebel und Trübe
kaum, uns ists einerley obs Tag oder Nacht ist, denn
welcher Stunde können wir uns unter freyem Himmel
freuen. Wie also die Nacht eintritt ist der Tag aus,
der aus Abend und Morgen bestand, 24 Stunden sind
vorbey, der Rosenkranz wird gebetet und eine neue
Rechnung geht an. Das verändert sich mit ieder
Jahreszeit und die eintretende Nacht macht immer
merckliche Epoche, daß ein Mensch der hier lebt nicht
wohl irre werden kann.

Man würde dem Volck sehr viel nehmen wenn
man ihm den deutschen Zeiger aufzwänge, oder viel=
mehr man kann und soll dem Volck nichts nehmen was
so intrinsec mit seiner Natur verwebt ist.

14*

Anderthalb Stunden, eine Stunde vor Nacht fängt
der Adel an auszufahren. Es geht auf den Bra die
lange breite Strafe nach der Porta nuova zu, das
Thor hinaus an der Stadt hin, und wie es Nacht
schlägt kehrt alles um, theils fahren sie an die Kirchen 5
das Ave maria della sera zu beten, theils halten sie
auf dem Bra und lassen sich da die Damen die Cour
machen von Cavaliers, die an die Kutsche treten und
das dauert denn so eine Weile, ich hab es nie abe
gewartet biß ein Ende war. Die Fußgänger bleiben 10
aber bis weit in die Nacht.

Es hatte eben geregnet und der Staub war ge=
löscht, da war es würcklich ein lebendiger und muntrer
Anblick.

Witterung.

Es donnerte blitzte und regnete völlige zwölf Stun=
den, dann war es wieder schön heiter. Uberhaupt
beklagen sie sich hier auch über einen übeln Sommer.
Sie mögen ihn nicht so rein gehabt haben als andre
Jahre aber ich mercke auch, sie sind höchst unleidsam. 20
Weil sie des guten gewohnt sind, alles in Schuen und
Strümpfen und leichten Kleidern herumläuft; so fluchen
und schelten sie auch gleich über ein wenig Wind und
Regen, über den wir uns erfreuen würden wenn er
so sparsam käme.   25

Ich habe bemerckt daß sich nach dem Regen bald
die Wolcken gegen das Thyroler Gebirg warfen und dort
hängen blieben, auch ward es nicht ganz wieder rein.

das zieht nun alles Nordwärts, und wird euch trübe
und kalte Tage machen.

Hierher kommen wahrscheinlich die Wolcken und
Regen aus dem Pothal, oder noch ferner vom Meere
und so gehts weiter wie ich weitläufig im vorher=
gehenden gemeldet.

Noch bemerck ich
die Schönheit der Porta del Pallio von auſſen.

Das dunckle Alterthum der Kirche des Heil. Zeno,
des Patrons der Stadt, eines wohlbehäglichen lachen=
den Heiligen.

Das Weben der Eidexen auf den Stufen des Amphi=
theaters in der Abendsonne.

Ich habe Wunder gedacht wie deutlich ich dir die
Italiänische Uhr machen wollte und sehe meine Methode
war nicht die beſte. Indeß iſt das Zirckelwerck und
die Tabelle unten an noch beſſer als meine Auslegung
und wird in der Zukunft dienen.

Vicenz d. 19. Sept.

Vor einigen Stunden bin ich hier angekommen
und habe ſchon die Stadt durchlaufen, das Olympiſche
Theater und die Gebäude des Palladio geſehen. Von
der Bibliotheck kannſt du ſie in Kupfer haben, alſo
ſag ich nichts nenn ich nichts, als nur im allgemeinen.

Wenn man dieſe Wercke nicht gegenwärtig ſieht,
hat man doch keinen Begriff davon. Palladio iſt ein

recht innerlich und von innen heraus groser Mensch
gewesen.

Die größte Schwürigkeit ist immer die Säulen=
ordnungen in der bürgerlichen Baukunst zu brauchen.
Säulen und Mauern zu verbinden, ist ohne Unschicklich= 5
keit beynahe unmöglich, davon mündlich mehr. Aber
wie er das durcheinander gearbeitet hat, wie er durch
die Gegenwart seiner Wercke imponirt und vergessen
macht daß es Ungeheuer sind. Es ist würcklich etwas
göttliches in seinen Anlagen, völlig die Force des 10
großen Dichters der aus Wahrheit und Lüge ein drittes
bildet das uns bezaubert. Das Olympische Theater
ist, wie du vielleicht weißt, ein Theater der Alten
realisirt. Es ist unaussprechlich schön. Aber als
Theater, gegen unsre ietzigen, kommt es mir vor wie 15
ein vornehmes, reiches, wohlgebildetes Kind, gegen
einen klugen Kaufmann der weder so vornehm, so reich,
noch so wohlgebildet ist; aber besser weiß was er mit
seinen Mitteln anfangen kann. Wenn man nun dar=
neben das enge schmutzige Bedürfniß der Menschen 20
sieht, und wie meist die Anlagen über die Kräffte der
Unternehmer waren und wie wenig diese köstlichen
Monumente eines Menschengeistes zu dem Leben der
übrigen passen; so fällt einem doch ein daß es im
moralischen eben so ist. Dann verdient man wenig 25
Danck von den Menschen, wenn man ihr inures Be=
dürfniß erheben, ihnen von sich selbst eine grose Idee
geben, ihnen das herrliche eines grosen wahren Daseyns

fühlen machen will (und das thun sinnlicherweise die
Wercke des Palladio in hohen Grade); aber wenn man
die Vögel belügt, ihnen Mährgen erzählt, ihnen vom
Tag zum andren forthilft 2c., dann ist man ihr
Mann und drum sind so viele Kirchen zu Stande ge=
kommen, weil von daher für das Bedürfniß der Sterb=
lichen am besten gesorgt wird. Ich sage das nicht
um meine Freunde herunter zu setzen, ich sage nur
daß sie so sind und daß man sich nicht verwundern
muß wenn alles ist wie es ist.

Was sich die Basilika des Palladius neben einem
alten mit ungleichen Fenstern übersäten Kastelähnlichen
gebäude ausnimmt, das er sich gewiß zusammt dem
Thurm weggedacht hat, läßt sich nicht ausdrucken.

Der Weg von Verona hierher ist sehr angenehm,
man fährt Nordostwärts an den Gebürgen hin und
hat die Vorderberge, die aus Kalck, Sand, Thon,
Mergel bestehn, immer lincker Haud; auf den Hügeln
die sie bilden liegen Orte, Schlösser, Häuser, dann
folgt die weite Plaine durch die man fährt. Der ge=
rade, gut unterhaltene, weite Weg geht durch frucht=
bares Feld, an Reihen von Bäumen sind die Reben
in die Höhe gezogen, von denen sie, als wärens die
Zweige, herunter fallen. Hier kann man sich eine
Idee von Festons bilden. Die Trauben sind zeitig
und beschweeren die Rancken, die lang und schwanckend
herunter hängen, der Weg ist voll Menschen aller Art
und Gewerbes, besonders freuten mich die Wagen, die

mit 4 Ochsen bespannt, große Kufen fuhren, in denen
die Weintrauben aus den Weingärten gehohlt und ge=
stampft werden, es standen meist die Führer drinne
und es sah einem bachischen Triumphwagen voll=
kommen gleich. Zwischen den Weinreihen ist der 5
Boden zu allerley Arten hiesigen Getraides besonders
Türckisch Korn und des Sorgo benutzt. Wenn man
gegen Vicenz kommt, streichen wieder Hügel von Nord
nach Süden, es sind vulkanische, schließen die Ebne,
und Vicenz liegt an ihrem Fuße, und wenn man will 10
in einem Busen den sie bilden.

　　　d. 10. Sept. Abends 8½, hiesigen Zeigers 1½.

Gestern war Oper, sie dauerte bis nach Mitter=
nacht und ich sehnte mich zu Bette. Das Sujet ist
aus den drey Sultaninnen und der Entführung aus 15
dem Serail mit wenig Klugheit zusammengeflickt, die
Musick hört sich bequem an, ist aber wahrscheinlich
von einem Liebhaber, es ist kein neuer Gedancke der
mich frappirt hätte im ganzen Stück. Die Ballets
dagegen sind allerliebst, ich habe oft an Steinen ge= 20
dacht und ihm den Spas gewünscht. Das Hauptpaar
tanzte eine Allemande daß man nichts zierlichers sehen
kann. Du siehst ich werde nach und nach vorbereitet,
es wird nun besser kommen. Du kannst dencken daß
ich für meinen Wilhelm brav gesammelt habe. Das 25
neue Theater ist recht schön, modest prächtig, alles
uniform wie es einer Stadt geziemt, nur die Loge

des Capitan grande hat einen etwas längeren Über=
hang oder herübergeschlagnen Teppich. Die erste Sänge=
rinn wird vom ganzen Volcke sehr begünstigt. Wie
sie auftritt wird entsetzlich geklatscht und die Vögel
5 stellen sich offt für Freuden ganz ungebärdig, wenn
sie etwas recht gut macht, das ihr offt geschieht. Es
ist ein gutes Wesen, hat hübsche Figur, schöne Stimme,
ein gefällig Gesicht, einen recht honetten Anstand; in
den Armen könnte sie etwas mehr Grazie haben.

10 Indeß komm ich doch nicht wieder. Ich spüre
denn doch, daß ich zum Vogel verdorben bin.

Dagegen hab ich heute wieder an des Palladio
Wercken geschwelgt. Ich komme auch sobald nicht
weg, das seh ich schon und laß es sachte angehn. Ich
15 habe ohne dieß an der Iphigenie viel zu thun und sie
abzuschreiben. Wo ich das thue ist eins, und besser hier
als wo ich mehr in Lärm und Tumult verwickelt werde.

Die Vicentiner muß ich loben daß man bey ihnen
die Vorrechte einer grosen Stadt geniest, sie sehen
20 einen nicht an, man mag machen was man will, sind
aber übrigens gesprächig, gefällig 2c.

Besonders wollen mir die Frauens sehr wohl=
gefallen. Die Veroneserinnen will ich nicht schelten,
sie haben eine gute Bildung, vorgebaute Gesichter
25 aber meistens Bleich, und der Zendal thut ihnen
Schaden weil man unter der schönen Tracht auch was
schönes sucht.

Hier aber sind ich gar viel hübsche Wesen, be=

sonders die schwarzhärigen haben ein eigen Interesse
für mich, es giebt auch eine blonde Art die mir aber
nicht behagen will.

Was mir wohlgefällt ist ein freyes allgemeines
Wesen, weil alles immer unter freyem Himmel ist
und sich herumlehnt, wird man einander so gewohnt.
Heut in der Kirche Madonna del Monte hat ich ein
artig Begegniß, konnt es aber nicht fortsetzen.

Heut Abend ging ich anderthalb Stunden bis es
ganz Nacht war auf dem Platze hin und wieder. Die
Basilika ist und bleibt ein herrliches Werck, man kann
sich's nicht deucken wenn man's nicht in der Natur
gesehn hat, auch die vier Säulen des Pallasts des
Capitan sind unendlich schön. Der Platz hat zwischen
diesen Gebäuden nur 40 Schritt Breite und sie nehmen
sich nur desto herrlicher aus. Davon einmal münd=
lich, denn es ist alles in Kupfer gestochen doppelt
und dreyfach beschrieben und erinnert einen also leicht.
Ich schicke dir auch zwey Büchlein mit aus denen du
dich erbauen kannst.

Auch hab ich heute die famose Rotonda, das Land=
haus des Marchese Capra gesehn, hier konnte der Bau=
meister machen was er wollte und er hats beynahe ein
wenig zu toll gemacht. Doch hab ich auch hier sein
herrliches Genie zu bewundern Gelegenheit gefunden.
Er hat es so gemacht um die Gegend zu zieren, von
weiten nimmt sich's ganz köstlich aus, in der Nähe
habe ich einige unterthänige Scrupel.

Wollte Gott Palladio hätte einen Plan zur Ma=
donna del Monte gemacht und Christen Seelen hätten
ihn ausgeführt, da würden wir was sehen, von dem
wir jetzt keinen Begriff haben.

Nun ein Wort von den Aussichten. Die Rotonda
liegt wo so ein Gebäude liegen darf, die Aussicht ist
unbedencklich schön, ich mag auch da nicht beschreiben.
Vicenz überhaupt liegt ganz herrlich und ich möchte
wohl eine Zeitlang hier bleiben, aber freylich nicht im
Wirthshause, aber gut eingerichtet irgendwo und sich's
dann wohl seyn lassen, die Luft ist herrlich und gesund.

d. 21. Abends.

Ich habe heute den alten Baumeister Scamozzi
besucht der des Palladio Gebäude herausgegeben und
ein gar braver Mann ist. Er gab mir einige An=
leitung. Ich werde morgen auf's Laud fahren, ein
Landhaus des Conte Tiene zu sehen. ꝛc.

Du erinnerst dich vielleicht daß unter den Ge=
bäuden des Palladio eins ist das la Casa di Palladio
genennt wird, ich hatte immer eine besondere Vorliebe
dafür; aber in der Nähe ist es noch weit mehr, ist
es erst was man sich gar nicht abwesend dencken kann.
Wenn ich komme wird davon viel Redens seyn. Wenn
es nicht gleich Aufsehens machte und ich meine humi-
lem personam nicht kompromittirte; so lies ich es
zeichnen und illuminiren wie es dasteht mit einigen
Nachbarhäusern.

Ich gehe nur immer herum und herum und sehe

und übe mein Aug und meinen innern Sinn. Auch
bin ich wohl und von glücklichem Humor. Meine Be=
merckungen über Menschen, Volck, Staat, Regierung,
Natur, Kunst, Gebrauch, Geschichte gehn immer fort
und ohne daß ich im mindsten aufgespannt bin hab   5
ich den schönsten Genuß und gute Betrachtung. Du
weißt was die Gegenwart der Dinge zu mir spricht
und ich bin den ganzen Tag in einem Gespräche mit
den Dingen. Ich lebe sehr mäsig. Den rothen Wein
der hiesigen Gegend, schon von Thyrol her, kan ich nicht 10
vertragen, ich trincke ihn mit viel Wasser wie der Heil.
Ludwig, nur schade daß ich zum Heiligen zu alt bin.

Heut hab ich den Dr. Turra besucht. Wohl fünf
Jahre hat er sich mit Passion aufs Studium der
Botanick gelegt, ein Herbarium von der Flora Italiens 15
gesammelt, unter dem vorigen Bischof einen Botani=
schen Garten angelegt. Das ist aber alles hin; die
Medicinische Praxis vertrieb die Naturgeschichte, das
Herbarium wird von Würmen gefressen, der Bischoff
ist todt und der Botanische Garten ist wieder, wie   20
billig, mit Kohl und Knoblauch bepflantzt. Dr. Turra
ist ein gar seiner guter Mann, er erzählte mir mit
Offenherzigkeit, Reinheit und Bescheidenheit seine Ge=
schichte, sprach überhaupt sehr bestimmt und gefällig
dabey, hatte aber nicht Lust seine Schräncke auf=   25
zumachen, war bald fertig und ließ mich gehn.

Gegen Abend ging ich wieder zur Rotonda die
eine halbe Stunde von der Stadt liegt, dann zur

Madonna del Monte und schlenderte durch die Hallen
herunter, wieder auf den vielgeliebten Platz, kaufte
mir für 3 Soldi ein Pfund Trauben verzehrte sie
unter den Säulengängen des Palladio und schlich nach
5 Hause als es dunckel und kühl zu werden anfing.

Heut Abend ist wieder Oper, ich kann mich aber
nicht entschließen das Opus noch einmal zu leiden, ob
ich gleich die Ballette die heute verändert sind wohl
gerne sähe.

10 Wir wollen die Nacht zum Schlafen anwenden
um den morgenden Tag desto besser zu nutzen.

Hier die Inschrifften der Rotonda wie sie an den
vier Frontons stehn.

Marcus Capra Gabrielis F.
15 Qui aedes has arctissimo primogeniturae gradui subjecit.
Vna cum omnibus censibus agris vallibus et collibus
citra viam magnam
Memoriae perpetuae mandans haec dum sustinet ac
abstinet.

20 Das Ganze, besonders der Schluß ein herrlicher
Text zu künftigen Unterredungen.

d. 22ten S.

Noch immer in Vicenz und wohl noch einige Tage
hier. Wenn ich ganz meinem Geiste folgen dürfte,
25 legt ich mich einen Monat hierher, machte bey dem
alten Scamozzi einen schnellen Lauf der Architectur
und ging dann wohl ausgestattet weiter. Das ist
aber für meinen Plan zu ausführlich und wir wollen
ehstens wieder fort.

Heute früh war ich in Tiene das nordwärts gegen
das Gebirge liegt und wo ein neu Gebäude nach einem
alten Riße aufgeführt wird, ein trefflich Werck, bis
auf weniges was ich zu erinnern habe. Es liegt ganz
trefflich, in einer grosen Plaine, die Kalck Alpen ohne 5
Zwischen Gebirg hinter sich. Vom Schlosse her an
der graden Chaussee hin, fliest zu beyden Seiten leben=
diges Wasser und wässert die weiten Reisfelder durch
die man fährt.

Heut Abend war ich in einer Versammlung welche 10
die Akademie der Olympier hielt. Ein Spielwerck aber
ein recht gutes, es erhält noch ein Bißchen Salz und
Leben unter den Leuten.

Der Saal ist neben dem Theater des Palladius,
anständig, wohl erleuchtet, der Capitan und ein Theil 15
des Adels war zugegen. Ubrigens ein Publicum von
den obern Stäuden, viele Geistliche, ohngefähr 500.

Der Präsident hatte die Frage aufgegeben: ob Er=
findung oder Nachahmung den schönen Künsten
mehr Vortheil gebracht habe? Du siehst daß 20
wenn man die beyden trennt und so fragt, man
hundert Jahre hinüber und herüber reden kann. Auch
haben sich die Hrn. Akademiker dieser Gelegenheit weid=
lich bedient und in Prosa und Versen mancherley vor=
gebracht, worunter viel Gutes war. Und überhaupt es 25
ist doch ein lebendig Publikum. Die Zuhörer riefen
Bravo, klatschten, lachten. Wenn das meine Nation
und meine Sprache wäre, ich wollte sie toll machen.

Du kannst dencken daß Palladio an allen Ecken
war, und einer hatte den guten Einfall zu sagen, die
andern hätten ihm den Palladio weggenommen, er wolle
den Franceschini loben (ein grofer Seidenfabrikant),
5 und sing nun an zu zeigen was die Nachahmung
der Lioner und Florentiner Stoffe ihm und Vicenz
für Vortheile gebracht habe. Du kannst dencken daß
es viel Gelächter· gab.

Überhaupt fanden die, die für die Nachahmung
10 sprachen, mehr Beyfall denn sie sagten lauter Dinge
die der Haufe denckt und ·dencken kann, ob sie gleich der
schwächere Theil waren. Einmal gab das Publikum,
mit grofem Händeklatschen, einem recht groben Sophism
seinen herzlichen Beyfall. Einer der für die Erfindung
15 sprach sagte recht gute Sachen, die aber grad nicht
sentirt wurden. Mich freut es sehr auch das gesehen
zu haben. Es geht mir alles gut. und den Palladio
nach soviel Zeit von seinen Landsleuten wie einen Stern
verehrt zu sehn ist doch schön 2c. Viel Gedancken
20 darüber mündlich.

Ich habe nun erst die zwey Italiänischen Städte
gesehn, Töchter Städte (um nicht zu sagen Provinz
Städte) und habe fast noch mit keinem Menschen
gesprochen aber ich kenne meine Italiäner schon
25 gut. Sie sind wie die Hofleute, die sich fürs erste
Volck der Welt halten und bey gewissen Vortheilen
die sie haben, sichs ungestraft und bequem einbilden
können.

Überhaupt aber eine recht gute Nation, man muß
nur die Kinder und die gemeinen Leute sehn, wie ich sie
jetzt sehe und sehen kann, da ich ihnen immer exponirt
bin und mich ihnen exponire.

Wenn ich zurückkomme sollst du die besten Schilde= 5
rungen haben. Und was das für Figuren für Ge=
sichter sind.

Ich war lang willens Verona oder Vicenz dem
Mignon zum Vaterland zu geben. Aber es ist ohne
allen Zweifel Vicenz, ich muß auch darum einige Tage 10
länger hier bleiben. Lebe wohl. Ich sudle heut Abend
wild, aber es ist besser etwas als nichts. Federn und
Dinte und alles ist strudelich.

d. 23. S.

Ich schleiche noch immer herum, thue die Augen 15
auf und sehe, wie natürlich, täglich mehr. Von Ge=
bäuden nichts weiter. wenn wir die Kupfer zusammen
ansehn dann gar viel.

Schönes Wetter diese Tage her, heute bedeckt und
kühl, doch keine feuchte Kälte die uns im Norden tödtet. 20

Ich schreibe nun an meiner Iphigenie ab, das
nimmt mir manche Stunde. und doch gibt mirs unter
dem fremden Volcke unter denen neuen Gegenständen
ein gewißes Eigenthümliches und ein Rückgefühl ins
Vaterland.   25

Meine angefangne Zueignung ans deutsche Publi=
kum werf ich ganz weg und mache eine neue, sobald
die Iphigenie fertig ist.

Die Frauen tragen sich hier reinlich. Ein weißes Tuch das der niedre Staud über den Kopf schlägt und ihn wie in einen Schleyer darein wickelt, thut den Gesichtern nicht gut, es muß eins rechl hübsch seyn wenn es dadurch nicht zu Grunde gerichtet werden soll. Wenn man ausser der Zeit des Gottesdiensts in eine dunckle Kirche kommt und so ein Paar verschleierte fromme Seelen drin sitzen oder knien, siehts Gespenstermäsig genug aus.

Die Art der geringen Fraun Leute sich das Haar zurück zu binden und in Zöpfe zu flechten ist den Jungen vorteilhaft den Älteren schädlich, die Haar gehen aus und die Vorderseite wird kahl.

Die Weiber tragen an einem Bügel oder Bogen von schwanckendem Holze Körbe, Eimer 2c. was sie zu tragen haben.

sie können sich es gar bequem machen, indem sie, wenn es schwere Sachen sind, auch zugleich die Henckel mit den Händen fassen können, wie obenstehende Figur ausweiset. Das Volck selbst ist gewiß von Grund aus

gut, ich sehe nur die Kinder an und gebe mich mit
ihnen ab, auch mit den alten. In meiner Figur, zu
der ich noch leinene Unterstrümpfe zu tragen pflege,
(wodurch ich gleich einige Stufen niedriger rücke)
Stell ich mich auf den Marckt unter sie, rede über 5
jeden Anlaß, frage sie, sehe wie sie sich unter einander
gebärden, und kann ihre Natürlichkeit, frehen Muth,
gute Art rc. nicht genug loben. Von allem diesem in
der Folge mehr und wie das mit dem was man von
ihrer Arglist, Mistrauen, Falschheit, ja Gewaltthätig= 10
keit sagt zusammenhängt mündlich, wenn wir sie erst
mehr gesehen haben.

Ich bin recht wohl und munter, nur gegen Abend
muß ich mich in Acht nehmen, da kann ich ein klein
wenig traurig werden und die Sehnsucht nach dir, 15
nach Fritzen, Herdern, irgend einer subalterneren
theilnehmenden Seele nimmt überhand. Ich laß sie
aber nicht aufkommen, beschäfftige mich und so gehts
vorüber.

d. 24. S. 20

Es geht immer den alten Weg. Früh wird an
der Iphigenie gearbeitet und ich hoffe, sie soll euch
freuen da sie unter diesem Himmel reif geworden,
wo man den ganzen Tag nicht an seinen Körper
denckt sondern wo es einem gleich wohl ist. Gestern 25
ging ich mit dem Stück in der Tasche auf den Campo
Marzo und sah am Berge gegenüber ein Paar gar
artige Gegenstände, ich zeichnete sie geschwind auf das

vordere und hintere weiße Blat des Stücks und du
erhälst sie mit diesem. Viele Hundert ia tausend solcher
Blätter und Blätgen könte man im Bezirk einer
Stunde hier zeichnen, ich darf mich nur jetzt nicht
drauf einlassen.

Heut sah ich die Villa Valmarano die Tiepolo
dekorirt und allen seinen Tugenden und Fehlern freyen
Lauf gelassen hat. Der hohe Styl gelang ihm nicht
wie der natürliche, und in diesem letzten sind köstliche
Sachen da, im Ganzen aber als Dekoration gar fröh=
lich und brav.

An der Architectur geh ich denn immer so hin,
mit meinem selbstgeschnitzten Maasstab und reiche
weit, freylich fehlt mir viel, indeß wollen wir damit
vorlieb nehmen und nur brav einsammeln. Die Haupt=
sache ist daß alle diese Gegenstände, die nun schon
über 30 Jahre auf meine Imagination abwesend ge=
würckt haben und also alle zu hoch stehn, nun in den
ordentlichen Cammer und Haus Ton der Coexistenz
herunter gestimmt werden.

Ich lebe sehr diät und halte mich ruhig damit die
Gegenstände keine erhöhte Seele finden, sondern die
Seele erhöhen. Im letzten Falle ist man dem Irthum
weit weniger ausgesetzt als im ersten. Und dann freu
ich mich dir zu schreiben, wie ich mich freue von den
Gegenständen mit dir zu sprechen und meiner Geliebten
alles in die Ferne zuzuschicken was ich ihr einmal in
der Nähe zu erzählen hoffe. Dann macht es mir auch

einen frohen Gedancken daß du das Gegenwärtige und
noch mehr in 6 Wochen längstens haben kannst.

Doch muß man auf alle Fälle wieder und wieder
sehn, wenn man einen reinen Eindruck der Gegenstände
gewinnen will. Es ist ein sonderbares Ding um den
ersten Eindruck, er ist immer ein Gemisch von Wahr=
heit und Lüge im hohen Grade. ich kann noch nicht
recht herauskriegen wie es damit ist.

Ich sehe immer mit Betrübniß das Thyroler Gebirg
trübe, wahrscheinlich habt ihr übel Wetter, hier regnets
einmal doch ists bald wieder schön. Die Morgende
und Abende sind kühl.

d. 25. S. Abends 22. nach unsrer Uhr 5.

Noch einmal von Vicenz. Ich verlasse diesen Ort
ungern, es ist gar viel für mich hier. Wäre es mög=
lich mit dir eine Zeit in dieser Gegend zuzubringen!
Allein wir sind auf ewig daraus verbannt; man müßte,
wenn man hier leben wollte, gleich katholisch werden,
um Theil an der Existenz der Menschen nehmen zu
können. Alles ladet dazu ein und es ist viel Freyheit
und Freymütigkeit unter ihnen.

Ich war auf der Bibliotheck, die Büste des be=
rühmten Juristen Bartolius zu sehen, die aus Marmor
gearbeitet oben steht. Es ist ein festes, freyes wackres,
schönes Gesicht von trefflicher Bildung und freut mich
auch diese Gestalt in der Seele zu besitzen. Bey den
Dominikanern steht eine antike Statue die als Iphi=
genie genannt ist. Es ist aber völlig die Idee der

Veſtalinnen von denen wir eine groſe und kleine im
Abguß beſitzen. Weil die Häude angedruckt und in
das Gewand verwickelt ſind; ſo haben dieſe Statuen
weniger gelitten, der Kopf iſt aber neu und viel zu
5 groß.

Noch einige Gebäude hab ich beſehn und mein Auge
fängt ſich gut an zu bilden, ich habe nun Muth dem
mechaniſchen der Kunſt näher zu treten. Was mich
freut iſt daß keine von meinen alten Grundideen ver=
10 rückt und verändert wird, es beſtimmt ſich nur alles
mehr, entwickelt ſich und wächſt mir entgegen.

Ich war noch einmal auf dem Berge der Madonna.
Das Cabinet eines der PP. Serviten hat vieles aber
nicht viel. Von einem Balkon ſeines Zimmers aber
15 iſt eine Ausſicht die man nur ſtumm betrachten kann.
In der Höhe, in der ſogenannten Foresteria wo vor=
nehme Fremde bewirthet werden iſt ſie noch weiter,
da hat man auch Vicenz und die Thyroler Gebirge.

Wenn man wieder herunter ſteigt, hat man einen
20 Hügel zur lincken ſeite der ſpitz iſt, frey ſteht und bis
auf den Gipfel mit Reben angelegt iſt, einige groſe
Lauben ſtehen auch da und oben ſchließt ein Trupp
Cypreſſen. Ich habe ihn dieſe acht Tage her immer
mit Freuden angeſehn.

25 Übrigens gefallen mir die Vicentiner immer ſehr
wohl; ſie haben eine freye Art Humanität, die aus
einem immer öffentlichen Leben herkommt. Auch gehts
von einem zum andern, Kirchen, Marckt, Spazirgang,

Wallfahrt, (so nenn ich die Promenade zur Mutter
Gottes) Theater, öffentliche Specktakel, Carnaval ꝛc.
und das weibliche Geschlecht ist im Durchschnitte schön,
und leben so ohne Coquetterie vor sich hin, sind durch=
aus reinlich gekleidet. Ich habe sie alle recht scharf   5
angesehn und in denen acht Tagen nicht mehr als
Eine gesehen, von der ich gewiß sagen mögte daß ihre
Reitze feil sind.

Auch die Männer sind ich höflich und zuvorkommend.
Ich trete in einen Buchladen und frage den Mann   10
nach einem Buche, das er sich nicht gleich besinnt, es
sitzen verschiedne Personen von gutem Staude herum,
geistliche weltliche. Einer fängt gleich mit dem Buch=
händler zu reden an, hilft ihm und mir zurechte und
das alles ganz grade hin, als wenn man sich lange   15
kennte und ohne weiters.

Das hab ich an ihnen bemerckt. Sie sehen einen
von Kopf biß zu Fuße an, und scheinen einen trefflich
Phisiognomischen Kleiderblick zu haben. Nun ists mein
Spas sie mit den Strümpfen irre zu machen, nach   20
denen sie mich unmöglich für einen Gentleman halten
können. Ubrigens betrag ich mich gegen sie offen,
höflich, gesetzt und freue mich nun so frey ohne Furcht
erkannt zu werden herumzugehn. Wie lang es währen
wird.   25

Ich kan dir nicht sagen was ich schon die kurze
Zeit an Menschlichkeit gewonnen habe. Wie ich aber
auch fühle was wir in den kleinen Souverainen Staaten

für elende einsame Menschen seyn müssen weil man, und besonders in meiner Lage, fast mit niemand reden darf, der nicht was wollte und mögte. Den Werth der Geselligkeit hab ich nie so sehr gefühlt und die Freude die meinigen wieder zu sehn, in der Entfernung, nie so lebhaft.

Die Gebäude hab ich wieder und wieder besehn und begangen.

Bey den Dominikanern gefiel mir auf dem Bilde der Anbetung der 3 Könige, der unschuldige, obgleich nicht christlich erhabne, Gedancke, daß sich das Kindlein vor dem Alten fürchtet, der es kniend verehrt, und ein ängstlich Mäulgen zieht.

Der Kirchen und Altarblätter kriegt man so satt daß man manches Gute übersieht und ich bin nur im Anfange.

Hier will eine Bemerckung hersetzen, über den Punckt, in dem so manche Reisende fehlen, in dem ich auch sonst gefehlt habe.

Jeder denckt doch eigentlich für sein Geld auf der Reise zu genießen. Er erwartet alle die Gegenstände von denen er so vieles hat reden hören, nicht zu finden, wie der Himmel und die Umstände wollen, sondern so rein wie sie in seiner Imagination stehen und fast nichts findet er so, fast nichts kann er so genießen. Hier ist was zerstört, hier was angefleckt, hier stinckts, hier rauchts, hier ist Schmutz rc., so in den Wirthshäusern, mit den Menschen rc.

Der Genuß auf einer Reiße ist wenn man ihn
rein haben will, ein abstrackter Genuß, ich muß die
Unbequemlichkeiten, Widerwärtigkeiten, das was mit
mir nicht stimmt, was ich nicht erwarte, alles muß
ich bey Seite bringen, in dem Kunstwerck nur den   5
Gedancken des Künstlers, die erste Ausführung, das
Leben der ersten Zeit da das Werck entstand heraus=
suchen und es wieder rein in meine Seele bringen,
abgeschieden von allem was die Zeit, der alles unter=
worfen ist und der Wechsel der Dinge darauf gewürckt   10
haben. Daun hab ich einen reinen bleibenden Genuß
und um dessentwillen bin ich gereißt, nicht um des
Augenblicklichen Wohlseyns oder Spases willen. Mit
der Betrachtung und dem Genuß der Natur ists eben
das. Triffts dann aber auch einmal zusammen daß   15
alles paßt, dann ists ein großes Geschenck, ich habe
solche Augenblicke gehabt.

Ich schreibe dir eben immer so fort weil ich weiß
daß es dir Freude machen wird. Alles wird sich besser
und bestimmter sagen lassen. Mein ganzes Gemüth   20
ist bey und mit dir und meine beste Hoffnung ist dich
wieder zu sehen.

Padua d. 26 Abends.

Du kannst immer deucken daß ich dir bey ein=
brechender Nacht schreibe, denn da ist mein Tagewerck   25
vollbracht.

In vier Stunden bin ich von Vicenz heute früh

herüber gefahren. Wie gewöhnlich auf ein einfitzig
Chaischen (Sediola) mit meiner ganzen Exiftenz ge=
packt. Man fährt fonft bequem in vierthalb Stunden,
da ich aber den köftlichen Tag gern unter frehem
5 Himmel genoß war es mir lieb daß der Vetturin feine
Schuldigkeit nicht that. Es geht immer in der fchönften
Plaine füdoftwärts, man hat wenig Auffiht weil
man zwifchen Hecken und Bäumen hinfährt. Biß
man endlich die fchönen Gebirge von Efte, eine vul=
10 kanifche Reihe, die von Nord gegen Süden ftreichen,
zur rechten Haud fiht.

Auf dem Wege wünfcht ich dir nur die Fülle des
Hängewercks der Pflanzen über Mauern, Hecken, an
Bäumen herunter mit einem Blick zeigen zu können.
15 Die Kürbiße auf den Dächern 2c.

Nun denn in Padua! und habe in fünf Stuuden
was Volckmann anzeigt meift gefehen; nichts was mich
recht herzlich gefreut hätte aber manches das gefehen
zu haben gut ift.

20 Diesmal will ich Volckmannen folgen den du im
3. Theil auf der 638. Seite nachfchlagen wirft. Ich
nehme an daß du die Artickel liefeft, und ich mache
nur meine Anmerckungen.

p. 639. erfchreckliche Erdbeben. Die Nähe der
25 Gebirge von Efte mag daran Schuld fehn, fie liegen
nur 6 Italiänifche Meilen von hier ab, und find
noch warme Bäder hierherwärts. Da mögen noch
fo alte böfe Refte in den Eingeweiden oder vielmehr

unter der Haut der alten Mutter gesteckt haben, ob
ich gleich noch keine rechte Idee davon habe.

Benachbarten Hügel. keine nähern als die Berge
von Este. Die Stadt liegt herrlich, ich sah sie vom
Observatorio. Gegen Norden die beschneiten und in
Wolcken halb versteckten Thyroler Gebirge, an die sich
gegen Nordwest die Vicentinischen Vulkanischen Berge
anschließen und endlich gegen Westen die nähern Ge=
birge von Este, deren Gestalt und Vertiefung man
deutlich erkennen kann. Gegen Süd und Ost eine
grüne See ohne Spur von Erhöhung Baum an
Baum Busch an Busch, Pflanzung an Pflanzung
bis an den fernsten Horizont, und aus der Grüne
sehen unzählige weiße Häuser, Villen, Kirchen 2c.
heraus.

Vom Observatorio konnt ich durch den Tubus ganz
deutlich den Markusthurm von Venedig und die an=
dern geringern Thürme sehn.

p. 641. Das Pflaster der Stadt 2c. es ist
Lava von den Estischen Bergen, ich habe welche mit=
genommen.

rother Marmor= ein rother ziemlich fester Kalck=
stein wie der Veroneser.

p. 642. Marie von Giotto hab ich nicht fin=
den können.

Sakristey war zu.

p. 642. St. Antonio. Von diesem barbarischen
Gebäude mündlich.

p. 646. Kardinal Bembo. Es ist nur gut daß man den Heiligen Kirchen gebaut hat; so hat man doch auch einen guten Ort wo man vernünftige und edle Menschen aufstellen kann. Es ist ein schönes, wenn ich so sagen soll mit Gewalt in sich gezognes Gesicht und ein mächtiger Bart. Die Büste steht zwischen Jonischen Säulen die mir von dem Grabmal des Porto in Vicenz (s. p. 677) nachgeahmt scheinen. Die Inschrifft ist schön:

Petri Bembi Card. imaginem
Hier. Guirinus Ismeni F.
in publico ponendam curavit
ut cujus Ingenii
monumenta aeterna sint
ejus corporis quoque memoria
ne a posteritate desideretur.

Eine würdige Inschrifft dem Manne der nicht gern in der Bibel las um seinen lateinischen Styl, wahrscheinlich auch um seine Imagination nicht zu verderben.

p. 647. Helena Cornara. Wohlgebildet nicht liebenswürdig, wie sich's einer Minerva-Geweihten geziemen will.

p. 644. Hl. Agathe von Tiepolo. Das Gesicht nicht erhaben aber erstaunend wahr, physischer Schmerz und getroste Duldung schön ausgedruckt. Wenn die Martyrthümer nur nicht immer die fatalen armen Sünderschafften mit sich schleppten.

p. 647. Enthauptung Johannis von Pia=
zetta. Ein recht brav Bild. Immer des Meisters
Manier vorausgesetzt. Johannes kniet die Hände vor
sich hinfaltend mit dem rechten Knie an einem Stein,
er sieht gen Himmel, ein Kriegsknecht der ihn gebunden 5
hat fährt an der rechten Seite herum. und sieht ihn
in's Gesicht als wenn er über die Resignation erstaunte
womit der Mann sich hingiebt. in der Höhe steht ein
anderer der den Streich vollführen soll, hat aber das
Schwerdt nicht sondern nur die Hände aufgehoben 10
wie einer der sich zu dem Streiche vorbereitet, das
Schwerdt zieht einer tiefer unten aus der Scheide.
Der Gedancke ist neu und die Composition frappant,
übrigens auch wieder eine Armesünderschafft.

p. 648. Scuola del Santo. Die Bilder von 15
Titian wundernswürdig wie sie der alten deutschen hol=
beinischen Manier nah kommen. Von der sich ienseits
der Alpen keiner erhohlt hat. Eine erstaunende alles
versprechende Wahrheit ist drin. Sie haben mich, wie
überhaupt mehr alte Gemälde viel zu dencken gemacht. 20

p. 649. Märter der Heil. Justina von Paul
Veronese. Er hat den Fehler den ich schon in Vicenz
bemerckte zu viel Figuren auf so ein Bild zu bringen
und sie zu klein zu machen, Die haben nun von so
einem Hoch Altar herunter keine Gegenwart. das 25
übrige sagt Volckmann.

650. Zimmer des Abts. Ein schön Bild von
Guercin da Cento Gerechtigkeit und Friede.

ibid. Auserlesne Bücher. ift nicht zu läugnen.
Alte Schriftfteller, die Italiänifchen Dichter. Kirchen=
väter verftehn fich von felbft 2c. Was ich fo flüchtig
überfah war alles gut und brauchbar.

5 ibid. Prato della valle. Sie haben rings um
den Platz ihren berühmten Männern Bildfäulen gefetzt
und auch Privatleuten erlaubt einem verdienten Mann
aus feiner Familie eine Statue zu fetzen wie die In=
fchrifften zeigen. Die Meffe die hier gehalten wird
10 ift berühmt.

p. 655. Abnehmung vom Kreuz von Baffan.
recht brav, und fo edel als er etwas machen konnte.

ibid Salone. Wenn man fo etwas nicht gefehn
hat glaubt mans nicht oder kann fichs nicht deuken.

15 p. 658. il Bo. ift mir lieb daß ich darin nichts
zu lernen hatte. Man denckt fich auch diefe Schul=
Enge nicht wenn mans nicht gefehn hat befonders ift
das Anatomifche Theater würcklich als ein Wunder=
werck anzufehen. Es ift über alle Befchreibung.

20 Der Botanifche Garten ift defto artiger und muntrer,
obgleich ietzt nicht in feiner beften Zeit. Morgen foll
ihm der größte Theil des Tags gewidmet werden. Ich
habe heut im Durchgehn fchon brav gelernt.

Gute Nacht für heute! Ich habe gefudelt was ich
25 konnte um nur etwas aufs Papier zu bringen.

Padua d. 27. Mittag.

Heute früh ward noch einigs nachgehohlt. aus
dem botanifchen Garten vertrieb mich ein Regen. Ich

habe drin schöne Sachen gesehn und dir zum Scherz
einiges eingelegt. Der fremden Sachen laßen sie viel
im Laude stehn gegen Mauern angelehnt oder nicht
weit davon und überbauen alsdann das Ganze gegen
Ende Oktobers und heißen es die wenigen Winter= 5
monate.

Abends. 27. S.

Wie gewöhnlich meine liebe wenn das Ave Maria
della Sera gebetet wird, wend ich meine Gedancken zu
dir; ob ich mich gleich nicht so ausdrücken darf, denn 10
sie sind den ganzen Tag bey dir. Ach daß wir doch
recht wüßten was wir an einander haben wenn wir
beysammen sind.

Auch hab ich heut die Wercke des Palladio gekauft
einen Folioband. Zwar nicht die erste Ausgabe aber 15
einen sehr sorgfältigen Nachdruck den ein Engländer
besorgt hat. Das muß man den Engländern laßen
daß sie von lang her das Gute zu schätzen gewußt
haben. Und daß sie eine vornehme Art haben vor=
nehm zu sehn. 20

Heute hab ich die Statuen auf dem Platze noch=
mals durchgesehn, sie sind meist von Partikuliers und
Zünften, auch Fremden gesetzt. So hat der König von
Schweden Gustav Adolphen hinsetzen laßen, weil man
sagt, er habe einmal in Padua eine Lecktion angehört. 25
Der Erzherzog Leopold dem Petrarch und Galiläi. u.s.w.
Die Statuen sind in einer modernbraven Manier ge=
macht. Wenige übermanierirt, einige recht natürlich.

Die Innschrifften gefallen mir auch recht wohl, sie
sind lateinisch und ist nichts abgeschmacktes oder kleines
darunter. Päpste und Dogen stehen an den Ein=
gängen. Es kann ein recht schöner Platz werden
wenu sie die hölzerne F i e r a wegschaffen und eine
von Stein jenseits des Platzes bauen wie der Plan
sehn soll.

Heute Abend setzte ich mich in die Kirche der Hl.
Justina die zwar in keinem grosen Geschmack aber
doch groß und Einfach. gebaut ist, in einen Winckel
und hatte meine stille Betrachtungen. Da fühlt ich
mich recht allein, denn kein Mensch auf der Welt der
in dem Augenblick an mich gedacht hätte, würde mich
in diesem Winckel gesucht haben.

Die Stadt ist groß und wenig bevölckert, jetzt noch
leerer, da Vakanzen der Schule sind und der Adel auf
dem Laude wohnt. Man muß sich deswegen an die
Vorfahren auf dem Prato della Valle halten.

Schöne Bestätigungen meiner botanischen Ideen
hab ich wieder gefunden. Es wird gewiß kommen und
ich dringe noch weiter. Nur ists sonderbar und manch=
mal macht michs fürchten, daß so gar viel auf mich
gleichsam eindringt dessen ich mich nicht erwehren kann
daß meine Existenz wie ein Schneeball wächst, und
manchmal ists als wenn mein Kopf es nicht fassen
noch ertragen könnte, und doch entwickelt sich alles von
innen heraus, und ich kann nicht leben ohne das.

In der Kirche der Eremitaner habe ich Gemälde

von Mantegna eines der älteren Mahler gesehen vor
denen ich erstaunt bin! Was in den Bildern für eine
scharfe sichre Gegenwart ist läßt sich nicht ausdrucken.
von dieser ganzen, wahren, (nicht scheinbaren, Effeckt=
lügenden, zur Immagination sprechenden) derben reinen,   5
lichten, ausführlichen gewißenhaften, zarten, umschrie=
benen Gegenwart, die zugleich etwas strenges, emsiges,
mühsames hatte gingen die folgenden aus wie ich
gestern Bilder von Titian sah und konnten durch die
Lebhafftigkeit ihres Geistes, die Energie ihrer Natur,   10
erleuchtet von dem Geiste der Alten immer höher und
höher steigen sich von der Erde heben und himmlische
aber wahre Gestalten hervorbringen. Es ist das die
Geschichte der Kunst und jedes der einzelnen grosen
ersten Künstler nach der barbarischen Zeit.   15

Die Baukunst steht noch unendlich weit von mir
ab, es ist sonderbar wie mir alles darin so fremd,
so entfernt ist, ohne mir neu zu sehn. Ich hoffe aber
auch dies mal wenigstens in ihre Vorhöfe gelassen zu
werden.   20

Nun wäre auch hier einmal wieder eingepackt und
morgen früh gehts auf der Brenta zu Wasser fort.
Heute hats geregnet, nun ists wieder ausgehellt und
ich hoffe die Lagunen und die ehmals triumphirende
Braut des Meers bey schöner Tagszeit zu erblicken und   25
dich aus ihrem Schoos zu begrüßen. jetzt gute Nacht.

Reise-Tagebuch Viertes Stück.

Venedig.
1786.

Venedig.

So stand es denn in dem Buche des Schicksals
auf meinem Blatte geschrieben, daß ich d. 28. Sept.
Abends, nach unsrer Uhr um fünfe, Venedig zum
erstenmal, aus der Brenta in die Lagunen einfahrend,
erblicken, und bald darauf diese wunderbare Inselstadt,
diese Biber Republick betreten und besuchen sollte. So
ist denn auch Gott sey Danck Venedig kein bloses
Wort mehr für mich, ein Nahme der mich so offt, der
ich von jeher ein Todtfeind von Wortschällen gewesen
bin, so oft geängstigt hat.

Wie die erste Goudel an das Schiff ansuhr, siel
mir mein erstes Kinderspielzeug ein, an das ich viel=
leicht in zwanzig Jahren nicht mehr gedacht hatte.
Mein Vater hatte ein schönes Gondelmodell von Venedig
mitgebracht, er hielt es sehr sehr werth und es ward
mir hoch angerechnet wenn ich damit spielen durfte.
Die ersten Schnäbel von Eisenblech, die schwarzen
Gondelkäsige, alles grüßte ich wie eine alte Bekannt=
schafft, wie einen langentbehrten ersten Jugend Ein=
druck.

Und da ich mir blos zu reisen scheine um dir zu
erzählen; so setz ich mich nun hin, da es Nacht ist,
dir mancherley vorzusagen.

Ich bin gut logirt in der Königinn von Eng=
land, nicht weit vom Marcus Platz, der größte Vor=   5
zug des Quartiers.

Meine Fenster gehn auf einen schmalen Kanal,
zwischen hohen Häusern, gleich unter mir ist eine
Brücke und gegenüber ein schmales belebtes Gäßgen.
So wohn ich und so werd ich eine Zeitlang bleiben,   10
biß mein Packet für Deutschland fertig ist und biß
ich mich am Bilde dieser Stadt satt gesogen habe.

Die Einsamkeit nach der ich so oft sehnsuchtsvoll
geseufzt habe, kann ich recht genießen, wenn ein Genuß
darin ist, denn nirgend kann man sich einsamer fühlen 15
als in so einem Gewimmel, wo man ganz unbekannt
ist, in Venedig ist vielleicht kaum ein Mensch der mich
kennt und der wird mir nicht begegnen. Wir hatten
herrlich Wetter zur Fahrt auf der Brenta her die
Volckmann p. 636 gut beschreibt, ich ging mit dem   20
öffentlichen Schiffe und kann den Anstand, die Ord=
nung einer so gemischten Gesellschafft des mittlern
Standes nicht genug loben. Einige recht hübsche und
artige Weiber und Mädgen waren drunter. Es wird
mir erstaunend leicht mit diesem Volcke zu leben. Ohn= 25
sern Venedig nahm ich mit noch einem eine Gondel
und wir fuhren herein. Es ist grofer respecktabler
Anblick.

Ich eilte auf den Markus Platz und mein Geist
ist nun auch um dieses Bild reicher und weiter. Heut
Abend sag ich nichts weiter. Ich werde hier Zeit
finden dir meine Gedancken mitzutheilen. Lebe wohl!
5 Du immer gleich herzlich und zärtlich Geliebte.

d. 29. früh.

Es hatte sich gestern Abend der ganze Himmel
überzogen, ich war in Sorge es mögte Regen ein=
treten, den auch die Wasser Vögel verkündigten. Heut
10 ists wieder herrlich Wetter. Mein Pensum an der
Iphigenie absolvirt und ich ziehe mich nun an und
gehe aus. Vorher begrüß ich dich und wünsche dir
einen guten Morgen.

Michälistag Abends.

15 Nach einem glücklich und wohl zugebrachten Tage,
ist mir's immer eine unaussprechlich süße Empfindung
wenn ich mich hinsetze dir zu schreiben. Ungern ver=
ließ ich den Markus Platz da es Nacht wurde; aber
die Furcht zuweit zurückzubleiben trieb mich nach Hause.
20 Von Venedig ist alles gesagt und gedruckt was
man sagen kann, darum nur weniges wie es mir ent=
gegenkommt. Die Haupt Idee die sich mir wieder
hier aufdringt ist wieder Volck. Große Masse! und
ein nothwendiges unwillkührliches Daseyn. Dieses
25 Geschlecht hat sich nicht zum Spaß auf diese Inseln
geflüchtet, es war keine Willkühr die andere trieb sich
mit ihnen zu vereinigen, es war Glück das ihre Lage
so vorteilhaft machte, es war Glück daß sie zu einer

16*

Zeit klug waren da noch die ganze nördliche Welt im
Unsinn gefangen lag, ihre Vermehrung ihr Reichthum
war nothwendige Folge. nun drängte sichs enger und
enger, Sand und Sumpf ward zu Felsen unter ihren
Füßen, ihre Häuser suchten die Luft, wie Bäume die
geschloßen stehn, sie mußten an Höhe zu gewinnen
suchen was ihnen an Breite abging, geitzig auf iede
Handbreit Erde und gleich von Anfang in Enge Räume
gedrängt, ließen sie zu Gaßen nicht mehr breite als
Haus von Haus zu sondern und Menschen einigen
Durchgang zu lassen und übrigens war ihnen das
Waßer statt Straße, Platz, Spaziergang, genug der
Venetianer mußte eine neue Art von Geschöpf werden
und so auch Venedig nur mit sich selbst verglichen
werden kann. Wie dem grosen Canal wohl keine Straße
in der Welt sich vergleichen kann; so kann dem Raume
vor dem Markus Platz wohl auch nichts an die Seite
gesetzt werden. Den grosen Spiegel Waßer meyn ich
der an der einen Seite von dem eigentlichen Venedig
im halben Mond umsaßt ist, gegenüber die Insel
St. Giorgio hat, etwas weiter rechts die Giudecca und
ihren Canal, noch weiter Rechts die Dogana und die
Einfahrt in den Canal Grande. Ich will auf dem
Plan von Venedig den ich beylege zum Uberfluße
Linien ziehen auf die Haupt Puncte die in das Auge
fallen wenn man aus den zwey Säulen des Heil.
Markus Platzes heraustritt (NB. ich habe es unter=
laßen weil es doch kein Bild giebt).

Ich habe das alles mit einem stillen seinen Auge
betrachtet und mich dieser grosen Existenz gefreut.
Nach Tische ging ich, um Stufenweise zu schreiten,
erst zu Fuße aus und warf mich ohne Begleiter, nur
5 die Himmelsgegenden merckend ins Labyrinth der Stadt.
Man denckt sichs auch nicht ohne es gesehen zu haben.
Gewöhnlich kann man die Breite der Gasse mit aus=
gestreckten Armen entweder ganz oder beynahe messen,
in kleinern Gäßgen könnte man die Arme nicht einmal
10 ausstrecken. Es giebt breitere Strasen, aber propor=
tionirlich alle eng. Ich fand leicht den Grosen Canal
und den Ponte Rialto. es ist ein schöner groser An=
blick besonders von der Brücke herunter, da sie mit
einem Bogen gewölbt in die Höhe steigt. Der Canal
15 ist gesät voll Schiffe und wimmelt von Gondeln, be=
sonders heute da am Michaels Fest die wohlangezognen
Frauen zur Kirche wallfahrteten und sich wenigstens
übersetzen liesen. Ich habe sehr schöne Wesen begegnet.
Nachdem ich müde worden, setzt ich mich in eine
20 Gondel die engen Gassen verlaßend, und fuhr nun
den Canal grande durch, um die Insel der Heil. Clara
herum, an der grosen Lagune hin, in den Canal der
Giudecka herein, bis gegen den Markus Platz und war
nun auf einmal ein Mitherr des Adriatischen Meers,
25 wie jeder Venetianer sich fühlt, wenn er sich in seine
Goudel legt. Ich gedachte meines armen Vaters in
Ehren, der nichts besseres wußte als von diesen Dingen
zu erzählen. Es ist ein groses, respecktables Werck

verſammelter Menſchenkraft, ein herrliches Monument,
nicht Eines Befehlenden ſondern eines Volcks.
und wenn ihre Lagunen ſich nach und nach ausſüllen
und ſtincken und ihr Handel geſchwächt wird, und
ihre Macht geſuncken iſt, macht dieß mir die ganze 5
Anlage der Republick und ihr Weſen nicht um einen
Augenblick weniger ehrwürdig. Sie unterligt der Zeit
wie alles was ein erſcheinendes Daſeyn hat.

Viel, viel wollen wir darüber ſchwätzen; auch
worüber man hier nicht reden ſoll, über den Staat 10
und ſeine Geheimniße, die ich alle ohne einen Verräther,
recht gut zu wißen dencke.

Nun einige Bemerckungen nach Anleitung des Volckmanns 3. Theil.

p. 509. Die Markus Kirche muß in einem Kupfer 15
von dir geſehen werden, die Bauart iſt jeden Unſinns
werth der jemals drinne gelehrt oder getrieben worden
ſeyn mag. ich pflege mir die Façade zum Scherz als
einen koloſſalen Taſchenkrebs zu dencken. Wenigſtens
getrau ich mir irgend ein ungeheures Schaalthier nach 20
dieſen Maaßen zu bilden.

p. 513. Alte Pferde. dieſe koſtbaren Thiere ſtehen
hier, wie Schaafe die ihren Hirten verlohren haben.
Wie ſie näher zuſammen, auf einem würdigern Gebäude, vor einem Triumphwagen eines Weltbeherrſchers 25
ſtanden, mag es ein edler Anblick geweſen ſeyn. Doch
Gott ſey Danck daß der kriſtliche Eifer ſie nicht um-
geſchmolzen und Leuchter und Crucifixe draus gießen

laßen. Mögen sie doch zu Ehren des Heil. Markus hierstehn, da wir sie dem Heil. Markus schuldig sind.

515. Der herzogliche Pallast, besonders die Façade nach dem Markus Platz. Das sonderbarste
5 was der Menschen Geist glaub ich hervorgebracht hat. Mündlich mehr. Ich habe einen Einfall den ich aber auch nur für einen Einfall gebe. Ich sage, die ersten Künstler in der Baukunst scheinen die Ruinen der Alten wie sie noch halb vergraben waren nachgeahmt
10 zu haben und der Geist ihrer Nachfolger hat nun den Schutt weg geräumt und die schöne Gestalt hervor= gebracht.

Wenn du solche Säulen siehst glaubst du nicht ein Theil stecke in der Erde und doch ist der untere Gang
15 des herzoglichen Pallasts von solcher Taille.

p. 528. Saülen auf der Piazzetta.

Beyde von Granit, die eine die wohl 10 Durch= messer Höhe hat ist von rothem Granit dessen Politur und Farbe sich schön erhalten hat sie ist schlanck und
20 reitzend, daß man sich nicht satt an ihr sehen kann.

Die andre hat etwa 8 Durchmesser Höhe, mag also zur dorischen Ordnung wie jene zur kompositen ge= hören, sie ist von weißem Granit, der von der Zeit

gelitten hat und eine Art von Schaale, etwa einen
starcken Messerrücken dick, gekriegt hat, die von aussen
matt geworden ist und nun an verschiedenen orten abfällt. An der Seite der Markus Kirche nach der Pia-
zetta zu, stehen zwey kleinere Säulen von eben diesen
Steinarten angebracht, an denen man dasselbe bemerckt.

Ausser der Markuskirche habe ich noch kein Gebäude
betreten. Es giebt aussen genug zu thun, und das
Volk interessirt mich unendlich. Ich war heute lang
auf dem Fischmarkt und sah ihnen zu, wie sie mit
einer unaussprechlichen Begierde, Aufmercksamkeit, Klugheit feilschten und kauften.

So ist auch das öffentliche Wesen und Weben ihrer
Gerichts Plätze lustig. Da sitzen die Notaren rc. ieder
hat seinen Pult und schreibt, einer tritt zu ihm ihn zu
fragen, ein Schreiben aufsetzen zu lassen rc. Andre
gehn herum rc. das lebt immer mit einander und wie
nothwendig die Bettler in diesen Tableaus sind. Wir
hätten auch sonst die Odyssee nicht und die Geschichte
vom reichen Manne nicht. Ich fuhle wieder ganz entsetzlich ich kanns aber nie erwarten daß das Wort
auf dem Papier steht.

d. 30. Abends.

Wenn des Venetianers Leben angeht, zieh ich mich
nach Hause zurück um dir etwas zu sagen. Sogar
die Hausmagd warf mirs gestern vor; daß ich kein
Liebhaber vom Abendspazieren sey.

Heute hab ich wieder meinen Begriff von Venedig

ſachte erweitert. Ich habe nun den Plan, dann war
ich auf dem Markusthurm, wo ſich denn wohl dem
Auge ein einzig Schauſpiel darſtellt. Es war um
Mittag und heller Sonnenſchein daß ich ohne Per=
5 ſpecktiv Nähe und Ferne genau unterſcheiden konnte.
Die Fluth bedeckte die Lagunen.

p. 532. Uber den ſogenannten lido, einen ſchmalen
Erdſtreif der die Lagunen ſchließt, ſah ich zum erſten=
mal das Meer und einige Seegel drauf. in den
10 Lagunen liegen einige Galeeren und Fregatten die
zum Ritter Emo ſtoßen ſollen, wegen ungünſtigen
Windes aber liegen müſſen.

Die Paduaniſchen und Vicentiniſchen Berge und
das Thyroler Gebirg, ſchließen gegen Abend und Mitter=
15 nacht das Bild ganz trefflich ſchön.

Gegen Abend verlief ich mich wieder ohne Führer
in die entfernteſten Quartiere der Stadt und ſuchte
aus dieſem Labyrinthe, ohne jemand zu fragen nach
der Himmelsgegend den Ausgang. Man findet ſich
20 wohl endlich, aber es iſt ein unglaubliches Gehecke in
einander und meine Manier die beſte ſich davon recht
ſinnlich zu überzeugen, auch hab ich mir bis an die
letzte Spitze das Betragen, die Lebensart, Sitten und
Weſen der Einwohner gemerckt. Du lieber Gott was
25 für ein armes gutes Thier der Menſch iſt.

Am Ufer iſt ein angenehmer Spaziergang.

Schon die drey Tage die ich hier bin hab ich einen
geringen Kerl geſehen, der einem mehr oder wenig

grosen Auditorio Geschichten erzählt. Ich kann nichts
davon verstehen. Es lacht aber kein Mensch, manch=
mal lächelt das Auditorium, das, wie du dir dencken
kannst, meist aus der ganz niedern Classe besteht.
Auch hat er nichts auffallendes noch lächerliches in
seiner Art, vielmehr etwas sehr gesetztes und eine
Manigfaltigkeit und Precision in seinen Gebärden, die
ich erst heut Abend bemerckt habe. Ich muß ihm
noch mehr aufpassen.

Auf künftigen Montag geht Opera Buffa und
zwey Comödientheater auf. Da wollen wir uns auch
was zu gute thun. Ich hoffe es soll besser werden
als in Vicenz. Sonst kann ich dir heute nicht viel
sagen. Ausser einigem Fleis an der Iphigenie, hab
ich meine meiste Zeit auf den Palladio gewendet,
und kann nicht davon kommen. Ein guter Geist
trieb mich mit soviel Eifer das Buch zu suchen, das
ich schon vor 4 Jahren von Jagemann wollte ver=
schrieben haben, der aber dafür die neueren heraus=
gegebnen Wercke kommen ließ. Und doch auch! was
hätten sie mich geholfen, wenn ich seine Gebäude
nicht gesehn hätte? Ich sah in Verona und Vicenz
was ich mit meinen Augen ersehen konnte, in Padua
faud ich erst das Buch, jetzt studier ich's und es
fallen mir wie Schuppen von den Augen, der Nebel
geht auseinander und ich erkenne die Gegenstände.
Auch als Buch ist es ein großes Werck. Und was
das ein Mensch war! Meine Geliebte wie freut es

mich daß ich mein Leben dem Wahren gewidmet
habe, da es mir nun so leicht wird zum Grosen
überzugehen, das nur der höchste reinste Punckt des
Wahren ist.

Die Revolution, die ich voraussah und die jetzt in
mir vorgeht, ist die in jedem Künstler entstand, der
lang emsig der Natur treu gewesen und nun die
Überbleibsel des alten grosen Geists erblickte, die Seele
quoll auf und er fühlte eine innere Art von Verklärung
sein selbst, ein Gefühl von freyerem Leben, höherer
Existenz Leichtigkeit und Grazie.

Wollte Gott ich könnte meine Iphigenie noch ein
halb Jahr in Händen behalten, man sollt ihr das
mittägige Clima noch mehr anspüren.

d. 1. Oktbr. Abends 8 Uhr.

Heute komm ich später zu dir als gewöhnlich und
hätte dir doch recht viel zu sagen. Heute früh schrieb
ich lang an der Iphigenie und es ging gut von statten.
Die Tage sind sich nicht gleich und es wundert mich
daß es in dem fremden Leben noch so geht es ist aber
ein Zeichen daß ich mich noch gut besitze. Dann ging
ich nach dem Rialto und nach dem Markusplatz. Seit=
dem ich weiß daß Palladio zu einer Brücke auf diesen
Platz einen Riß gemacht hat; seitdem ich ihn in seinen
Wercken gesehen habe, sey es mir erlaubt Picks auf
den Rialto zu haben wie er jetzt steht. ich werde sie

mündlich auslegen. Dann bin ich durch einige Quartiere
gegangen und nach dem Platz und habe, da es eben
Sonntag war über die Unreinlichkeit meine Betrach=
tungen angestellt. Es ist wohl eine Art Policey in
diesem Artickel. Die Leute kehren den Quarck in die   5
Eckgen, ich sehe große Schiffe hin und wieder fahren,
auch an Orten stille liegen, die das Kehrigt mitnehmen,
leute von den Inseln umher die ihn als Mist brauchen.
Aber es ist doch unverzeihlich daß die Stadt nicht
reinlicher ist, da sie recht zur Reinlichkeit angelegt ist,   10
alle Strasen geplattet, die entfernten Quartiere selbst
wenigstens mit Backsteinen auf der hohen Kante, wo
es nötig in der Mitte ein wenig erhaben, an den
Seiten Vertiefungen um das Wasser aufzufassen und
in unterirdische Canäle zu leiten. Noch andre Vor=   15
sichten der ersten Anlage würden es unendlich erleichtern
Benedig zur reinsten Stadt zu machen, wie sie die
sonderbarste ist. Ich kounte mich nicht abhalten gleich
im Spazierengehn einen Plan dazu anzulegen.

Nach Tische studirt ich wieder im Palladio, der   20
mich sehr glücklich macht und ging alsdann mit dem
Plan der Stadt in der Hand die Kirche der Mendicanti
aufzusuchen die ich auch glücklich fand.

Die Frauenzimmer führten ein Oratorium hinter
dem Gitter auf, die Kirche war wie gewöhnlich voll   25
Zuhörer. Die Musick sehr schön und herrliche Stimmen.
Ein Alt sang den König Saul, ich habe mir diese
Stimme nicht gedacht. Einige Stellen der Musick

waren unendlich schön, der Text liegt bey, es ist so
italiänisch Latein, daß man an manchen Stellen lachen
muß; Aber der Musick ein weites Feld. Es wäre
ein trefflicher Genuß geweßen, wenn nicht der ver=
5 maledeyte Kapellmeister den Tackt, mit einer Rolle
Noten, wider das Gitter, so unverschämt geklappt
hätte, als wenn er mit Schuljungen zu thun hätte,
die er erst unterrichtete, und sie hatten das Stück oft
gemacht, es war absolut unnötig und zerstörte allen
10 Eindruck, nicht anders als wenn man mir eine schöne
Statue hinstellte und ihr Scharlachläppgen auf die
Gelencke klebte. Der Fremde Ton hebt alle Harmonie
auf und das ist ein Musicker und er hört es nicht,
oder er will vielmehr daß man seine Gegenwart am
15 Klappen vernehmen soll, da es besser wäre er liese
seinen Werth an der Vollkommenheit der Ausführung
errathen. Ich weiß, die Franzosen habens an der
Art, den Italiänern hab ich's nicht zugetraut. Und
das Publikum scheint es gewohnt.
20 · Ich habe auch darüber speculirt und einige Ge=
dancken, die ich wenn ich sie mehr bestätigt finde dir
mittheilen werde.
Morgen will ich anfangen einiges zu besehn. Ich
bin nun mit dem Ganzen bekannt, das einzelne wird
25 mich nicht mehr confuß machen, und ich werde ein
sichres Bild von Venedig mit fortnehmen. Heut hat
mich zum erstenmal ein seiler Schatz bey hellem Tage
in einem Gäßgen beym Rialto angeredet.

Heute Abend war herrlicher Mondschein. Ein Ge=
witter kam übers Meer von Südost, also von den
dalmatischen Gebürgen, wetterleuchtete, zog am Mond
vorbey zertheilte sich und ging nach dem Thyroler Ge=
birg, das ist also immer der selbige Wind der alle 5
Mittägiger entstehende Wolcken nach dem deutschen
Gebirg wirft und euch in Norden vielleicht Übel
bringt. Doch hab ich gute Hofnung für euch, die Ge=
birge sind meist klar.

Einige Striche hab ich auf grau Papier gemacht 10
von dieses Abends Erscheinung auf dem Wasser.

Lebe wohl. Abends fühl ich mich denn doch müde.
Du nimmst auch wohl mit dem guten Willen vorlieb,
wenn ich auch nicht viel klugs vorbringe.

                    d. 2. Oktbr. Abends.   15
Eh ich zur Oper gehe ein Wort.

p. 569. St. Giorgio ein schönes Andencken von
Palladio ob er gleich da nicht sowohl seinem Geiste
als dem Geiste des Orts nachgesehn.

p. 566. Carita. Ich fand in des Palladio Wercken 20
daß er hier ein Gebäude angegeben, an welchem er die
Privat Wohnungen der Alten, versteht sich des höhern
Standes nachzuahmen sich vorgesetzt. Ich eilte mit
dem größten Verlangen hin aber ach! es ist kaum
den 10. Theil ausgeführt. Doch auch dieser Theil 25
seines himmlischen Genius werth. Eine Vollkommen=
heit in der Anlage und eine Akkuratesse in der Aus=
führung die ich noch gar nicht kannte. auch im Me=

chanischen da der meiste Theil von Backsteinen (wie
ich zwar mehr gesehen habe) aufgeführt ist, eine kost=
bare Präcision. Ich habe heut nach seinen Wercken
gezeichnet und will mir ihn recht herzlich eigen machen.

5   p. 530. Bibliotheck vielmehr Antickensaal, der
voraus geht, kostbare Sachen. Ein Gewand einer Mi=
nerva, einer Cleopatra; ich sage Gewand weil meine
Gedancken die Restauration der Köpfe und Arme gleich
wieder wegschlagen. Ein Ganimed der von Phidias
10 seyn soll und eine berühmte Leda. auch nur Stücke,
erstes gut, das zweyte mäsig restaurirt, aber von hohem
sinnlichen Sinn.

Die Carita kann ich nicht vergessen. auch hat er
eine Treppe angebracht die er selbst lobt und die
15 würcklich gar sehr schön ist.

d. 3. Oktbr.

Gestern Abend Oper a St. Moisé. Nichts recht
erfreuliches. Es fehlte dem Poem, der Musick, den
Ackteurs eine innere Energie, die allein die Sachen
20 auf den höchsten Punckt treiben kann. Es war alles
nicht schlecht, aber auch nur die zwey Weiber liesen
sichs angelegen seyn, nicht sowohl gut zu agiren, als
sich zu produciren und zu gefallen. Das ist denn
immer etwas. Es sind schöne Figuren gute Stimmen,
25 artig munter und gätlich. Unter den Männern ist
auch dagegen gar nichts von innerer Gewalt und Lust
dem Publiko was aufzuhesten. Auch keine decidirt
brillante Stimme.

Das Ballet von elender Erfindung, ward auch aus=
gepfiffen. Einige herrliche Springer — und Springe=
rinnen, welche letztere sichs recht zur Pflicht rechnen,
das Publikum mit jedem schönen Theile ihres Körpers
bekannt zu machen.

Heut hab ich dagegen eine andre Commödie gesehen,
die mich mehr gefreut hat. Im herzoglichen Pallast,
pläidiren zu hören.

Es war eine wichtige Sache und wurde, auch zu
meinen Gunsten, in den Ferien verhandelt.

Der eine Advokate der sprach, war alles was ein
Buffo caricato nur seyn sollte. Figur: dick kurz doch
beweglich. Ein ungeheuer vorspringendes Profil. Eine
Stimme wie Erz und eine Hefftigkeit, als wenn es
ihm im tiefsten Grund des Herzens Ernst wäre was
er sagte. Ich nenn es eine Commödie, weil alles
wahrscheinlich schon fertig ist, wenn diese öffentliche
Producktion geschieht und die Richter auch schon wissen
was sie sprechen wollen. Indeß hat diese Art un=
endlich viel gutes gegen unsre Stuben und Canzley=
hockereyen. Von den Umständen und wie artig ohne
Prunck, wie natürlich alles geschieht mündlich.

　　　　　　　　　　　　　　　　Abends.

Viel gesehn. Wenig Worte zum Andencken.

p. 565. I Scalzi, Marmor genug und nicht auf
die schlimmste Weise zusammengesetzt; aber nichts von
dem hohen Geiste der sich allein in dem unnachahm=
lichen Maas, Ordnung, Harmonie spüren läßt.

566. La Salute. das mittelste Gefäß worauf der
Dom ruht als Höhe und Breite nicht zu verachten.
Aber das Ganze bis in's einzelne Muster über Muster
eines schlechten Geschmacks, eine Kirche die Werth ist
5 daß Wunder drinne geschehn.

567. Hochzeit zu Kana. Ein Bild das man aus
Kupfern kennt und da schon reitzend ist. Herrliche
Frauensköpfe und der abgeschmackte Gegenstand eines
langen Tisches mit Gästen gar edel behandelt. Die
10 Deckenstücke von Titian sind zu Deckenstücken sehr toll
gewählte Gegenstände; doch schön und herrlich aus=
geführt.

Isaac, den der Vater beym Schopfe hat, sieht mit
niederhängenden Haaren, gar artig gewendet herunter.
15 David, nachdem Goliath liegt, faltet die Hände gar
leicht und frey gen Himmel ꝛc.

p. 577. Il Redentore. Ein schönes grofes Werd
von Palladio.

Die façade viel lobenswürdiger als die von St.
20 Giorgio. Es sind diese Wercke in Kupfer gestochen,
wir wollen darüber reden. Nur ein allgemeines Wort.
Palladio war so von der Existenz der Alten durch=
drungen und fühlte die Kleinheit und Enge seiner
Zeit, in die er gekommen war, wie ein grofer Mensch,
25 der sich nicht hingeben, sondern das Ubrige soviel als
möglich nach seinen edlen Begriffen umbilden will.
So war er unzufrieden, wie ich aus gelinder Wen=
dung seines Buch's schließe, daß man bey den Krist=

lichen Kirchen auf der Form der alten Bafiliken fort=
baute, er fuchte die feinigen der Form der alten
Tempel zu nähern.   Daher entstanden gewiße Un=
fchicklichkeiten die mir bey St. Redentor fehr glücklich
überwunden, bey St. Giorgio aber zu auffallend ₅
fcheinen.   Volkmann fagt etwas davon er trifft aber
den Nagel nicht auf den Kopf.

Inwendig ist St. Redentor auch ganz köstlich. es
ist alles, auch die Zeichnung der Altäre von Palladio.
Nur die Nifchen die mit Statuen ausgefüllt werden ₁₀
follten prangen mit ausholzausgefchnittnen Gemahlten
Figuren.

Dem Hl. Franziskus zu Ehren hatten die PP.
Capuciner einen Seiten Altar mächtig ausgeputzt.
Man fah nichts vom Stein als die Corinthifchen ₁₅
Kapitäle.   Alles übrige fchien mit einer Gefchmack=
vollen, prächtigen Stickerey, nach art der Arabescken,
überzogen und war das artigste was ich in der Art
gefehen hatte.   Befonders wunderte ich mich über die
breite goldgestickte Rancken und Laubwerck. Ich ging ₂₀
näher und fand einen recht hübfchen Betrug. Alles
was ich für Gold gehalten hatte war breitgedrucktes
Stroh, in fchönen Deffeins auf Papier geklebt und der
Grund mit lebhaften Farben angestrichen, und das
fo manigfaltig und Artig, daß diefer Spaß, der an ₂₅
Material keinen Thaler werth war, und den wahr=
fcheinlich einige unter ihnen felbst umfonst ausgeführt
haben, mehrere Taufend Thaler müßte gekoftet haben

wenn er hätte ächt sein sollen. Man kann es ge=
legentlich nachmachen. Einen Fehler im weißen und
anstreichen der Kirchen bemercke ich hier, nur um zu
gedencken.

5   573. Gesuati. eine wahre Jesuitenkirche. Muntre
Gemählde von Tiepolo. An den Deckenstücken sieht
man an einigen liebenswürdigen Heiligen mehr als
die Waden, wenn mich mein Perspecktiv nicht trügt.
Das von Volckmann angeführte Bild ist ein alberner
10 Gegenstand; aber recht schön ausgeführt.

Vom Herzoglichen Pallast den ich heute früh sah
sollt ich noch mehr sagen. Vielleicht morgen. Es ist
alles im Flug geschossen wie du siehst. Aber es bleibt
in einem seinen Aug und Herzen.

15   d. 4. Oktbr. Mittag.

Es hat heute geregnet und ich habe die Zeit gleich
angewendet an der Iphigenie zu schreiben. Nun der
Geliebten einige Worte.

Gestern war ich in der Kommödie Theatro S. Luca,
20 die mir viel Freude gemacht hat. Ein extemporirtes
Stück in Masken, mit Viel Naturel, Energie, und
Bravheit ausgeführt. Sie sind nicht gleich. Der
Pantalon ist recht brav, und die eine Frau die der
Gräfin Lanthieri sehr ähnlich sieht, keine grose Acktrice
25 aber spricht exzellent und weis sich zu betragen. Ein
tolles Sujet, das mit unglaublicher Abwechslung gern
3 Stunden unterhielt. Doch ist immer wieder das
Volck die Base worauf das alles steht. Das Ganze

machts, nicht das einzelne. Auf dem Platz und am
Ufer und auf den Gondeln und im Pallaft. Der
Käufer und Verkäufer, der Bettler der Schiffer die
Nachbarinn, der Advokate und sein Gegner alles lebt
und treibt und läßt sichs angelegen sehn und spricht 5
und betheuert und schreyt und bietet aus und singt
und schilt und flucht und lärmt. Und abends gehn
sie in's Theater und sehn und hören das Leben ihres
Tags, nur künstlich zusammengestellt, artiger ausgeftutzt
mit Mährgen durchflochten 2c. und freuen sich kindisch 10
und schreyen wieder und klatschen und lärmen. es ist
alles von Nacht zu Nacht, ja von Mitternacht zu
Mitternacht immer dasselbe.

Ich habe nicht leicht natürlicher agiren sehn, als diese
Masken, aber ein ausgezeichnetes glückliches Naturell. 15

Da ich das schreibe ist ein Lärm auf dem Canal
unter meinem Fenster, der bis nach Mitternacht an=
hält. Sie haben im Guten und Bösen immer etwas
zusammen.

In dem Hause Farsetti ist eine kostbare Sammlung 20
von Abgüßen der besten Antiken. Ich schweige von
denen die ich von Mannheim her und sonst kannte,
und erwähne nur neuer Bekanntschafften: Der Cleopatra
die kolossalisch ruht, den Aspis auf den Arm gebunden
hat, und in den Todt hinüberschläft. Der Mutter 25
Niobe, die ihre jüngste Tochter mit dem Mantel vor
den Pfeilen des Apolls deckt, Einiger Gladiatoren,
eines in seinen Flügeln ruhenden Amors, eines sitzen=

den und stehenden Mars, es sind Wercke an denen
sich Jahrtausende die Welt freuen kann und erschöpft
den Werth des Künstlers nicht. Auch sehr schöne Büsten.
Ich fühle nur auch jetzt wie weit ich in diesen Kennt=
5 nißen zurück bin, doch es wird rücken, wenigstens
weiß ich den Weg. Palladius hat mir ihn auch dazu
und zu aller Kunst und Leben geöffnet. Es klingt
das vielleicht ein wenig wunderlich, aber doch nicht
so paradox, als wenn Jakob Böhme bey Erblickung
10 einer zinnernen Schüssel über das Universum erleuchtet
wurde.

Komm ich zurück und du bist mir hold; so sollst
du auch meine Geheimniße wißen.

Auch steht in dieser Sammlung ein Abguß eines
15 Stücks der Friese und des Carnises vom Tempel des
Antonins und der Faustina wovon ich, dir eine flüch=
tige Idee zu geben, aus den Wercken des Palladius
die Formen leicht durchzeichnen will. Obgleich in
keiner Zeichnung die vorspringende Gegenwart der
20 Architectur erreicht wird. Dies ist ohnedies nur ein
armes Bildchen (Ich hab es weggelaßen es war gar
nichts).

Morgen Donnerstag spielt die Truppe, zu St. Luca
nach der Anzeige eine Art historisches Stück. Sonn=
25 abend ist solenne Messe bey der Hl. Justina welcher
der Doge beywohnt, den ich dann auch in Pontifikalibus
mit dem Adel sehen werde. Sonntag ist der Weihe Tag
der Markuskirche wo er auch wieder erscheint. Bis

dahin wollen wir fehn was uns an der Iphigenie
und den Venetianischen Merckwürdigkeiten zu sehen
noch übrig bleibt.

p. 523. Paradies von Tintoret. Auch eine Ver=
herrlichung der Mutter Gottes. Aber reicht nicht an
Geist an jenes in der Casa Bevi l'aqua zu Verona.
Eine Bemerckung glaube ich zu machen daß Tintoretten
kleinere Figuren beßer geriethen als große. daß er da
ganz der Grazie und Leichtigkeit seiner Natur sich
überlaßen konnte und daß ein größer Maas ihn
genirte.

auch in diesem Paradies sind die Figuren gröser
und das Bild ist immer von ihm, aber iener Glanz
des Geistes wird hier vergebens gesucht. Auch hat er
jenes gewiß jung gemahlt, wie ich aus allem und der
reitzenden Eva schliese, dieses im Alter. Eva ist ganz
versteckt.

Die übrigen Gemählde im Pallast hab ich alle
gesehn und mir sie erklären laßen, und habe wenigstens
ein Bild in der Seele vom ganzen und von den
merckwürdigsten Gegenständen.

Ich habe jetzt einen Lohnbedienten. Einen treff=
lichen Alten. Einen Teutschen — der mir täglich
was er mich kostet erspart. Er ist mit Herrschafften
durch ganz Italien gegangen und weis alles recht gut.
Er dressirt die Italiäner, auf die rechte Weise. So
giebt er z. E. genau das wenigste Trinckgeld an jedem
Orte, ich muß überall für einen Kaufmann passiren.

Er zanckte sich mit einem Gondolier um 10 Solbi,
mit einem ungeheuren Lärm, und der Gondolier hatte
noch dazu Recht. · Er nimmt aber keine Notiz, heut
im Arsenal hat ers eben so gemacht. Er sieht ohn=
5 gefähr aus wie Wende, hat auch die Manieren. Es
ist mir lieb, daß ich die ersten Tage allein war und
lieb daß ich ihn nun habe.

Es war mir die Lust angekommen mir einen Tabarro
mit den Apartinentien anzuschaffen, denn man lauft
10 schon in der Maske. Hernach dauerte mich aber das
Geld und bin ich ihnen nicht schon Maske genug? ich
will mir dafür einen Vitruv kaufen und mir eine
Freude bereiten die auch außer Venedig und dem
Carneval dauert.

15   Abends.

Ich bin recht gut gewöhnt, wenn es Nacht schlägt
geh ich nach Hause. Der lärmige Platz wird mir
einsam und ich suche dich. Nun einiges.

Ich habe nun öffentlich reden hören:

20   1) 3 Kerls auf dem Platz nach ihrer Art Geschichten
erzählend.

2) 2 Prediger.

3) 2 Sachwalter.

4) Die Commödianten, besonders den Pantalon.

25 alle haben etwas gemeines, sowohl weil sie von
Einer Nation sind, die beständig im Leben und sprechen
begriffen ist, als auch weil sie sich unter einander nach=
ahmen. Sie haben gewiße Lieblings Gesten, die ich

mir mercken will, und überhaupt üb' ich mich sie
nachzumachen und will euch in dieser Art Geschichten
erzählen, wenn ich zurückkomme ob sie gleich mit der
Sprache vieles von ihrer Originalität verliehren, auch
liegt die Figur des einen Advocaten bey, die viel unter 5
der Carikatur des Originals ist.

Heute am Fest des Heil. Franciskus war ich in
seiner Kirche Francesco alle vigne. Des Kapuciners
laute Stimme, ward von denen Verkäufern vor der
Kirche mit ihrem Geschrey, gleichsam als einer Anti= 10
phone, accompagnirt, ich stand zwischen beyden und
es nahm sich gut aus. Diese Kirche ist auch von
Palladio auf eine alte gepfropft, und die sonderbaren
Widersprüche, deren ich gestern gedachte, zeigen sich auch
hier. Ich bin voll Verlangen das alles in der Folge 15
näher zu studiren.

Heut Abend will ich in das Theater St. Chryso-
stomo wo sie Comödien, aus dem Französchen über=
setzt, spielen, ich will auch sehn, was das thut.

p. 520. in einem Zimmer neben der Sala del Con- 20
siglio di Dieci welches auch diesem fürchterlichen
Tribunal gehört hängt ein köstlicher Albrecht Dürer
gegen einem Raphael über; als ich den ersten betrachtete,
kam aus dem Nebenzimmer einer der Avogadoren
heraus, eine ungeheure Figur, in seiner Kleidung wohl 25
anzusehn und meine Begleiter neigten sich fast zur
Erden. Er rief jemanden und war sonst ganz leut=
seelig, ging wie er gekommen war. Man ließ mich

auch einen Blick in das Zimmer thun, wo die 3 Staats
Inquisitoren zusammenkommen, daß ich doch also
auch weis wie es darinn aussieht. Mich freut nur
wie man meine Vögel in Ordnung hält.

p. 547.   d. 5. Nach Tische.

Heute früh war ich im Arsenal und mir inter=
essant genug, da ich noch kein Seewesen kenne und
also auch hier gleichsam die uutre Schule besucht habe.
Denn freylich sieht es hier sehr nach einer alten Familie
aus, die sich noch rührt aber wo die Blüte und die
beste Zeit der Früchte vorüber ist.

Da ich auch den Handwerckern nachgehe, hab
ich manches merckwürdige gesehn. Ein Schiff von
84 Canonen dessen Gerippe fertig steht hab ich be=
stiegen.

Ein gleiches ist vor sechs Monaten, ganz fertig,
ausgerüstet, an der Riva de Schiavoni, bis auf's Wasser
verbrannt. Die Pulverkammer war nicht sehr gefüllt
und da sie sprang that es keinen grosen Schaden.
Die benachbarten Haüser büsten ihre Scheiben ein.

Schönes Eichen Holz aus Istrien hab ich verarbeiten
sehn. Ich kann nicht genug sagen, was mir meine
sauer erworbnen Kenntniße der natürlichen Dinge die
doch der Mensch als Materialien braucht und zu seinem
Nutzen verwendet überall helfen und mir die Sachen
aufklären. So ist mir die Mineralogische und Orykto=
logische Kenntniß der Steine ein großer Vorsprung
in der Baukunst.

Auf dieser Reise hoff ich will ich mein Gemüth
über die schönen Künste beruhigen, ihr heilig Bild
mir recht in die Seele prägen und zum stillen Genuß
bewahren.　Dann aber mich zu den Handwerckern
wenden, und wenn ich zurückkomme, Chymie und Mecha= 5
nik studiren.　Denn die Zeit des Schönen ist vorüber,
nur die Noth und das strenge Bedürfniß erfordern
unsre Tage.

Ich habe schon Vorgedancken und Vorgefühle über
das Wiederaufleben der Künste in Italien, in der 10
mittlern Zeit, und wie auch diese Asträa wieder bald
die Erde verlies und wie das alles zusammenhängt.
Wie mir die Römische Geschichte entgegensteigt! Schade
schade meine Geliebte! alles ein wenig spät.　O daß
ich nicht einen klugen Engländer zum Vater gehabt 15
habe, daß ich das alles allein, ganz allein habe er=
werben und erobern müssen, und noch muß.

Es regnet und ich sitze am Camin. wann werd
ich dir an dem Meinigen wieder Thee vorsetzen.

Da ich dir Caffee von Alexandrien versprach, 20
dachtest du wohl nicht daß ich ihn selbst in Venedig
hohlen würde.　Ich habe schon an verschiednen Orten
gefragt und durch Kundige fragen laßen, noch aber
trau ich nicht, ich muß ganz gewiß seyn.　Der welchen
ich gesehen, sollten 7 ℔ einen Dukaten gelten, das 25
wäre nicht viel.　Freylich macht der Transport bis
in das mittelländische Thüringen noch etwas aus,
genug aber du sollst dessen haben.

Gestern bin ich nicht nach meinem Vorsatz in die Commödie gekommen. Heut hoff ich eine Tragödie zu sehn und bin recht neugierig darauf.

Mit der Baukunst geht es täglich besser. Wenn man ins Wasser kommt lernt man schwimmen. Ich habe mir nun auch die Ordnungen der Säulen rational gemacht und kann das Warum meist schon angeben. Nun behalt ich auch die Maaße und Verhältniße die mir als blos Gedächtnißwerck immer unbegreiflich und unbehaltbar blieben.

Ein Wort vom Bucentaur. Es ist eine Pracht Galeere. Aber ein schöner Gedancke und gut ausgeführt. Ich komme immer auf mein altes zurück: wenn der Künstler einen ächten Gegenstand hat; so kann er etwas ächtes machen. Hier war die Aufgabe eine Galeere zu machen die werth wäre die Häupter einer Republick, an dem feyrlichsten Tage zum Sakramente ihrer althergebrachten Herrschafft zu tragen. Und es ist brav ausgeführt. Ganz Zierath! Also darf man nicht sagen mit Zierrath überladen. Ganz Schnitzwerck und verguldet, sonst zu keinem Gebrauch, eine wahre Monstranz um dem Volck seine Häupter recht herrlich zu zeigen. Und wir wissen daß das Volck, wie es gern seine Hüte schmückt, auch seine Obern gerne herrlich und geputzt sieht. Es ist ein rechtes Familienstück, woran man sehn kann was die Venetianer waren und sich zu sehn dünckten.

Ich schreibe dir so alles hin daß ich nicht viel zu

erzählen haben werde. Wohl kann ich sagen daß ich
keinen Gedancken, der mir nur werth dünckt gehabt
habe, ohne ihn wenigstens mit einigen Worten an=
zuzeigen. Da es noch nicht Kommödien Zeit ist ein
Wort von Palladio das an die gestrigen paßt. Ich
habe an seinen ausgeführten Wercken, besonders den
Kirchen, manches tadelnswürdige gesehn, neben dem
Größten, so daß es mir war als wenn er dabey stünde
und mir sagte: das und das hab ich wider willen ge=
macht, aber doch gemacht, weil ich nur auf diese Weise
unter diesen gegebnen Umständen meiner höchsten Idee
am nächsten kommen konnte.

Es scheint mir er habe bey Betrachtung eines
Platzes, einer Höhe und Breite, einer schon stehenden
Kirche, eines älteren Hauses, wozu er Façaden er=
richten sollte, nur überlegt: wie bringst du hier das
Ganze in die größte Form, im einzelnen mußt du
eins und das andere verpfuschen, da oder dort wird
eine Inkongruität entstehen, aber das mag seyn, das
Gantze wird einen hohen Styl haben und du wirst
dir zur Freude arbeiten. und so hat er das große
Bild was er in der Seele hatte auch dahin gebracht
wo es nicht ganz paßte, wo er es zerstücken und ver=
stümmeln mußte. Drum ist mir der Flügel in der
Carita so werth, weil er da ganz seinem Geiste ge=
folgt ist. Wäre es fertig; so würde vielleicht kein
vollkommner Stück Baukunst jetzt auf der Welt
existiren.

Dieses (nämlich wie er gedacht und wie er ge=
arbeitet) wird mir immer klärer, jemehr ich seine
Wercke lese, oder vielmehr sehe wie er die Alten be=
handelt. Denn er macht wenig Worte sie sind aber
alle gewichtig. Es ist das vierte Buch von Antiken
Tempeln, das eine rechte Einleitung ist Rom mit Sinn
zu sehen.

Recht merckwürdig ist wie andre Baumeister vor
und nach ihm, an diesen Schwürigkeiten gekaut haben
und wie diese sich mit einer goldnen Mittelmäsigkeit
aus der Sache gezogen haben. Ich will das alles noch
besser faßen wenn ich nur erst die untern Claßen
durchlaufen habe.

Nachts.

Ich komme noch lachend aus der Tragödie auf
meine Stube und erzähle dirs vor Schlafengehn. Das
Stück war nicht schlimm. Der Verfaßer hatte alle
tragische Matadors zusammengesteckt und die Schau=
spieler hatten gut spielen. Die meisten Situationen
waren bekannt, einige aber neuer und ganz glücklich.
Zuletzt blieb nichts übrig als daß die behden Väter
sich erstachen, welches auch glücklich vonstatten ging.
Worauf unter grosem Händeklatschen der Vorhang fiel.
Aber das Klatschen vermehrte sich nur, es ward fuora
gerufen und endlich bequemten sich die zweh Haupt=
paare, hinter dem Vorhang hervorzukriechen, ihre
Bücklinge zu machen und auf der andern Seite wieder
abzugehn. Das Publikum war noch nicht befriedigt,

ſondern klatſchte ſort und rieſ: i morti! — das dauerte
ſo lang biß die zwey Alten auch herauskamen und
ſich bückten, da denn einige Stimmen rieſen: bravi i
morti! Es wurde ihnen viel geklatſcht und ſie gingen
ab. Es verliert dieſe Poße viel wenn man nicht das   5
bravo! bravi! das die Italiäner immer im Munde
haben, ſo in den Ohren hat wie ich, und dann auf
einmal auch ſo gar die Todten mit dieſem Ehrenwort
anruſen hört. Ich habe recht innerlich gelacht. Gute
Nacht! Felicissima notte! ſagt der Italiäner.   10

d. 6. früh.

Die Tragödie geſtern hat mich manches gelehrt.
Erſtlich hab ich gehört wie die Italiäner ihre Eilf=
ſylbige Jamben behandeln und deklamiren. Dann hab
ich geſehen wie klug Gozzi die Masken mit den Tragi=   15
ſchen Figuren verbunden hat. Das iſt das eigentliche
Schauſpiel für dieß Volck. Denn es will auf eine
krude Weiße gerührt ſeyn. Es nimmt keinen innigen
zärtlichen Antheil am Unglücklichen, wie mich dünckt,
es freut ſie nur wenn der Held gut ſpricht, denn aufs   20
reden halten ſie viel, dann wollen ſie wieder lachen,
oder was albernes vornehmen.

Luſtig wars, als der Thrann ſeinem Sohn das
Schwerdt gab und forderte daß dieſer ſeine eigne Ge=
mahlinn umbringen ſolle, die gegenwärtig war, das   25
Volck fing laut an ſein Mißvergnügen über dieſe Haud=
lung zu zeigen und es fehlte nicht viel, ſo wäre das
Stück unterbrochen worden, und ſie hätten verlangt

der Alte solle seinen Degen zurücknehmen. Da denn
die ganze Entwicklung wäre zu Grunde gegangen. Es
war auch würcklich besonders unter den Umständen
eine a͡be͡ne, unnatürliche Situation und das Volck
5 fühlte es gleich.

Ich verstehe auch jetzt besser die langen Reden und
das Dissertiren pro und contra in den Griechischen
Trauerspielen. Die Athenienser hörten noch lieber
reden, und verstanden sich noch besser darauf als die
10 Italiäner, und von den Gerichtsstellen wo sie des
ganzen Tags lagen lernten sie was.

Nachmittags.

Ich fuhr heute früh mit meinem alten Schutzgeiste,
al lido, einer Erdzunge die die Lagunen schließt und
15 vom Meer absondert. Wir stiegen aus und gingen
queer über die Zunge, ich hörte ein starckes Geräusch
es war das Meer, und ich sah es bald. Es ging hoch
gegen das Ufer indem es sich zurückzog, denn es war
um Mittag, Zeit der Ebbe. So hab ich auch das
20 mit Augen gesehn und bin auf der schönen Tenne die
es weichend zurückläßt ihm nachgegangen. Da hätte
ich mir die Kinder gewünscht um der Muscheln willen.
Ich habe selbst kindisch ihrer genug aufgelesen, beson=
ders da ich sie zu einem Gebrauch widme.

25 Es wird der Dintenfisch hier viel gegeßen, ich habe
mir von der schwarzen Feuchtigkeit geben laßen und
will ihrer noch mehr nehmen. Diese laß ich in den
Muscheln eintrocknen und schicke sie dir, Du brauchst

davon und hebst mir auf, ich bringe dessen zusammen
soviel ich will. Die Farbe ist ganz schwarz, mit Wasser
vermischt ein wenig grißelich, wird aber mit Bister
gut thun. Man muß nun versuchen und ich will
mich erkundigen ob sonst noch etwas dabey zu be=
dencken und zu thun ist.

Auf dem Lido nicht weit vom Meer liegen Eng=
länder und weiter hin Juden begraben, die in ge=
weihtem Boden nicht ruhen sollen. Ich fand das Grab
des edlen Consul Smith, und seiner ersten Frauen,
ich bin ihm mein Exemplar des Palladio schuldig und
danckte ihm auf seinem ungeweihten Grabe dafür.

Das Meer ist ein großer Anblick. Ich will doch
sehn eine Fahrt in einem Fischer Kahn hinauszuthun.

Abends.

Ich bin recht glücklich und vergnügt seit mir
Minerva in Gestalt des alten Lohnbedienten zur Seite
steht und geht. Solche Präcision in allem, solche
Schärfe der Ersparniß hab ich nicht gesehn. Immer
den nächsten Weg, immer den geringsten Preis, immer
das Beste dessen was gesucht wird. Wäre es meiner
Bestimmung gemäß nur ein Vierteljahr hier zu bleiben,
daß ich Venetianische Geschichte lesen, in Bekannt=
schafften nur wenig steigen könnte. Mit meiner Art
die Sachen zu sehn; Mit diesem redlichen Spion wollt
ich ein braves Bild von Venedig in die Seele faßen.

Am Meere hab ich heut verschiedne Pflanzen ge=
funden, deren ähnlicher Character mir ihre Eigen=

schafften näher hat kennen laßen. Sie sind alle zu=
gleich mastig und streng, saftig und zäh und es ist
offenbar daß das alte Salz des Sandbodens, mehr
aber die Salzige Luft ihnen diese Eigenschafft giebt.
5 Sie strotzen von Säften wie Waßerpflanzen, sie sind
fest, zäh, wie Bergpflanzen. Wenn ihre Blätter En=
den zu Stacheln incliniren wie bey Disteln sind sie
gewaltig spitz und starck. Ich fand einen solchen
Busch Blätter, es schien mir unser unschuldiger Huf=
10 lattich, hier aber mit scharfen Waffen bewaffnet und
das Blat wie Leder, ich habe etwas eingelegt. (Eryn-
gium maritimum.)

So auch die Samenkapseln, die Stiele alles mastig
und fest. Die Binsen spiz und steif daß sie wohl
15 stechen. Einige Schwammarten, Insecktengehäuse faud
ich ausgeworfen. Wie wohl wird mir's daß das nun
Welt und Natur wird und aufhört Cabinet zu
sehn.

Mit Freuden seh ich nun jeder Känntniß entgegen,
20 die mir von da und dort zunickt und ich werde gern
zu den Büchern wiederkehren.

Der Fischmarckt und die vielen Seeproduckte machen
mir Vergnügen ich gehe offt drüber und beleuchte die
unglücklich aufgehaschten Meersbewohner.

25 Heut früh sah ich auch des Doge Zimmer, wo
sein Portrait hängt, ein schöner, wohl und gutmütig
gebildeter Mann.

Auch ein Bild von Titian. köstlichen Pinsels, aber
sonst nichts rühmenswerthes.

Die Pferde auf der Markuskirche in der Nähe.
Treffliche Gestalten! Ich hatte von unten auf leicht
bemerckt, daß sie fleckig waren, theils einen schönen 5
gelben Metallglanz hatten, theils kupfergrünlich an=
gelaufen. In der Nähe sieht und erfährt man daß
sie ganz verguldet waren und sieht sie über und über
mit Striemen bedeckt, da die Barbaren das Gold nicht
abfeilen sondern abhauen wollen. Auch das ist gut, 10
so ist wenigstens die Gestalt geblieben. Ein herrlicher
Zug Pferde. Ich möchte einen rechten Pferdekenner
darüber reden hören.

Was mir sonderbar scheint ist daß sie oben schwerer
und unten vom Platze, leicht wie die Hirsche aussehen, 15
doch läßt sichs auch erklären.

Die Kuppeln und Gewölbe nebst ihren Seitenflächen
der Markuskirche sind bunte Figuren auf goldnem
Grunde alles Mosaische Arbeit. Einige sind recht gut,
andre geringe, ie nach dem die Meister waren, die den 20
Carton machten und die Künstler die ihn ausführten.
Es fiel mir recht auf daß doch alles auf die erste
Erfindung ankommt, daß die das rechte Maas und
den wahren Geist habe, da man mit viereckten Stückgen
Glas, und hier nicht einmal auf die sauberste Weise, 25
das gute sowohl als das schlechte nachbilden kan.
Diese Kunst ist wie du weißt jetzt sehr hoch hinauf=
getrieben.

d. 7. früh.

Heute hab ich keinen Vers an der Iphigenie her=
vorbringen können, darum will ich dir gleich schreiben
damit ich doch meine erste Tageszeit gut anwende.

5 Gestern Nacht sah ich Electra von Crebillon auf
dem Theater St. Crisostomo. versteht sich übersetzt.
Was mir das Stück abgeschmackt vorkam und wie es
mir fürchterliche Langeweile machte, kann ich nicht
sagen. Die Ackteurs sind übrigens brav und das
10 Publikum mit einzelnen Stellen abzuspeisen. Orest
hat allein drey verschiedne Erzählungen (poetisch auf=
gestutzt) in Einer Scene, und zuletzt wird er zum
rasendwerden rasend. Die Electra ist wie die Bech=
tolsheim, nur gröser, stärcker, hat einen guten An=
15 stand, spricht die Verse schön nur immer von Anfang
bis gegen das Ende toll, wie es leider die Rolle ver=
langte. Indessen hab ich doch wieder gelernt. Der
Italiänische immer eilfsilbige Jamb hat grose Unbe=
quemlichkeiten in der Deklamation, weil die letzte
20 Sylbe immer kurz ist und also Widerwillen des
Deklamators immer in die Höhe schlägt. Auch hab
ich mir überlegt, daß ich mit dieser Truppe und vor
diesem Volcke, wohl meine Iphigenie spielen wollte,
nur würd ich eins und das andre verändern, wie ich
25 überhaupt hätte thun müssen, wenn ich sie auch un=
sern Theatern, und unserm Publiko hätte näher
bringen wollen.

Aber ach. Es scheint daß der letzte Funcken von

18*

Anhänglichkeit ans Theater ausgelöscht werden soll.
Du glaubst nicht, wie mir das alles so gar leer, so
gar nichts wird. Auch fang ich nun an zu begreifen
wie Euripides von der reinen Kunst seiner Vorfahren
herunter stieg und den unglaublichen Beyfall erhielt. 5
Man muß nur sehen, wenn man Augen hat. und
alles entwickelt sich.

Abends.

Wenn ich dir nicht zu erzählen hätte, ich wäre
nicht nach Hause gegangen. Der Vollmond, an einem 10
ganz reinen Himmel, über den Lagunen, den Inseln,
der sonderbaren Stadt, macht ein Herrliches Schauspiel,
der Platz sieht wie eine seltsame Operndekoration aus
und alles ist voll Menschen.

Nun in der Ordnung. 15

Heut früh war ich bey dem hohen Amte das der
Doge, an diesem Tage, wegen eines alten Türcken
Sieges, abwarten muß. Es ward in der Kirche der
heil. Justina gehalten.

Wenn die vergoldeten Barcken ankommen, die ihn 20
und einen Theil des Adels bringen, die seltsam be=
kleideten Schiffer sich mit ihren rothen Rudern be=
mühen, am Ufer die Geistlichkeit, die Brüderschafften
mit denen hohen auf Stangen und tragbaren langen
silbernen Leuchtern gesteckten Wachskerzen stehen und 25
drängen und warten, und die langen Violeten Kleider
der Savii, dann die langen rothen der Senatoren auf=
treten und endlich der Alte im langen goldnen Talar

mit dem Hermelin Mantel aussteigt, drey sich seiner Schleppe bemächtigen, und dann wieder soviel Nobili folgen, alles vor dem Portal einer Kirche, vor deren Thüre die Türckenfahnen gehalten werden; so glaubt man aufeinmal eine alte Gestickte Tapete zu sehn, aber eine recht gut gezeichnete Tapete.

Mir nordischen Flüchtling hat diese Cärimonie viel Freude gemacht. Bey uns, wo alle Feyerlichkeiten kurzröckig sind, und wo die grösten, die man sich deucken kann, mit dem Gewehr auf der Schulter begangen werden, mögte so etwas nicht am Orte seyn: aber hierher gehören diese Schleppröcke und diese friedliche Begehungen. Der Doge ist ein gar schön gewachsner und schön gebildeter Mann. Man sieht ihm aber an daß er kranck ist und sich nur noch so um der Würde willen unter dem schweeren Rocke grad hält, sonst sieht er eben aus wie der Grospapa vom ganzen Geschlechte und ist gar hold und leutseelig.

Die Kleidung steht sehr gut. Das Läppchen unter der Mütze beleidigt nicht, indem es ganz sein durchsichtig ist und auf den weisesten, klärsten Haaren von der Welt ruht.

Etwa funfzig Nobili in langen dunckelrothen Kleidern waren mit ihm, meist schöne, keine einzige vertrackte Gestalt. Mehrere groß, mit großen Köpfen, vorgebauten Gesichtern, weiß, weich, ohne schwammig oder fatal satt auszusehn. Vielmehr klug ohne An-

strengung, ruhig selbstgewiß. Leichtigkeit des Da=
seyns und durchaus eine gewiße Fröhlichkeit.

Wie sich alles in der Kirche rangirt hatte und die
Messe anfing, zogen die Brüderschafften zur Haupt=
thüre herein und zur rechten Seitenthüre hinaus,
nachdem sie Mann für Mann, oder vielmehr Paar
und Paar das Weyhwaßer empfangen und sich gegen
den Hochaltar, den Doge und den Adel geneigt
hatten.

Ich sah den Pallast Pisani. Schade daß man
ihm das republikanische so sehr anspürt und doch ist
auch das gut. Nach und nach gebaut, wegen nach=
barlicher Hinderniße nicht ausgeführt, sehr hoch 2c.
eine schöne Aussicht über ganz Venedig ist auf dem
Dache. Schöne Zimmer auch angenehm bewohnbar,
obgleich nicht viel raffinirte Degagements, davon man
ohnehin vor alten Zeiten wenig wußte und was hier
ist, ist alles alt. (Versteht sich von der Anlage.)

Hier bemerck ich eine schöne Art Estrich, den ich
öffter gesehn habe. sie machen alle Arten Granit und
Porphyr recht schön, auch wohl mit etwas phan=
tastischen Farben nach, und die Boden sind reinlich
und glänzend gehalten.

Scuola di St. Marco. Schöne Gemählde von Tin=
torett. den ich lange lieb habe und immer mehr lieb
gewinne.

Ballon. Wie in Verona. Es waren zwey die
exzellent schlugen. Das Publicum wettete und hatte

große Freude. Und der gemeinste hatte ein Wort mit=
zureden.

Heut Abend hatte ich mir den famosen Gesang
der Schiffer bestellt, die den Tasso und den Ariost auf
5 ihre Melodie singen. Bey Mondenschein bestieg ich
eine Gondel, einen Sänger vorn den andern hinten
die ihr Lied ansingen und abwechselnd Vers nach Vers
sangen. Die Melodie, die wir durch Rousseau kennen,
ist eine Art zwischen Choral und Recitativ. sie be=
10 hält immer denselbigen Gang, ohne einen Tackt zu
haben, die Modulation ist auch immer dieselbige, nur
wenden sie, ie nach dem Innhalt des Verses, mit
einer Art Deklamation sowohl Ton als Maas.

Der Geist und das Leben davon ist aber eigent=
15 lich dieses.

Wie sich die Melodie gemacht hat will ich nicht
untersuchen, genug sie paßt trefflich für einen müsigen
Menschen, der sich was vormodulirt und Gedichte
die er auswendig kann diesem Gesange unterschiebt.
20 Mit einer durchdringenden Stimme (das Volck schätzt
Stärcke vor allem) sitzt er am Ufer einer Insel, eines
Canals, auf einer Barcke, und läßt sein Lied schallen
soweit er kann. Uber den stillen Spiegel verbreitet
sichs weit. In der Ferne vernimmts ein andrer, der
25 die Melodie kennt, die Worte versteht und antwortet
mit dem folgenden Verse, der erste diesem wieder und
so ist einer immer das Echo des andern und der Ge=
sang währt Nächte durch unterhält sie ohne sie zu

ermüden. Je ferner alfo fie von einander find defto
reitzender ift das Lied, wenn der Hörer zwifchen ihnen
beyden ift, fteht er am rechten Flecke. Um mich diefes
hören zu laßen ftiegen fie am Ufer der Giudecka aus,
fie theilten fich am Canal hin, ich ging zwifchen ihnen 5
auf und ab, fo daß ich immer den verlies der zu
fingen anfangen follte und mich dem wieder näherte der
aufhörte. Da ward mir der Sinn des Gefangs erft
aufgefchloßen. Und alsdann, als Stimme aus der
Ferne klingt es fonderbar, wie eine Klage ohne 10
Trauer — und hat etwas unglaublich, biß zu Trähnen
rührendes. Ich fchrieb es meiner Stimmung zu, aber
mein Alter fagte auf dem Hauswege: é singolare
come quel canto intenerisce, é molto piu quando é
piu ben cantato. Er erzählte mir daß man die 15
Weiber vom lido, befonders die äufferften von Mala-
mocco und Palestrina müffe fingen hören, fie fängen
den Taffo auch auf diefe und ähnliche Melodien. Sie
haben die Gewohnheit, wenn ihre Männer aufs Fifchen
im Meer find, fich ans Ufer zu fetzen und mit durch= 20
dringender Stimme Abends diefe Gefänge zu fingen,
biß fie auch von Ferne die Stimme der Ihrigen wie=
der hören und fich fo mit ihnen unterhalten. Findft
du das nicht fchön? fehr fchön! Es läßt fich leicht
dencken daß ein naher Zuhörer wenig Freude an 25
diefen Stimmen haben mögte, die mit den Wellen des
Meers kämpfen. Aber wie menfchlich und wahr wird
der Begriff diefes Gefangs. Wie lebendig wird mir

nun diese Melodie, über deren Todten Buchstaben
wir uns so oft den Kopf zerbrochen haben. Gesang
eines Einsamen in die Ferne und Weite, daß ihn ein
andrer gleichgestimmter höre, und ihm antworte.

Warum kann ich dir nicht auch einen Ton hinüber
schicken, den du in der Stunde vernähmest und mir
antwortetest.

Gute Nacht meine Liebe ich bin müde vom vielen
Laufen und Brückensteigen. Gute Nacht.

d. 8. Oktbr. Nach tische.

Der gute alte Doge ist heute nicht zur Funcktion
nach St. Marco gekommen, er ist kranck und wir
haben statt dieser Feyerlichkeit andre Gegenstände be=
sucht, wir fahren fort die Stadt zu durchlaufen, das
Wesen und Gewerb zu beschauen, und die Schätze
einen nach dem andern aufzusuchen.

Palazzo Pisani Moretta. Ein Paolo Veronese, der
einem einen Begriff von dem ganzen Werthe des Meisters
geben kann. Es ist frisch, als wenn es gestern ge=
mahlt wäre und seine große Kunst, ohne einen all=
gemeinen Ton, der durchs ganze Stück durchginge,
blos mit den abwechselnden Lokalfarben, eine köstliche
Harmonie hervorzubringen, ist hier recht sichtbar.
Sobald ein Bild gelitten hat, erkennt man nichts
mehr davon.

Was das Costum betrifft darf man sich nur
dencken: er habe ein Süjet des sechzehnten Jahrhun=
derts mahlen wollen und so ist alles gut. Das

jüngere Prinzeßgen ist gar ein artig Maüsgen, und
hat so ein ruhig eigensinnig Gesichtgen.   Das Übrige
mündlich.

Scuola di St. Rocco. p. 554.

Diese sogenannten Scuole sind Gebäude, die ver= 5
schiednen Brüderschafften gehören, wo sie ihre Zu=
sammenkünfte halten, und ihre Geräthschafften und
Schätze bewahren.   Die Brüderschafft von St. Roch
ist besonders nach einer Pest reich geworden, weil
fromme Seelen diesem Patron und der Santissima 10
Vergine die Befreyung von der Pest danckten, die,
nachdem sie vom März bis in den November gewüthet
hatte, nun gegen den Winter von selbst aufhörte.

Heute fiel mir recht auf, wie doch eigentlich der
Mensch das Unsinnige, wenn es ihm nur sinnlich 15
vorgestellt werden kann, mit Freuden ergreift, deßwegen
man sich freuen sollte Poet zu seyn.   Was die Mutter
Gottes für eine schöne Erfindung ist, fühlt man nicht
eher als mitten im Catholicismus.   Eine Vergine
mit dem Sohn auf dem Arm, die aber darum san- 20
tissima Vergine ist, weil sie einen Sohn zur Welt
gebracht hat.   Es ist ein Gegenstand, vor dem einem
die Sinne so schön stillstehn, der eine gewiße inner=
liche Grazie der Dichtung hat, über den man sich so
freut und bey dem man so ganz und gar nichts 25
dencken kann; daß er recht zu einem religiosen Gegen=
stande gemacht ist.

Leider aber sind diese Gegenstände die Geißel der

Mahler gewesen und Schuld daß die Kunst gesuncken
ist, nachdem sie sich kaum erhoben hatte. Eine Danae
ist immer eine andre Aufgabe für den Künstler, als
eine Empfängniß Mariä und doch im Grund derselbe
Gegenstand. Nur daß der Künstler aus der ersten
viel, aus der zweyten nichts machen kann.

Das Gebäude der Scuola di St. Rocco ist prächtig
und schön, ohne ein Meisterstück der Baukunst zu
seyn. Damals war noch eine Zeit für Mahler.
Tintorett hat die großen Gemählde des Hauptsaals
verfertigt. Auch eine große Creutzigung in einem
Nebenzimmer.

Meine neuliche Bemerkung bestätigt sich mir, doch
muß ich mich genau erklären.

Hier sind auch große Figuren, trefflich gemahlt
und die Stücke gut gedacht; aber die Gemählde wür=
den alle mehr Reitz haben wenn sie kleiner wären.
Die Gestalten sind ihm, wenn ich so sagen darf, in
einem kleineren Formate erschienen und er hat sie nur
nach dem Maasstabe vergrößert, ohne ihre innerliche
Natur vergrößern zu können.

Seine Gestalten seine Compositionen haben nicht
die Sodezza welche zu großen Figuren erfordert wird.
Sie beschäftigen das Auge angenehm und geben einen
fröhlichen Begriff in einem kleinen Maasstab, aber
sie haben nicht innerlichen Gehalt genug um einen
so großen Raum einzunehmen um uns mit ihrer
Gegenwart zu imponiren.

So iſt zum Exempel nicht genug daß eine Figur
koloſſal ſey, wenn ſie 9 oder 10 Fus hat, ihre Natur
muß koloſſal ſeyn, ſie muß mir nicht durch ihr Maas,
ſie muß mir durch ihre Exiſtenz imponiren, daß ich
nicht an ſie reiche, wenn ich mich auch ſelbſt vergrößre. 5

In dem Saale halt ich das Abendmal, neben dem
Altar für das beſte Stück, wenigſtens war es mir
das gefälligſte. Er hat den tiſch zurückgeſetzt und
vorwärts einen großen Bettler und ein Weib auf
Stuſen ſitzend angebracht. alle Hinter Gründe und 10
die Figuren darauf haben eine unbeſchreibliche Va-
ghezza.

Alsdann war ich in dem Judenquartier und an=
dern Ecken und Enden.

Abends. 15

Heute hab ich dir nicht viel zu erzählen, ich war
wieder ai Mendicanti, wo die Frauenzimmer die
Muſicken aufführen, ſie haben wieder ganz herrlich
geſungen, beſonders die eine die ich dir neulich rühmte.
Wenn man nur ſo einen Eindruck im Ohre behalten 20
könnte.

Hernach bin ich mit einem alten Franzoſen der
kein Italiäniſch kann und hier wie verrathen und
verkauft iſt, und mit allen Rekommandations Briefen
doch manchmal nicht recht weiß woran er iſt. Es iſt 25
ein Manu von Staude und ſehr guter Lebensart, dem
ich ſehr höflich begegne und mit ihm über alle Dinge
rede, ich ſprach ihm von Venedig ꝛc. er fragte mich

wie lang ich hier sey, ich sagte ihm: noch nicht 14 tage,
Er versetzte: il paroit que Vous n'aves pas perdu
votre tems. Daß ist das erste Testimonium meines
Wohlverhaltens, das ich aufweisen kann. Morgen
5 werd ich eine große Fahrt unternehmen.

Wenn ich dich nur der einen Arie und des Mond=
scheins am Ufer und auf dem Platze durch gute Geister
theilhaftig machen könnte. Gute Nacht.

d. 9. Oktbr.

10 Ein köstlicher Tag von Morgends biß in die Nacht.
Ich fuhr biß Palästrina, gegen Chiozza über wo die
großen Baue sind, die die Republick gegen das Meer
führen läßt. sie sind von gehaunen Steinen und
sollen eigentlich die lange Erdzunge sichern, welche die
15 Lagunen von dem Meere trennt, ein höchst nöthiges
und wichtiges Unternehmen. Eine große Carte die
ich mitschicke wird dir die Sache begreiflich machen.

Die Lagunen sind eine Würckung der Natur, daß
in dem Busen des Adriatischen Meers sich eine an=
20 sehnliche Landstrecke befindet welche von der Fluth be=
sucht und von der Ebbe zum theil verlassen wird.
Wie Venedig, die Inseln, die Canäle die durch die
Sümpfe durchgehn und auch zur Zeit der Ebbe be=
fahren werden ietzt stehn und liegen, ist ein Werck
25 der Kunst und des Fleißes; und Kunst und Fleiß
müßen es erhalten.

Das Meer kann nur an zwey Orten in die Lagunen,
bey den Castellen gegen dem Arsenal über und am

andern Ende des lido bei Chiozza. Die Fluth tritt
gewöhnlich des Tags zweymal herein und die Ebbe
bringt das Wasser zweymal hinaus, immer durch den=
selben Weg, in derselben Richtung, füllt die Canäle und
bedeckt die Morastige Landstellen und so fliests wieder 5
ab, läßt das erhabnere Land, wo nicht trocken, doch
sichtbar und bleibt in den Canälen stehn. — Ganz an=
ders wäre es wenn es sich nach und nach andre Wege
suchte, die Erdzunge angriffe und nach Willkühr hinein
und heraus strömte. Nicht gerechnet daß die Ortgen 10
auf dem lido : Palestrina, St. Peter 2c. leiden würden;
so würden die Canäle stellenweis ausgefüllt werden,
das Wasser würde sich neue Canäle suchen, den lido
zu Inseln und die Inseln die jetzt in der Mitte liegen
vielleicht zu Erdzungen machen. Dieses nun zu ver= 15
hüten, müssen sie den Lido bewahren was sie können.
Nicht daß das Meer wüchse, sondern daß das Meer
nur willkührlich das angreifen und hinüber und her=
über werfen würde, was die Menschen schon in Besitz
genommen, dem sie schon zu einem gewißen Zweck, 20
Gestalt und Richtung gegeben haben.

Bey auserordentlichen Fällen, wie deren gewesen
sind, daß das Meer übermäßig wuchs, ist es auch
immer gut, daß es zu zwey Orten herein kann und
das übrige verschloßen ist, es kann also doch nicht so 25
schnell, nicht mit solcher Gewalt eindringen und muß
sich dann doch auch wieder in einigen Stunden dem
Gesetz der Ebbe unterwerfen und auch so wieder seine

Wuth lindern. Ubrigens hat Venedig nichts zu be-
sorgen, die Langsamkeit mit der das Meer abnimmt,
läßt ihr Jahrtausende Raum, und sie werden schon
den Canälen klug nachhelfend sich im Besitz des Wassers
5 zu halten wißen. Wenn sie ihre Stadt nur reinlicher
hielten, das so nothwendig und so leicht ist, und
würcklich auf die Folge von Jahrhunderten von großer
Consequenz. So ist Z. E. bey schwerer Strafe ver-
boten nichts in die Canäle zu schütten noch Kehrigt
10 hineinzuwerfen. Einem schnell einfallenden Regen aber
ists nicht untersagt, alle den in die Ecken geschobenen
Kehrigt aufzusuchen und in die Kanäle zu schleppen.
Ja, was noch schlimmer ist, den Kehrigt in die Abzüge
zu führen, die allein zum Abfluß des Waßers bestimmt
15 sind und sie zu verschlemmen. Selbst einige Carreaus
auf dem kleinen Markus Platze, die, wie auf dem
großen zum Abfluß des Waßers gar klug angelegt
sind, hab ich so verstopft und voll Waßer gesehen.
Wenn ein Tag Regenwetter einfällt ist ein unleidlicher
20 Koth. Alles flucht und schimpft. Man besudelt, beym
Auf und Absteigen der Brücken, die Mäntel, die Ta-
barros, alles läuft in Schu und Strümpfen und
besprizt sich, und es ist kein gemeiner sondern wohl
beizender Koth. Das Wetter wird wieder schön und kein
25 Mensch denckt an Reinlichkeit. Der Souverain dürfte
nur wollen; so geschäh es, ich möchte wißen ob sie
eine politische Ursache haben, das so zu laßen, oder ob
es die kostbare Negligenz ist, die dieses hingehn läßt.

Heute Abend ging ich auf den Markusthurn. Da
ich neulich die Lagunen in ihrer Herrlichkeit, zu Zeit
der Fluth, von oben gesehn hatte, wollt ich sie auch
zur Zeit der Ebbe in ihrer Demuth sehn. und es ist
nothwendig diese beyde Bilder zu verbinden, wenn man
einen richtigen Begriff haben will. Es sieht sonderbar
aus, da überall Land erscheinen zu sehen, wo vorher
Wasserspiegel war. Die Inseln sind nicht mehr In=
seln, sondern nur höhere bebaute Plätze eines großen
graugrünlichen Morastes den schöne Canäle durch=
schneiden. Der Sumpfige Theil ist mit einem Wasser=
gras bewachsen und muß sich auch dadurch nach und
nach heben, obgleich Ebbe und Fluth beständig dran
rupfen und wühlen und der Vegetation keine Ruhe
laßen.

Ich kehre noch einmal ans Meer zurück! Dort
hab ich heut die Wirthschafft der Seeschnecken, Pa=
tellen (Muscheln mit Einer Schaale) der Taschen=
krebse gesehen und mich herzlich darüber gefreut.
Was ist doch ein lebendiges für ein köstlich herr=
liches Ding. Wie abgemeßen zu seinem Zustande,
wie wahr! wie seyend! Und wieviel hilft mir
mein bischen Studium und wie freu ich mich es fort=
zusetzen!　—

Gute Nacht meine Liebe! Ich habe nun einen Vi=
trub den muß ich studiren, damit ich erleuchtet werde.
Gute Nacht.

d. 10. Oktbr.

Heut hab ich angefangen mein Tagebuch durch=
zugehn und es zur Abreise zuzurichten. Die Ackten
sollen nun inrotulirt und dir zum Urtheilsspruche
zugeschickt werden. Schon jetzt sind ich manches in
den geschriebenen Blättern das ich näher bestimmen,
das ich erweitern und verbeßern könnte. Es mag
stehen als denckmal des ersten Eindrucks, der, wenn
auch nicht immer wahr, uns doch köstlich und werth ist.

Ich fange auch an mich zum Schluße zu bereiten.
Iphigenie wird nicht fertig; aber sie soll in meiner
Gesellschafft unter diesem Himmel nichts verlieren.
O könnt ich dir nur einen Hauch dieser leichten Existenz
hinüberfenden.

Ach wohl ist den Italiänern das Vltramontano
ein dunckler Begriff! mir ist er's auch. Nur du und
wenig Freunde winckt mir aus dem Nebel zu. Doch
sag ich aufrichtig das Clima ganz allein ist's, sonst
ist's nichts was mich diese Gegenden jenen vorziehen
machte.

Denn sonst ist doch die Geburt und Gewohnheit
ein mächtiges Ding, ich möchte hier nicht leben, wie
überhaupt an keinem Orte wo ich nicht beschäfftigt
wäre.

Die Baukunst steigt vor mir wie ein alter Geist
aus dem Grabe, sie heißt mich ihre Lehren wie die
Regeln einer ausgestorbnen Sprache studiren, nicht
um sie zu üben oder mich in ihr lebendig zu freuen,

ſondern nur um die ehrwürdige und ewig abgeſchiedne Exiſtenz der vergangnen Zeitalter in einem ſtillen Gemüth zu verehren.

Gott ſey Danck wie mir alles wieder lieb wird was mir von Jugendauf werth war. Wie glücklich bin ich daß ich mich der römiſchen Geſchichte, den alten Schrifftſtellern wieder nahen darf! und mit welcher Andacht les ich den Vitruv!

Jetzt darf ich's ſagen, darf meine Kranckheit und thorheit geſtehen. Schon einige Jahre hab ich keinen lateiniſchen Schrifftſteller anſehen, nichts was nur ein Bild von Italien erneuerte berühren dürfen ohne die entſetzlichſten Schmerzen zu leiden.

Herder ſcherzte immer mit mir, daß ich alle mein Latein aus dem Spinoza lernte, denn er bemerckte daß es das einzige lateiniſche Buch war das ich las. Er wußte aber nicht daß ich mich für jedem Alten hüten mußte. Noch zuletzt hat mich die Wielandiſche Uberſetzung der Satyren höchſt unglücklich gemacht, ich habe nur zwey leßen dürfen und war ſchon wie toll.

Hätt ich nicht den Entſchluß gefaßt den ich jetzt ausführe; ſo wär ich rein zu Grunde gegangen und zu allem unfähig geworden, ſolch einen Grad von Reiſe hatte die Begierde dieſe Gegenſtände mit Augen zu ſehen in meinem Gemüth erlangt. Denn ich konnte mit der hiſtoriſchen Erkänntniß nicht näher, die Gegen= ſtände ſtanden gleichſam nur eine Handbreit von mir

ab waren aber durch eine undurchdringliche Mauer
von mir abgesondert.

Denn es ist mir wircklich auch jetzt so, nicht als
ob ich die Sachen sähe, sondern als ob ich sie wieder=
5 sähe. Ich bin die kurze Zeit in Venedig und die
Venetianische Existenz ist mir so eigen als wenn ich
zwanzig Jahre hier wäre. Auch weis ich daß ich,
wenn auch einen unvollständigen, doch gewiß einen
ganz klaren und wahren Begriff mit fort nehme.

10   Mitternacht.
Nun kann ich denn endlich auch einmal sagen daß
ich eine Commödie gesehn habe. Sie spielten heut auf
dem Theater St. Luca
              Le baruffe chiozzotte
15 welches sich allenfalls übersetzen ließe, les crialleries
de Chiozza oder die Händel in Chiozza.

Die Handelnde sind lauter Seeleute, Einwohner
von Chiozza und ihre Weiber und Schwestern und
töchter. Das gewöhnliche Geschrey, im Guten und
20 Bösen dieser Leute, ihre Händel, heftigkeit, Manieren,
Gutmütigkeit, Plattheit, Witz, Humor 2c. sind gar
brav nachgeahmt. Das Stück ist noch von Goldoni.
Da ich erst gestern in der Gegend war, und mir der
Eindruck der Stimmen und Manieren der Leute noch
25 in Aug und Ohr wieder schien und wieder klang, so
machte mirs große Freude und ob ich gleich manches
bon mot nicht verstand; so konnt ich doch dem Ganzen
recht gut folgen und mußte herzlich mitlachen. Aber

                                          19*

auch so eine Luft hab ich nicht gesehn als das Volck
hatte, sich und die seinigen so spielen zu sehn. Ein
Gelächter und Gejauchze von Anfang biß zum Ende.
Ich muß aber auch sagen daß die Ackteur es exzellent
machten. Sie hatten sich gleichsam nach der Anlage 5
der Caracktere in die verschiednen Stimmen getheilt
die dem Volck gewöhnlich sind. Es betrog einen von
Anfang biß zu Ende.

Die erste Acktrice war allerliebst, viel besser als
neulich in der Helden Tracht und Passion. Die Frauen 10
überhaupt, besonders aber sie, machten Stimme Ge=
bärden und Wesen des Volcks aufs anmutigste nach.

Vorzüglich ist aber der Verfasser zu loben, der
aus nichts den angenehmsten Zeitvertreib seinem Volck
verschafft hat, man sieht die unendlich geübte Hand 15
durchaus.

d. 11. Abends.

Ich war wieder in der Carita (siehe p. 13[b] [= 254,20]
dieses Stücks) zu den großen Gedancken des Palladio
wallfahrtend. Jahre könnte man in der Betrachtung 20
so eines Wercks zubringen. Morgen früh will ich wieder
hin. Denn mich dünckt ich habe nichts höhers gesehn.
Und ich glaube daß ich mich nicht irre. Dencke aber
auch, der treffliche Künstler mit dem innerlichen Sinn
fürs Große gebohren, den er mit dem größten Fleiß 25
ausgebildet hatte (denn von seiner Mühe die er sich
um die Wercke der Alten gegeben, hat man gar keinen
Begriff) findet Gelegenheit einen Lieblingsgedancken

auszuführen, eine Wohnung der Alten nachzubilden, Gelegenheit da wo der Gedancke ganz paßt. Er ist in nichts genirt und läßt sich von nichts geniren. Von der Erfindung und Zeichnung sag ich nichts;
5 nur ein Wort von der Ausführung. Nur die Häupter und Füße der Saülen und einige andre Theile ꝛc. die ich wohl gemerckt habe sind von gehauenen Steinen. Das übrige alles (ich darf nicht sagen von Backsteinen) von gebranntem Thon, denn solche Ziegeln kenn ich
10 gar nicht, du kannst dir die Schärfe dencken da die Frise mit ihren Zierrathen auch daraus gebrannt ist und die verschiedne theile des Karnieses auch. Er hat also voraus zu allem Formen machen laßen, die soviel größer müßen gewesen seyn als der Thon schwindet,
15 die Theile sind alle gebrannt fertig gewesen und man hat das Gebäude nur so mit wenigem Kalck zusammen= gesetzt. Die Zierrathen der Bogen, alles ist so gebrannt. Diese Art war mir nicht ganz neu, aber wie es hier ausgeführt ist, geht über meine Gedancken. In Deffau
20 haben sie auch diesen Weg eingeschlagen, und vermuth= lich hat ihn Palladio von den Alten. Aber eben= deßwegen ist das Ganze wie Ein Guß, wenn es nun abgetüncht wäre daß alles eine Farbe hätte, es müßte bezaubernd seyn. Du liebes Schicksal das du so manche
25 Dummheit begünstigt und verewigt hast, warum liefest du das Werck nicht fertig werden.

Von einer Treppe. (einer Wendeltreppe ohne Säule in der Mitte) die er selbst in seinen Wercken lobt

— la quale riesce mirabilmente — hab ich glaub
ich noch nichts gesagt. Du kannst dencken, wenn
Palladio sagt che riesce mirabilmente, daß es etwas
seyn muß. Ja es ist nichts als eine Wendeltreppe
die man aber nicht müd wird auf und abzusteigen. 5
Auch hab ich heute die Sakristey gesehn, die gleich an
der treppe liegt und nach seinem Riße ausgeführt ist,
morgen kehr ich noch einmal hin. Wenn ich mirs
nur recht in Sinn und Gemüth eindrücken könnte.

Das lustigste ist wie ich meinem Alten Lohnbe= 10
dienten das alles demonstrire, weil das herz voll ist,
geht der Mund über, und er das wunderbare immer
auf einer andern Seite sucht.

Leb wohl. Mein Alter Franzoße der nun 8 tage
hier ist geht morgen fort, es war mir köstlich einen 15
recht eingefleischten Versailler in der Fremde zu sehn.
Er reißt auch, an dem hab ich mit Erstaunen gesehn
wie man reisen kann, und es ist auf seinem Flecke
ein recht ordentlicher Mann. Lebe wohl beste.

d. 12. Oktbr. 20

Ich bin heute zu Hause geblieben um meinen
Sachen Ordnung zu geben, zu rechnen, Zeitungen zu
lesen, zu schreiben und mich zum Abschied und zur
weitern Reise vorzubereiten. Im Vorhofe hab ich
mich gut umgesehn, wir wollen weiter das beste hoffen. 25

In meinem Tagebuche findest du die ersten augen=
blicklichen Eindrücke, wie schön wird es seyn, wenn
ich dir die Verbindung und Erweiterung der Begriffe

dereinſt mündlich mittheilen und dich in guten Stun=
den unterhalten kann.

Geſtern gaben ſie zu St. Luca ein neues Stück
l'Inglisismo in Italia. Da viele Engländer in Italien
5 leben, iſts natürlich daß ihre Sitten Einfluß haben, ich
dachte da etwas zu erwiſchen, was mich in der Folge
leitete, aber es war nichts. Karikatur wie immer,
einige glückliche Narrenſcenen, aber übrigens viel zu
ſchwer und ernſtlich gemeynt, und war nur gegen das
10 gemeinſte gerichtet. Auch gefiel es nicht und war auf
dem Punckte ausgepfiffen zu werden.

Und dann auch die Schauſpieler waren nicht in
ihrem Elemente, nicht auf dem Platze von Chiozza.

NB. von der Truppe Sacchi, welche übrigens zer=
15 ſtreut iſt hab ich die Smeraldina geſehn. Der
Brighella iſt auch noch hier, aber auf St. Crisostomo, ein Theater das mir ein wenig entlegen iſt.

Über Masken und wie ſich dergleichen decidirte
Figuren von ſelbſt bilden in der Folge mehr.

20 Lebe wohl für heute. Mir iſt der Kopf wüſte,
von meinem heutigen einſamen thätig unthätigen Tage.

b. 13. Octbr.

Nun meine liebſte muß ich ſchließen. Morgen
geh ich ab, und dieſes Packet auch. Des Sehens bin
25 ich müde und überdencke mir in der Stille das Ver=
gangue und was bevorſteht.

So viel ich geſchrieben habe: ſo bleibt doch viel
mehr im Sinne zurück, doch iſt das meiſte angedeutet.

Über die Nation selbst und das pro und contra
aller Nationen unter einander, über den Grundkarackter
und die Hauptexistenz von dieser; über das Leben der
Vornehmern, ihre Wohnungen, Art zu seyn 2c. darüber
mündlich wie über manches andre.   5

Mir sey jetzt genug dir mit Freuden alles zu
schicken was ich auf dem Wege aufgerafft habe, damit
du es selbst beurtheilest und mir zum Nutzen und
Vergnügen aufbewahrest. Die erste Epoche meiner
Reise ist vorbey, der Himmel segne die übrigen und 10
vor allen die letzte die mich wieder zu dir führen
wird.

Die Beylagen und Zeichnungen hab ich in den
Kasten gethan der den Kaffee bringen wird. Es ist
der ausgesuchteste von Alexandrien den man hier haben 15
kann. Du erhälst 25 ℔., davon gieb 5 der regirenden
Herzoginn mit den schönsten Empfehlungen und 5 an
Herders, das übrige behalte für dich. Schmeckt er;
so kann ich mehr verschaffen.

Lebe wohl. Ich schließe ungern. Wenn alles 20
recht geht; so erhälst du dieses vor Ende Oktobers
und das Tagebuch der zweyten Epoche sollst du Ende
Novembers haben. So werd ich dir wieder nah und
bleibe bey dir. Lebe wohl. Grüße die deinigen. Ich
bin fern und nah der Eurige.   25

                              G.

Reise=Tagebuch Fünftes Stück.

von Venedig
über Ferrara Cento Bologna Florenz Perugia ꝛc. nach Rom.

1786.

Venedig d. 14. due ore dopo Notte.

In der letzten Stunde meines hierseyns, denn ich
gehe diese Nacht mit dem Courierschiff nach Ferrara.
Ich verlaße Venedig gern. Um mit Vergnügen und
Nutzen hier zu bleiben, müßt ich andre Schritte nun
thun, die ausser meinem Plane liegen. Auch ist ietzt
die Zeit da alles die Stadt verläßt. Ich trage das
sonderbare, einzige Bild mit mir fort und so vieles
andre. Ob ich gut aufgepaßt habe, sollst du sagen,
wenn ich zurück komme und wir über diese Gegenstände
sprechen. Mein Tagebuch biß heute hab ich dem Fuhr=
mann mitgegeben, es kommt also später als ich glaubte,
doch wünsch ich zur guten Stunde.

Das Clima mögt ich dir zusenden oder dich darein
versetzen können. Sonst wäre hier für uns beyde keine
Existenz. Lebe wohl. Seit Verona hab ich mich nicht
von dir entfernt, nun gehts weiter und weiter.

Sonderbar! Ich sehe aus den Zeitungen daß über dem Gebürg das Wetter entsetzlich muß geraßt haben. Die Isar hat großen Schaden gethan. Es kann keine zwey Tage, nachdem ich sie paßirt, geschehen seyn.

Hier hab ich einige Regengüße, einen sehr starken Nachts, mit Donner und Blitzen erlebt. Diese Wetter kommen aus Dalmatien herüber. Es ist aber alles gleich vorbey. Der Himmel hellt sich aus und die die Wolcken werfen sich an das Friauler, Thyroler und Paduaner Gebürg. Im Florentinischen haben sie auch ein entsetzlich Donnerwetter mit Platzregen gehabt. Es scheint dasselbe gewesen zu seyn was ich in Verona abwartete.

Ferrara. d. 16. Nachts.

In der großen, schönen, entvölckerten Stadt, wo Ariost begraben liegt und Taßo unglücklich ward, bin ich seit heute früh deutschen Zeigers um 7 Uhr und werde morgen wieder weggehn.

Der Weg hierher ist sehr angenehm und wir hatten herrlich Wetter. Auf dem Curierschiff waren leidliche Menschen, und die Aus und Ansichten zwar einfach aber anmutig. Der Po ist ein freundlicher Fluß; er geht hier durch große Plainen und man sieht nur seine Ufer. Ich sah hier und am Adige alberne Wasser=baue, die ganz kindisch und schädlich sind.

Die beyden Nächte bracht ich, in meinen Mantel gewickelt, auf dem Verdeck zu; nur gegen Morgen

ward es kühl; ich bin nun in den 45. Grad würcklich
eingetreten und ich wiederhohle, ich will ihnen alles
laſſen, wenn ich nur wie Dido ſo viel Clima mit=
nehmen könnte als ich mit einer Kuhhaut umſpannen
könnte um es um unſre Wohnung zu legen. Es iſt
ein ander Seyn.

Ich habe meiſt geſehen was Volckmann von p.
484—489 anzeigt. Das Bild Herodes und Herodias
iſt recht brav. Johannes in ſeinem gewöhnlichen
Wüſten Koſtume deutet auf die Dame, ſie ſieht ganz
gelaßen den neben ihr ſitzenden Fürſten, und der
Fürſt auf ſeine Haud geſtützt ſtill und klug den
Propheten an. Vor dem Könige ſteht ein weißer
mittelgroßer Huud und unter dem Rocke der Hero=
dias kommt ein kleiner Bologneſer hervor, die Beyde
den Propheten anbellen. Mich dünckt, das iſt recht
glücklich.

Arioſts Grabmal iſt viel Marmor, ſchlecht aus=
getheilt.

Statt Taßos Gefängniß zeigen ſie einen Holzſtall
oder Gewölbe wo er gewiß nicht aufbewahrt worden
iſt. Es weis auch kaum im Hauſe mehr jemand was
man will.

Von einem ſchönen Akademiſchen Inſtitut das ein
aus Ferrara bürtiger Cardinal beſchützt und bereichert,
kann ich dir für Müdigkeit nichts mehr ſagen.

Auch ſind in dem Hoſe einige köſtliche alte Denck=
mäler.

Cento d. 17. Abends 6. hier zu Lande Nacht.

In einer bessern Stimmung als gestern Abend schreib
ich dir heute aus Guercins Vaterstadt. Vor allen Dingen
Siehe Volckmann p. 482—484.

Ein freundliches wohlgebautes Städtgen, ohngefähr 5
5000 Einwohner, nahrhaft, lebendig reinlich in einer
unübersehlichen Plaine liegend. Ich war nach meiner
Gewohnheit auf dem Thurm. Ein Meer von Pappel=
spitzen, zwischen denen man in der Nähe die kleinen
Bauerhöfgen erblickt, jeden mit seinem Feld umgeben. 10
Köstlicher Boden und ein mildes Clima. Es war
ein Abend, wie wir dem Himmel dancken Sommer=
abende zu haben.

Der Himmel, der den ganzen Tag bedeckt war,
hat sich aufgeheitert die Wolcken haben sich nord und 15
südwärts ans Gebirg geworfen und ich hoffe einen
schönen morgenden Tag.

Sie haben hier zwey Monate eigentlich Winter,
Dezember und Januar und einen regnichen April.
übrigens nach Beschaffenheit der Jahreszeit gut Wetter. 20
Nie anhaltenden Regen. Doch war dieser September
auch beßer und wärmer als ihr August.

Wie freut' ich mich heute die Apenninen zu sehn.
Denn ich bin der Plainen nun herzlich satt. Morgen
schreib ich dir an ihrem Fuße.   25

Hier sind einige Bilder von Guerchin die man
Jahre lang ansehn könnte.

Die liebsten sind mir:

Der Auferstandne Christus, der seiner Mutter er=
scheint. Sie kniet vor ihm und sieht ihn mit un=
beschreiblicher Innigkeit an, mit der lincken fühlt sie
an seinen Leib, gleich unter der unglückseligen Wunde,
die das ganze Bild verdirbt. Er hat seine Lincke Haud
um ihren Hals gelegt und biegt sich um sie in der
Nähe anzusehn ein wenig mit dem Körper zurück.
Das giebt der Figur ein klein wenig etwas, ich will
nicht sagen gezwungnes aber doch frembdes. Dem=
ohngeachtet bleibt sie unendlich angenehm. Und der
still traurige Blick mit dem er sie ansieht, als wenn
ihm eine Erinnerung seiner und ihrer Leiden, die durch
eine Auferstehung nicht gleich geheilt werden, vor der
edlen Seele schwebte.

Strange hat das Bild gestochen, es ist also Hoffnung
daß du es in der Copie siehst.

Dann folgt: Eine Madonna. Das Kind ver=
langt nach der Brust und sie zaudert schamhaft den
Busen zu entblößen und sie ihm zu reichen. köst=
lich schön.

Dann Maria die dem vor ihr stehenden und nach
dem Zuschauer gerichteten Kinde, den Arm führt daß
es mit aufgehobnen Fingern den Segen austheile.
Im Sinn der katholischen Mythologie ein glücklicher
Gedancke.

Guerchin ist ein innerlich braver männlich gesunder
Mahler ohne Roheit, vielmehr haben seine Sachen eine

innerliche Moralische Grazie, eine schöne Freyheit und
Grosheit. Dabey eine Eigenheit daß man seine Wercke
wenn man einmal das Auge drauf gebildet hat nicht
verkennen wird.

So rück ich nach und nach. Die Venetianische
Schule hab ich wohl gesehn, morgen komm ich nach
Bologna, wo denn auch meine Augen die Cezilia von
Raphael erblicken werden. Was aber die Nähe von
Rom mich zieht drück ich nicht aus. Wenn ich meiner
Ungedult folgte, ich sähe nichts auf dem Wege und
eilte nur grad aus. Noch vierzehn Tage und eine
Sehnsucht von 30 Jahren ist gestillt! Und es ist mir
immer noch als wenns nicht möglich wäre.

Von Guerchins Pinsel sag ich nichts das ist eine
Leichtigkeit und Reinigkeit und Vollendung die un=
glaublich ist. Besonders schöne in's braune gebrochne
Farben hat er zu den Gewändern gewählt.

Die Gegenstände der übrigen Bilder, die ich nicht
nenne sind mehr oder weniger unglücklich. Der gute
Künstler hat sich gemartert und doch Erfindung und
Pinsel, Geist und Hand verschwendet, und verlohren.

Es ist mir lieb und werth daß ich auch das ge=
sehn habe, obgleich in diesem Vorüberrennen wenig
Genuß ist.

Gute Nacht meine Liebe ich habe auch heute Abend
keine rechte Sammlung.

Du verzeihst daß ich so hinschreibe, es ist doch in
der Folge mehr als ein weiß Blat. Gute Nacht.

d. 18. Bologna. Abends.

Ich habe eben einen Entschluß gefaßt der mich
sehr beruhigt. Ich will nur durch Florenz durchgehn
und grade auf Rom. Ich habe keinen Genuß an
5 nichts, biß jenes erste Bedürfniß gestillt ist, gestern
in Cento, heute hier, ich eile nur gleichsam ängstlich
vorbey daß mir die Zeit verstreichen möge, und dann
mögt ich, wenn es des Himmels Wille ist zu Aller=
heiligen in Rom seyn um das grose Fest am rechten
10 Orte zu sehn und also einige Tage voraus, da bleibt
mir nichts übrig als ich muß Florenz liegen laßen und
es auf einer frohen Rückreise mit geöffneten Augen sehn.

Auch hier in Bologna müßte man sich lange auf=
halten.

15 Siehe nunmehr Volckmanns ersten Theil, von
pag. 375 biß 443.

p. 402. Madonna di Galiera. Sakristey treffliche
Sachen.

p. 403. Giesu e Maria, die Beschneidung von
20 Guercin. Dieser unleidliche Gegenstand, ganz trefflich
ausgeführt. Ein Bild, was man sich dencken kann
gemahlt. Es ist alles daran respectabel, und aus=
geführt ist es als ob es Emaille wäre.

425. Pall. Tanari. Der Kopf der Maria als
25 wenn ihn ein Gott gemahlt hätte. Der Ausdruck ist
unbeschreiblich mit dem sie auf das säugende Kind her=
unter sieht. Mir dunckts eine stille tiefe Duldung

als wenn sie das Kind, nicht das Kind der Liebe und
Freude sondern einen untergeschobnen himmlischen
Wechselbalg nur so an sich saugen ließe, weil es nun
einmal so ist und sie in tiefer Demuth gar nicht be=
greift wie sie dazu kommt.   5

An der übrigen herrlichen Figur ist wenig Genuß,
das ungeheure Gewand, so herrlich es gemahlt ist
bleibt doch nur Gewand. Auch sind die Farben dunckler
geworden, das Zimmer ist nicht das hellste und es
war ein trüber Tag.   10

p. 387. Ich war im Institute. Davon will ich
dir nichts sagen. Es ist eine schöne edle Anlage, aber
wir Deutschen so ultramontan wir sind, sind doch in
unsern Sammlungen, Akademien, Lehrarten ⁊c. weiter
vorgerückt. Doch will ich ihm gerne Gerechtigkeit   15
wiederfahren laßen, daß es viel ist in Einem Hause
das alles aufzuweisen und zum allgemeinen Nutzen
bereit zu finden.

Heute früh hatt ich das Glück von Cento herüber=
fahrend, zwischen Schlaf und Wachen den Plan zur   20
Iphigenie auf Delphos rein zu finden. Es giebt einen
fünften Ackt und eine Wiedererkennung dergleichen
nicht viel sollen aufzuweisen seyn. Ich habe selbst
drüber geweint wie ein Kind und an der Behandlung
soll man hoff ich das Tramontane erkennen.   25

b. 19. Abends.

Ich möchte dir nun auch gerne wieder einmal ein
ruhig, vernünftiges Wort schreiben denn diese Tage

her wollt es nicht mit mir. Ich weiß nicht wie
es diesen Abend seyn wird. Mir läuft die Welt
unter den Füßen fort und eine unsägliche Leiden=
schafft treibt mich weiter. Der Anblick des Raphaels
5 und ein Spaziergang gegen die Berge heut Abend
haben mich ein wenig beruhigt und mich mit leisem
Band an diese Stadt geknüpft. Ich sage dir alles
wie mir ist und ich schäme mich vor dir keiner
Schwachheit.

10 Zuerst denn die Cecilie von Raphael. Es ist
was ich voraus wußte nun aber mit Augen sah. Er
hat eben gemacht was andre zu machen wünschten.
Um ihn zu erkennen, ihn recht zu schätzen, und ihn
auch wieder nicht als einen Gott zu preisen, der wie
15 Melchisedech ohne Vater und Mutter erschiene muß
man seine Vorgänger, seinen Meister ansehn. Diese
haben auf dem festen Boden der Wahrheit Grund
gesaßt, sie haben die breiten Fundamente, emsig, ja
ängstlich gelegt, sie haben mit einander wetteifernd die
20 Pyramide stufenweiße in die Höhe gebracht, bis zu=
letzt er, von allen diesen Vortheilen unterstützt, von
einem himmlischen Genius erleuchtet die Spitze der
Pyramide, den letzten Stein aufsetzte, über dem kein
andrer, neben dem kein andrer stehn kann. Über das
25 Bild mündlich denn es ist weiter nichts zu sagen als
daß es von ihm ist. Fünf Heilige neben einander,
die uns alle nichts angehn, deren Existenz aber so
vollkommen ist daß man dem Bilde eine Dauer in

die Ewigkeit wünscht, wenn man gleich zufrieden ist
selbst aufgelößt zu werden.

Die älteren Meister seh ich mit besonderm In=
teresse, auch seine erste Sachen. Francesko di Francia
ist gar ein respecktabler Künstler. Peter Perugin daß ₅
man sagen möchte eine ehrliche deutsche Haut.

Hätte doch das Glück Albert Dürern über die
Alpen geführt. In München hab ich ein Paar Stücke
von ihm von unglaublicher Großheit gesehn. Der
arme Mann! statt seiner niederländischen Reise wo ₁₀
er den Papageyen einhandelte ꝛc. Es ist mir un=
endlich rührend ſo ein armer Narr von Künstler, weil
es im Grunde auch mein Schicksal ist, nur daß ich
mir ein klein wenig beßer zu helfen weiß.

Der Phasanen Traum fängt an in Erfüllung zu ₁₅
gehn. Denn wairlich was ich auflade kann ich wohl
mit dem köstlichen Geflügel vergleichen, und die Ent=
wicklung ahnd ich auch.

Im Pallaſt Ranuzzi hab ich eine St. Agatha
von Raphael gefunden, die wenn gleich nicht ganz ₂₀
wohl erhalten ein koſtbares Bild ist. Er hat ihr
eine geſunde, ſichre Jungfraülichkeit gegeben ohne
Reiz, doch ohne Kälte und Roheit. Ich habe mir ſie
wohl gemerckt und werde dieſem Ideal meine Iphi=
genie vorleſen und meine Heldinn nichts ſagen laßen ₂₅
was dieſe Heilige nicht ſagen könnte.

Von allem andern muß ich ſchweigen. Was ſagt
man als daß man über die unſinnigen Süjets endlich

ſelbſt Toll wird. Es iſt als da ſich die Kinder Gottes
mit den Töchtern der Menſchen vermählten da wurden
Ungeheuer daraus. Indem der himmliſche Sinn des
Guido, ein Pinſel der nur das vollkommenſte was in
unſre Sinne fällt hätte mahlen ſollen, dich anzieht,
mögteſt du die Augen von den abſcheulichen, dummen,
mit keinen Scheltworten der Welt genug zu erniedrigen=
den Gegenſtänden abwenden.

und ſo gehts durchaus.

Man iſt immer auf der Anatomie, dem Rabenſtein,
dem Schindanger, immer Leiden des Helden nie Haud=
lung. Nie ein gegenwärtig Intereſſe, immer etwas
phantaſtiſch erwartetes. Entweder Mißethäter oder
Verzückte, Verbrecher oder Narren. Wo denn nun der
Mahler um ſich zu retten einen nackten Kerl, eine
ſchöne Zuſchauerinn herbeyſchleppt. Und ſeine geiſtliche
Helden als Gliedermänner tracktirt und ihnen recht
ſchöne Faltenmäntel überwirft. Da iſt nichts was
nur einen Menſchenbegriff gäbe. Unter 10 Süjets
nicht eins das man hätte mahlen ſollen und etwa das
eine hat er nicht von der rechten Seite nehmen dürfen.
Der große Guido p. 104 iſt alles was man mahlen,
und alles was man unſinniges beſtellen und von
einem Mahler fordern kann; es iſt ein votives Bild,
ich glaube der ganze Senat hat es gelobt und auch
beſtellt. Die beyden Eugel die werth wären eine
Pſyche in ihrem Unglück zu tröſten müßen hier — Der
Heil. Prokulus, der ein Soldat war iſt eine ſchöne

Figur, aber dann die andern Bischöffe und Pfaffen.

Unten sind himmlische Kinder die mit Attributen ꝛc.
spielen.

Der Mahler dem das Messer an der Kehle saß
suchte sich zu helfen wie er kounte um nur zu zeigen
daß er nicht der Barbar sey, sondern die Bezähler.
Zwey nackte Figuren von Guido ein Johannes in der
Wüsten ein Sebastian wie köstlich gemahlt und was
sagen sie? der Eine sperrt das Maul auf und der
andre krümmt sich.

Wir wollen die Geschichte dazu nehmen und du
wirst sehn der Aberglaube ist eigentlich wieder Herr
über die Künste geworden und hat sie zu Grunde ge=
richtet. Aber nicht er allein, auch das Enge Bedürf=
niß der neuern, der nördlichen Völcker. Denn auch
Italien ist noch nördlich und die Römer waren auch
nur Barbaren, die das Schöne raubten, wie man ein
schönes Weib raubt. Sie plünderten die Welt und
brauchten doch griechische Schneider um sich die Lappen
auf den Leib zu paßen. Uberhaupt seh ich schon gar
viel voraus.

Nur ein Wort! Wer die Geschichte so einer Granit
Säule erzählen könnte, die erst in Egypten zu einem
Memphitischen Tempel zugehauen, dann nach Alexan=
drien geschlept wurde, ferner die Reise nach Rom machte,
dort umgestürzt ward und nach Jahrhunderten wieder
aufgerichtet und einem andern Gott zu Ehren zu
rechte gestellt. O meine Liebe was ist das größte des

Menſchenthums und treibens. Mir da ich ein Künſtler
bin, iſt das liebſte daran daß alles das dem Künſtler
Gelegenheit giebt zu zeigen was in ihm iſt und un=
bekannte Harmonien aus den Tiefen der Exiſtenz an
5 das Tageslicht zu bringen.

Zwey Menſchen denen ich das Beywort groß ohn=
bedingt gebe, hab ich näher kennen lernen Palladio
und Raphael. Es war an ihnen nicht ein Haarbreit
willkührliches, nur daß ſie die Gränzen und Ge=
10 ſetze ihrer Kunſt im Höchſten Grade kannten und mit
leichtigkeit ſich darinn bewegten, ſie ausübten, macht
ſie ſo groß.

Gegend Abend war ich auf dem Thurm. Die
Ausſicht iſt herrlich.

15 Gegen Norden ſieht man die Paduaniſchen Berge
dann die Schweizer, Thyroler Friauler Gebirge, genug
die ganze nördliche Kette, letztere diesmal im Nebel.
Gegen Abend ein unbegränzter Horizont aus dem nur
die thürme von Modena herausſtechen, gegen Morgen
20 eine gleiche Ebne bis ans Adriatiſche Meer das man
Morgens ſehen kann, gegen Mittag die Vorhügel der
Apenninen bis an ihre Gipfel bepflanzt bewachſen,
mit Kirchen, Palläſten Gartenhaüſern beſetzt, ſo ſchön
wie die Vicentiniſchen Berge. Es war ein ganz reiner
25 Himmel kein Wölckgen, nur am Horizont eine Art
Höherauch. Der Thürmer ſagte daß nun ſeit ſechs
Jahren dieſer Nebel nicht aus der Gegend komme.
Sonſt habe er mit dem Sehrohr die Berge bei Vicenz

genau mit ihren Häußgen u. f. w. unterscheiden können,
jetzt bey den hellsten Tagen nur selten, und der Nebel
legt sich denn all an die nördliche Kette und macht
unser liebes Vaterland zum wahren Zimmerien.

Er ließ mich auch die gesunde Lage und Lufft der
Stadt daran bemercken, daß ihre Dächer wie neu aussehen und kein Ziegel durch Feuchtigkeit und Moos
angegriffen ist. Es ist wahr sie sind alle rein, aber
die Güte ihrer Ziegeln mag auch etwas dazu beytragen,
wenigstens in alten Zeiten haben sie solche kostbar
gebrannt.

Der hängende Thuru ist ein abscheulicher Anblick,
man traut seinen Augen nicht und doch ist höchst
wahrscheinlich daß er mit Abficht so gebaut worden.
Er ist auch von Ziegeln, welches ein gar treffliches
sichres Bauen ist, kommen nun die Eisernen Bande
dazu, so kann man freylich tolles Zeug machen.

Heut Abend ging ich nach dem Gebirg spaziren.
Was das für schöne Liebliche Wege und Gegenstände
sind. Mein Gemüth ward erfreut und ein wenig beruhigt. Ich will mich auch saßen und abwarten, hab
ich mich diese 30 Jahre geduldet, werd ich doch noch
14 tage überstehn.

Hundertfältig steigen die Geister der Geschichte aus
dem Grabe, und zeigen mir ihre wahre Gestalt. Ich
freue mich nun auf so manches zu lesen und zu über-
dencken, das mir in Ermanglung eines sinnlichen Be-
griffs unerträglich war.

Die Bologneser Sprache ist ein abscheulicher Dia=
lect den ich hier gar nicht gesucht hätte. Rauh und
abgebrochen ꝛc. Ich verstehe kein Wort wenn sie
mit einander reden, das Venezianische ist mittagslicht
dagegen.

Gute Nacht. Im Spazierengehn gedenck ich offt
dein, und bey jeder guten Sache. Ich stelle mirs
immer als möglich vor, dir das alles noch sehn zu
laßen.

Indeß und biß ich wiederkomme nimm mit meiner
Schreiberey vorlieb. Heut Abend hab ich mich besser
als die Vergangnen betragen. Gute Nacht.

d. 20. Abends.

Heute ein heitrer schöner Tag den ich ganz unter
freyem Himmel zugebracht habe. Kaum nah ich mich
wieder den Bergen; so hab ich dich auch von Minera=
logie zu unterhalten.

Ich ritt nach Paderno wo der Bologneser Stein
gefunden wird, der ein Gypsspat ist und nach der
Calcination bey Nacht leuchtet.

Auf dem Wege fand ich schon ganze Felsen Frauen=
eis No. 2. zu Tage ausstehn, nachdem ich ein lettig
sandiges Gebirg No. 1. hinter mir gelaßen hatte.
Bey einer Ziegel Hütte geht ein Wasserriß hinunter
in den sich viele kleinere ergiesen und man glaubt erst
es sey ein bloser aufgeschwemmter Leimenhügel der so
vom Regen ausgewaschen sey. So viel aber hab ich
von seiner Natur entdeckt.

Das Gebirg besteht aus einem an sich festen Ge=
stein No. 3. das aus feinschiefrigem Letten zusammen=
gesetzt ist, und mit Gyps abwechselt. Das Lettige
Gestein ist so innerlich mit Schwefelkies vermischt daß
es wo Luft und Feuchtigkeit es berühren können ganz
und gar verändert wird, es schwillt auf, die Schiefer=
lagen verliehren sich ganz, es wird eine Art Letten
der muschlich sich zerbröckelt, auf den Flächen glänzend
ist wie Steinkohlen No. 4. daß wenn man nicht an
großen Stücken (deren ich mehrere zerschlagen) die
beyden Gestalten des Steins sähe, man es kaum
Glauben würde. Zugleich beschlagen die muschlichen
Flächen mit weißen Puncten, manchmal sind ganze
gelbe Partien drinne, endlich wenn Luft und Regen
auf den äussern Theil wircken, wird dieser knotig und
bröcklich und das Gebirg sieht wie ein verwitternder
Schwefelkies im Grosen aus.

Es finden sich unter den Lagen auch Härtere,
Grüne, Rothe No. 5. 6. Schwefelkies hab ich in Nieren,
und angeflogen am härteren Gestein gefunden No. 7.
Ob die Gypslager zwischen den Steinschichten auch
phosphoresciren wäre eines Versuchs werth, ich bringe
Stücke mit. 8. NB. auch findet sich reiner Gypsspat 9.
Eigentlich aber ist der Stein ein Gypsspat der in
Hölungen zu entstehn scheint. Das Lettengestein in
seiner ersten Gestalt enthält keine, daher vermuthe ich
daß der phosphorescirende Gypsspat erst entsteht wenn
das Gestein sich anfängt aufzublähen und hier und da

Höhlungen läßt, in diese dringt die in dem Gebirg befindliche aufgelöste Selenit Materie und übersättigt sich mit den Schwefeltheilen ꝛc. Das alles wollen wir in der Folge beßer ausführen.

5 Ein Hauptkennzeichen ist die Schweere, die gleich auffällt.

Heute muß ich schließen: ich hätte dir soviel zu sagen, was mir diesen frohen Tag durch den Kopf ging aber es scheint der Himmel erhört mich. Es ist

10 ein Fuhrmann da für Rom, und ich werde übermorgen fort gehn. Da muß ich heute wohl nach meinen Sachen sehn und einiges wegarbeiten. Leb wohl. Heut war ein vollkommen schöner und froher Tag an dem mir nichts fehlte als du.

d. 21. Abends.

Logano auf dem Apenninischen Gebirg.

Ich bin heute noch aus Bologna getrieben worden, und jetzt hier in einem elenden Wirthshause in Ge=sellschafft eines wackern päbstlichen Offizirs, der nach

20 Perugia seiner Vaterstadt geht, eines Engländers mit seiner sogenannten Schwester. Gute Nacht.

Den 22. Abends. Giredo.

Alles kleine Nester auf den Apenninen in denen ich mich recht glücklich fühle, wenn meine Gesellschafft

25 besonders der englische Theil überall zu klagen findet.

Die Apenninen sind mir ein merckwürdig Stück Welt. Wäre die Gebirgsart nicht zu steil, wären

sie nicht zu hoch über der Meeres Fläche, und nicht
so sonderbar verschlungen daß Ebbe und Fluth
vor Alten Zeiten mehr und länger hätten herein=
würcken, auch größere Flächen überspülen können;
so wäre es eins der schönsten Länder. In dem schönen 5
Clima, etwas höher als das andre Land 2c.

So aber ists ein seltsam Gewebe von Bergrücken
gegen einander, wo man oft gar nicht absieht, wohin
das Wasser seinen Ablauf hat. Wenn die Thäler
besser ausgefüllt, die Flächen mehr glatt und über= 10
spült wären, würde es Böhmen zu vergleichen sehn
nur daß die Bergrücken auf alle Weise einen andern
Charackter haben.

Du mußt dir also keine Bergwüste, sondern ein
meist bebautes gebirgiges Land vorstellen durch das 15
man reist. Castanien kommen hier sehr schön. Der
Waitzen ist trefflich den sie hier bauen, und die Saat
steht schon hübsch grün. Eichen mit kleinen Blättern
(ich dencke Stein Eichen) stehn am Wege, und um
die Kirchen, Capellen 2c. schöne Cypressen.   20

Gestern Abend war das Wetter trübe heut ists
wieder hell und schön.

Mit den Vetturinen ists eine leidige Fahrt, das
beste daß man ihnen bequem zu Fuße folgen kann.

Mein Gesellschaffter ist mir von vielem Nutzen, ob 25
ich gleich lieber, um an der Iphigenié zu arbeiten,
allein wäre. Heute früh saß ich ganz still im Wagen
und habe den Plan zu dem großen Gedicht der An=

kunst des Herrn, oder dem ewigen Juden recht aus=
gedacht. Wenn mir doch der Himmel nun Raum
gäbe nach und nach das alles auszuarbeiten was ich
im Sinne habe. Es ist unglaublich was mich diese
5 acht Wochen auf Haupt und Grundbegriffe des Lebens
sowohl, als der Kunst geführt haben.

Sagt ich dir schon daß ich einen Plan zu einem
Trauerspiel Ulysses auf Phäa gemacht habe? Ein
sonderbarer Gedancke der vielleicht glücken könnte.

10 So muß denn Iphigenie mit nach Rom! Was
wird aus dem Kindlein werden?

In Bologna hab ich noch so manches gesehn von
dem ich schweige.

Einen Johannes und noch eine heil. Familie von
15 Raphael und ein Paar Arbeiten von Guido und den
Carrache die trefflich sind.

Ich traf eine Engländerinn an, die in eine Art
Prophetenrock gehüllt, gar artig einen Guido kopirte.
Wie sehr wünscht ich dir die Freude ein gleiches zu
20 thun.

Einige Köpfe von dem Spanier Velasquez sind
hier. Er ist weit gekommen. Einen guten Gedancken
hab ich an einer Statue einer Andromeda gesehn. Sie
steht mit in die Höhe gebundnen Häuden fast auf den
25 Fußspitzen und der Künstler um der Figur einen Halt
zu geben läßt einen kleinen Amor neben ihr knien
der sie mit der lincken Hand um den Fuß faßt und
mit der rechten einen Pfeil auf das Ungeheuer (das

natürlich nur gegenwärtig supponirt ist) werfen will.
Der Gedancke hat mir wohl gefallen, er ist einfach
und gratios und im Grund nur ein mechanisches hülfs=
mittel die Statue stehen zu machen.

Gute Nacht. Es ist kalt und ich bin müde. Gute ₅
Nacht! Wann werd ich dir dieß Wort wieder münd=
lich zurufen!

                    d. 25. Abends.   Perugia.

Zwey Abende hab ich nicht geschrieben es war nicht
möglich, unsre Herbergen waren so schlecht, daß an ₁₀
kein auslegen eines Blats zu dencken war. Es bleibt
mir viel zurück. Indeß wird auf alle Fälle die zweyte
Epoche meiner Reise von Venedig auf Rom weniger
reichhaltig aus mehr als Einer Ursache.

d. 23. früh unsrer Uhr um 10 kamen wir aus den ₁₅
Apeninen hervor und sahen Florenz liegen, in einem
weiten Thal das unglaublich bebaut und ins unend=
liche mit Haüsern und Villen besät ist.

Von der Stadt sag ich nichts die ist unzählichmal
beschrieben. Den Lustgarten Boboli der gar köstlich ₂₀
liegt hab ich nur durchlaufen, so den Dom, das Batiste=
rium, an denen beyden Gebäuden der Menschenwitz
sich nicht erschöpft hat.

Der Stadt sieht man den Reichthum an der sie
erbaut hat und eine Folge von glücklichen Regierungen. ₂₅
Überhaupt fällt es auf wie in Toscana gleich die
öffentlichen Wercke als Wege Brücken für ein schönes

grandioses Ansehn haben, das ist alles wie ein Puppen=
schranck.

Was ich neulich von den Apeninen sagte was sie
sehn könnten das ist Toskana. Weil es soviel tiefer
lag, hat das alte Meer recht seine Schuldigkeit gethan
und tiefen Leim Boden aufgehäuft, er ist hellgelb und
sehr leicht zu bearbeiten, sie pflügen tief aber noch recht
auf die ursprüngliche Art. ihr Pflug hat keine Räder,
und die Pflugschaar ist nicht beweglich, so schleppt sich
der Bauer hinter seinen Ochsen gebückt her, und wühlt
die Erde auf. Es wird bis fünfmal gepflügt. Wenig
und nur sehr leichten Dünger hab ich gesehn und den
streuen sie mit den Häuden. Wahre Kinder der Natur
wie wir bey Schilderung ihres Caracters noch mehr
sehen werden. Zuletzt säen sie den Waitzen und dann
haüfen sie schmale Sotteln auf und dazwischen tiefe
Furchen, alle so gerichtet daß das Regenwaßer ab=
laufen muß. Die Frucht wächst nun in die Höhe
auf den Sotteln. In den Furchen gehn sie sodann
her wenn sie gäten. Ich begreif es noch nicht ganz
warum sie so viel Raum liegen laßen. An einigen
Orten wohl wo sie Näße zu fürchten haben, aber auf
den schönsten Gebreiten thun sies. Gründlich bin ich
noch nicht unterrichtet.

Bey Arezzo thut sich eine gar herrliche Plaine auf,
wo ich über das gedachte Feld und die Arten es zu
bebauen bemerckte.

Reiner kann man kein Feld sehn, keinen Erdschollen,

alles klar. Aber man sieht auch nirgend ein unter=
geackert Stroh der Waitzen gedeiht aber schön. und
es ist seiner Natur gemäß. Das zweyte Jahr bauen
sie Bohnen für die Pferde, die hier keinen Haber kriegen.
Es werden auch Lupinen gesät die jetzt schon schöne 5
grün stehn und im Merz Früchte bringen. So auch
ist der Lein schon gesät und gekeimt, er bleibt den
Winter über und wird nur durch den Frost dauer=
hafter, unsre Winter sollte er nicht aushalten. Die
Oelbäume sind wunderliche Pflanzen. Sie sehen alt 10
fast wie Weiden aus, sie verlieren auch den Splint
und die Rinde geht auseinander. Aber sie hat gleich
ein festeres marckigeres Ansehn. Man sieht dem Holze
an daß es sehr langsam Wächst, und daß es unsäglich
durchgearbeitet ist. Das Blat ist auch weidenartig 15
nur weniger Blätter am Zweige. Um Florenz, an
den Bergen ist alles mit Oelbäumen und Weinstöcken
bepflanzt und dazwischen wird das Erdreich zu Körnern
benutzt. Bei Arezzo und so weiter läßt man die
Felder freyer. Ich finde daß man dem Epheu nicht 20
genug wehrt, der die Oelbäume wie andre Bäume
auszehrt. das doch ein leichtes wäre. Wiesen sieht
man gar nicht. Man sagt das türckische Korn, seit
es eingeführt worden, zehre das Erdreich sehr aus.
Ich glaube wohl bey dem geringen Dünger. das 25
nehm ich alles nur so im Vorbeyfahren mit und freue
mich denn doch das schöne Land zu sehn wenn gleich
die Unbequemlichkeiten gros sind.

Ich fahre fort sorgfältig das Land für sich,
eben so seine Einwohner, die Cultur, das Verhält=
niß der Einwohner unter einander und zulezt mich
den Fremden und was und wie es dem wird zu be=
5 trachten.

Hier fällt mir ein daß ich die Toskanische Dogan
Einrichtung als schön und zweckmäsig loben muß,
ob sie mich gleich incommodirt hat, und die andern
die mich nicht incommodirt haben taugen nichts.

10. Mein Reisegefährte ein Graf Cesare von hier
eine rechte gute Art Menschen, auch ein rechter Ita=
liäner.

Da ich oft still und nachdencklich war; sagte er
einmal: che pensa? non deve mai pensar l'vomo,
15 pensando s'invecchia und nach einigem Gespräch: non
deve fermarsi l'huòmo in una sola cosa, perche allora
divien matto, bisogna aver mille cose, una confusion
nella testa.

Was sagst du zu meinem Philosophen und wie
20 glaubst du daß ich, der alte Mambres, toujours faisant
de profondes reflexions, gelächelt habe.

Heute Abend haben wir Abschied genommen, mit
der Versichrung daß ich ihn in Bologna, wo er im
Quartier steht, auf meiner Rückreise besuchen wolle.

25 Ich schreibe nur so hin, es ist kalt und draußen
am Camin essen Kaufleute von Fuligno, ich gehe von
Zeit zu Zeit mich wärmen.

Auch hier ist allerley zu sehen das ich liegen laße,

eh ich nach Rom komme mag ich die Augen nicht auf=
thun, das herz nicht erheben. Ich habe noch drey
tage hin und es ist mir noch als wenn ich nie hin=
käme.

(Hier ein Paar Anmerckungen die weiter hervor
gehören.

Der Wein will magre Nahrung an Bergen und
viel Sonne haben, in der Plaine wird er zu schwer..
Die Feuchtigkeit die zudringt kann nicht genug aus=
gekocht werden es giebt einen ungeschlachten Tranck.

Bey Ferrara hab ich gesehen daß sie die Chausseen
mit zerschlagnen Ziegelstücken überführen das thut
recht gut und die alten Ziegeln die zu nichts nutze
sind werden zu was gebraucht. Auch Gartenwege zu
machen sind sie gar gut so bald ich nach Hause komme
will ich Versuche in beyden machen.)

Toskana scheint mir gut regiert, es hat alles so
ein ganzes Ansehn. Es ist alles fertig und zum
Nutzen und einem edlen Gebrauch.

Auf der Rückkehr wollen wirs näher ansehn.

Der Staat des Pabsts scheint sich zu erhalten weil
er nicht untergehn kann.

Der See von Perugia ist ein schöner Anblick.
Recht sehnlich wünsch ich mir jemanden von den
meinigen an die Seite. Was ist der Herzog unglück=
lich daß andre Leidenschafften ihn von einer solchen
Reise abhalten die er mit Bequemlichkeit und Freude
machen könnte.

Wenn ich diese Reise noch einmal machte wüßt
ich's auch nun beßer. Denn mit dem verschiednen
Gelde, den Preisen, den Vetturinen, den schlechten
Wirthshäusern ist es eine tagtägliche Noth, daß einer
5 der zum erstenmal wie ich allein geht und ununter=
brochnen Genuß suchte und hoffte, unglücklich genug
sich · finden müßte. Ich habe nichts gewollt als das
Land sehn auf welche Kosten es wolle und wenn sie
mich auf Ixions Rad nach Rom bringen; so bin ich's
10 zufrieden. Wenn ich Tischbein gesprochen habe dann
schildre ich die Italiäner überhaupt wie ich sie gesehn
habe. Du magsts dann mit andern Schilderungen
zusammenhalten.

· Ich sudle erstaunlich, verzeih es der Kälte und der
15 Unbequemlichkeit meines Schreibtisches. Ich habe dir ·
soviel gedacht diese zwey tage daß ich wenigstens etwas
zu Papier bringen möchte.

Wenn man die erste poetische Idee daß die Menschen
meist unter freyem Himmel lebten und sich nur manch=
20 mal aus Noth in Hölen retirirten noch realisirt sehn
will; so muß man die Gebäude hier herum, besonders
auf dem Lande ansehn. Ganz im Sinn und Geschmack
der Hölen.

· Eine unglaubliche Sorglosigkeit haben sie per non
25 invecchiarsi. So muß ich dir einmal eine Beschreibung
eines Vetturin Fuhrwercks machen und seine Genealogie
wie ich mir sie ausgedacht habe, und es fällt keinem
Menschen ein, diese Art Fuhrwerck zweckmäßiger,

Menschen und Thieren bequemer und ihrem Besitzer
vortheilhafter zu machen, und es kommt auf eine
Kleinigkeit an, die sich in jedem andren lande vor
funfzig Jahren gefunden hätte.

Nun Gute Nacht. Es geht nicht weiter. Ich bin
dir herzlich zugethan und sehne mich recht zu dir;
schon fängt mich der Schnee an zu ängstigen der sich
bald mit Macht zwischen uns legen wird.

Gute Nacht.

d. 26. Abends.

Ich hatte heute Abend ein unaussprechliches Ver=
langen dir zu schreiben und kann es nicht befriedigen.

Ich bin in

Fuligno.

völlig in einer Homerischen Haushaltung, wo alles um
ein Feuer in einer grosen Halle versammelt ist und
schreyt, lärmt, an langen Tischen speist, wie die
Hochzeit von Cana gemahlt wird. Ich ergreiffe die
Gelegenheit da einer ein Dintenfaß hohlen läßt dir
schnell auch etwas zu sagen.

In Perugia hab ich nichts gesehn, aus Zufall und
Schuld. Die Lage der Stadt ist schön und mir wohl
eingedruckt.

Der Weg ging erst hinab, dann nach einem schönen
auf beyden Seiten in der Ferne eingefaßten thal hin.
Endlich sahen wir Assissi liegen. Mein Volckmann
sagte mir von der Maria della Minerva, ich stieg

bey Madonna del Angelo aus und lies meinen Vetturin
nach Fuligno seinen Weg machen, ich stieg unter einem
starcken Wind, nach Assisi hinauf. Il Gran Con-
vento und den geehrten .. geheiligten Galgenberg lies
ich lincks liegen, sah des heil. Franziskus Grabstäte
nicht, ich wollte mir wie der Cardinal Bembo die
Immagination nicht verderben, sondern fragte einen
hübschen Jungen nach der Maria della Minerva. Er
ging mit mir und wir mußten die ganze Stadt hin=
aufsteigen die an einem Berge gebaut ist. Endlich
kamen wir in die eigentliche alte Stadt auf den Marckt,
und siehe das schöne heilige Werck stand da. Das
erste der alten Zeit das ich sah. Ein so bescheidner
Tempel wie er sich für eine kleine Stadt schickte, und
doch so ganz und so gedacht wie er überall stehn
dürfte.

Und nicht der Tempel allein, laß dir ihn Volck=
mann beschreiben, sondern seine Stellung.

Seitdem ich Vitruv und Palladio gelesen habe wie
man Städte bauen und Tempel 2c. stellen müßte hab
ich einen großen Respeckt für diesen Dingen.

So natürlich und so groß im natürlichen.

Erstlich steht er auf der schönsten Höhe des Bergs
auf dem Plaz der noch iezt der Platz ist es kommen
eben zwey Hügel zusammen der Plaz selbst steigt ein
wenig und es kommen vier Strasen zusammen die ein
sehr gedrucktes Andreaskreuz machen. Zwey Strasen
von unten herauf, zwey von oben herunter. Wahr=

scheinlich standen zur alten Zeit die Haüser gegen dem
tempel über nicht, er ist grade gegen Mittag gerichtet
und hatte wenn man sich die Häuser wegdenckt die
schönste Aussicht.   Die Strasen müßen schon von
Alters gewesen seyn, mehr oder weniger, denn sie folgen
aus der Lage des Bergs. Nun begriff ich nicht recht,
warum der Tempel nicht in der Mitte der Platzes
Seiten steht, endlich faud ich's.

Die Straße die von Rom herauf kommt war schon
gebaut, wie ich vermuthe, und der Baumeister richtete
den Tempel so daß er von der Straße aus sichtbar
wurde, nicht ganz gerade sondern von der Seite.

Ich will (wills Gott) einen kleinen Riß machen
daß es deutlich werde.   Am Tempel (der Façade ver=
steht sich) hab ich die größte Freude gehabt meine
Ideen und Grundsätze bestärckt zu sehn.

Sie ist Corinthischer Ordnung die Säulenweiten
dem Augenmas nach etwas über zwey Model.   Die
Säulen haben ihre Füse und überdies Würfel.   so=
dann Piedestale aber die Piedestalle sind eigentlich der
durchschnittne Sockel, denn 5 Treppen gehn zwischen
den Säulen hinauf.   Fünf weil die alten die Stufen
ungleich machten.   Unterhalb gingen noch mehr Stufen
nieder, die ich nicht beobachten konnte, weil sie theils
verschüttet, theils mit Pflaster Steinen belegt waren.
Diese Art den Sockel zu zerschneiden und die Treppen
hinaufzubringen hab ich nie gebilligt, hier aber war
es recht, denn die Enge des Platzes zwang den Architeck=

ten mit den treppen hinein zu gehn. So kann uns
das beste Kupfer nicht lehren wie die Gegenwart.

(Sie lärmen mir so entsetzlich um die Ohren
daß ich fast nicht fortschreiben kann.)

Dieses ist eben der alten Künstler Wesen das ich
nun mehr anmuthe als jemals, daß sie wie die Natur
sich überall zu finden wußten und doch etwas wahres
etwas lebendiges hervorzubringen wußten.

Nachher hab ich einen herrlichen Abend gehabt ich
bin von Assissi nach Foligno zu Fuß gegangen und
habe mich nur mit dir unterhalten, nun lärmen mir
die Italiäner die Ohren so voll daß ich nichts sagen
kann.

Da ich die armen Bauern auch hier so mit Müh=
seligkeit die Steine umwenden sah dacht ich an dein
Kochberg und sagte recht mit innerlichen Herzens=
trähnen: wann werd ich einmal wieder in Kochberg
einen schönen Abend mit ihr feyern? Ich sage dir
meine liebe, wenn sie nur hier das Clima nicht voraus
hätten!

Mit dem unglaublichen Leichtsinn sich nicht auf
den Winter vorzubereiten leiden sie wie die Hunde.
Wir wolltens besser machen.

Gute Nacht meine liebe. Der Lärm hört auf, ich
habe sie ausgedauert. - Aber auch ich bin müde.

Mein Abendspaziergang war gar schön. Vier volle
Stunden an einem Berg hin, rechts ein schön bebautes
Thal.

Ich komme mit dem Volcke recht gut fort und mit
einem einzigen Jahr Practick und mit einem mäsigen
Gelde wollt ich hier obenauf seyn. Aber es ist nicht
der Mühe und der Existenz werth.

Wenn ich so dencke heut ist Donnerstag und den   5
nächsten Sonntag wirst du in Rom schlafen nach
dreysig Jahren Wunsch und Hofnung. Es ist ein
närrisch Ding der Mensch. Verzeih mir, der Wind
zieht durch die Fenster ich fuble nur so fort.

Gute Nacht.   10

                    d. 27. Abends.   Terni.

Wieder in einer Höle sitzend, die vor einem Jahre
vom Erdbeben gelitten, wend ich mein Gebet zu dir
mein lieber Schutzgeist.

Wie verwöhnt ich bin fühl ich erst jetzt. Zehn   15
Jahre mit dir zu leben von dir geliebt zu seyn und
nun in einer fremden Welt. Ich sagte mir's voraus
und nur die höchste Nothwendigkeit konnte mich zwingen
den Entschluß zu faßen. Laß uns keinen andern Gedancken haben als unser Leben miteinander zu endigen. 20

Terni liegt in einer köstlichen Gegend, die ich diesen
Abend von einem Spaziergange um die Stadt mit
Freude beschaute. Ein Priester ist seit Perugia, da
mich der Graf Cesare verlassen mein Gefährte. Dadurch daß ich immer wieder unter neue Menschen   25
komme, erreiche ich sehr meine Absicht und ich ver-
sichre dich man muß sie nur unter einander reden

hören was das einem für ein lebendig Bild des ganzen
Landes giebt.   Sie haben unter einander einen so
sonderbaren National und Stadt Eifer, können sich
alle einander nicht leiden, die Stäude sind im ewigen
5 Streit und das alles mit immer lebhafter gegenwär=
tiger Leidenschafft, daß sie einem den ganzen Tag
Comödie geben und sich blosstellen.   Spoleto hab ich
bestiegen und war auf dem Aqueduckt der zugleich
Brücke von einem Berg zum audern ist.   Die zehen
10 Bogen die das Thal füllen, stehn, von Backsteinen ihre
Jahrhunderte so ruhig da und das Wasser quillt noch
immer in Spoleto an allen Orten und Euden.   Das
ist nun das dritte Werck der Alten das ich sehe, und
wieder so schön natürlich, zweckmäsig und wahr.   Diesen
15 grosen Sinn den sie gehabt haben! — Es mag gut
seyn wir wollen mehr davon sprechen. -- So verhaßt
waren mir immer die Willkührlichkeiten.   Der Winter=
kasten auf Weissenstein, ein Nichts um Nichts, ein un=
geheurer Confeckt Aufsatz und so mit Tausend andern
20 Dingen.   Was nicht eine wahre inure Existenz hat,
hat kein Leben und kann nicht lebendig gemacht werden,
und kann nicht gros seyn und nicht gros werden.

     Die nächsten vier Wochen werden mir voller Freuden
und Mühe seyn, ich will aufpacken was ich kann.
25 das bin ich gewiß und kann es sagen noch keine
falsche Idee hab ich aufgepackt.   Es scheint arrogant,
aber ich weiß es, und weiß was es mich kostet nur
das Wahre zu nehmen und zu fassen.

St. Crucifisso halt ich nicht eigentlich für ein
Überbleibsel eines Tempels, (das heist eines tempels
der so stand) sondern man hat Säulen Pfeiler, Ge=
bälcke gefunden und zusammengeflickt nicht dumm aber
toll. Eine Beschreibung wäre zu weitläufig und ists
nicht werth.

Die Römische Geschichte wird mir als wenn ich
dabey gewesen wäre. Wie will ich sie studiren wenn
ich zurückkomme, da ich nun die Städte und Berge
und Thäler kenne. Unendlich interessant aber werden
mir die alten Etrurier. In Fuligno konnt ich das
Gemälde Raphaels nicht sehn es war Nacht, hier die
Wasserfälle nicht es war bald Nacht. Bey meiner
ersten kursorischen Lesung Italiens muß und kann ich
nicht alles mitnehmen. Rom! Rom! — Ich ziehe
mich gar nicht mehr aus um früh gleich bey der Haud
zu sehn. Noch zwey Nächte! und wenn uns der Engel
des Herrn nicht auf dem Wege schlägt; sind wir da.

Da ich auf die Apeninen von Bologna herauf kam,
zogen die Wolcken noch immer nach Norden. Zum
erstem sah ich sie gegen Mittag nach dem See von
Perugia ziehen und hier bleiben sie auch hängen,
ziehn auch gegen Mittag. Das alles trifft mit meiner
Hypothese recht gut überein. Und statt daß die grose
Plaine des Po den Sommer alle Wolcken nach dem
Thyroler Gebirg schickt; so schickt sie jetzt einen Theil
nach den Apeninen, im Winter mehr, (die übrigen
Wolcken bleiben auch hangen) daher die Regenzeit.

Das Gebirg ist sich bis hierher immer mit wenigen
Abweichungen gleich. Immer der alte Kalck, dessen
Flötz Lagen auf diesen letzten Stationen immer sicht=
barer wurden.

5 Terni. liegt am Anfang einer schönen Plaine zwischen
Bergen, alles ist noch Kalck, nichts Vulkanisches hab
ich spüren können. Liegt aber eben wie Bologna drüben,
so hüben an einem Ende. Vielleicht wird uns morgen
etwas vorkommen. Volckmann sagts.

10 Die Oliven fangen sie nun an abzulesen, sie thun es
hier mit den Händen, an andern Orten schlagen sie sie.

Wenn sie der Winter übereilt bleiben die übrigen
biß gegen das Frühjahr hängen. Heute hab ich auf
sehr steinigem Boden die größten ältsten Bäume gesehen.

15 Heute früh ging ein recht kalter Wind, Abends
war es wieder schön und wird morgen heiter seyn.
Gute Nacht meine Liebste. Ich hoffe du haft nun
meinen Brief von Venedig.

Citta Castellana. d. 28. Oktbr.

20 Den letzten Abend will ich nicht fehlen, es ist noch
nicht acht Uhr und alles ist zu Bette. Fast wär ich
dem bösen Exempel gefolgt.

Heute war ein ganz heitrer herrlicher Tag, der
Morgen sehr kalt, der Tag klar und warm, der Abend
25 etwas windig aber schön.

Von Terni fuhren wir sehr früh aus. Da ich
angekleidet schlafe weiß ich mir nun nichts hübschers

als des Morgens vor tag aufgeweckt zu werden, mich
in den Wagen zu setzen und zwischen Schlaf und
Wachen, dem Tag entgegen zu fahren. Heute hat
mich die Muse wieder mit einer guten Erfindung be-
glückt.   5

Narni stiegen wir hinauf eh es Tag war, die
Brücke hab ich nicht gesehn. Von da Thäler und
Tiefen, Nähen und Fernen köstliche Gegenden, alles
Kalckgebirg auch nicht eine Spur von einem andern
Gestein.   10

Otrikoli liegt auf einem von der Thyber ehmals
zusammengeschlemmten Kieshügel und ist von Laven
gebaut die ienseits des Flußes hergehohlt sind.

Sobald man über die Brücke pag. 365 hinüber
ist, spürt man schon das vulkanische Terrain. Man 15
steigt einen Berg hinauf der aus grauer Lava besteht,
mit weißen sogenannten Granaten. Die Chaussee die
von der Höhe nach Citta Castellana geht, ist von
eben dieser Lava, schön glatt gefahren, das ganze
Terrain ist nun Vulkanisch.   20

Die Stadt steht auf vulkanischem Tuff, der wie
gewöhnlich aus Aschen, Bimssteinen Lavastücken besteht, in der Nähe der Stadt hab ich iene Lava nicht
wieder gesehn

Vom Schloß ist die Aussicht schön. Der Berg 25
S. Oreste (So<u>r</u>a<u>c</u>te) ist ein von den Apenninen ab-
stehender (meiner Überzeugung nach) Kalckberg an dem
und um den die Vulkanischen Feuer gewütet haben.

Die Vulckanischen Strecken sind viel niedriger als die
Apenninen und nur das durchreisende Wasser hat sie
zu Bergen und Felsen gemacht, da sind aber schöne
Gegenstände, überhängende Klippen 2c.

5 Nun gute Nacht. Morgen Abend in Rom. Nach=
her hab ich nichts mehr zu wünschen als dich und
die wenigen meinigen gesund wiederzusehn.

Rom d. 29. Oktbr. Abends.

Mein zweytes Wort soll an dich gerichtet seyn,
10 nachdem ich dem Himmel herzlich gedanckt habe daß
er mich hierher gebracht hat.

Ich kann nun nichts sagen als ich bin hier, ich
habe nach Tischbeinen geschickt.

Nachts.

15 Tischbein war bey mir. Ein köstlich guter Mensch.
Ich fange nun erst an zu leben, und verehre meinen
Genius.

Morgen mehr.

d. 30. Nachts.

20 Nur ein Wort nach einem sehr reichen Tage! Ich
habe die wichtigsten Ruinen des alten Roms heute
früh, heut Abend die Peterskirche gesehen und bin
nun initiirt.

Ich bin zu Tischbein gezogen und habe nun auch
25 Ruhe von allem Wirthshaus und Reiseleben. Lebe
Wohl.

Vesuv. Sicilien. Puzzuoli.

Eilige Anmerckungen über den Vesuv.
d. 19. März 1787.

Alte Lava. Am Fuße. Weiter hinauf hin und her zerstreut. davon konnte ich keinen Deutlichen Begriff saßen.

Lava von 71. Vegetation derselben. Leichtgefloßne Oberfläche einer ältern Lava den grosen Aschenberg herunter. wie gestandne Butter mit Schörl.

Der große Aschenberg schon gegen die Spitze warm und mit Schwefeltheilen fließend.

Das stehende Stück alten Craters, dampfend, bey= nahe heiß. Fließende Lava, die sich einen langen Hügel hinunter macht auf dem sie in einem Canal wegfließt.

Langsamkeit. wie sie tiefer kommt Wände.

Sie macht sich ein Dach wo sie herausbricht. und arbeitet unter der Kruste. Macht sich Oeßen in wunderlicher Kegelgestalt. Die Kruste sieht wie ein Fladen aus, mit gezackten Riefen. Sehr schön sieht es so frisch aus, weil bald alles mit Asche bedeckt ist und man nachher keine Idee davon hat.

Der glühende Fluß Lava war oben ohngefähr 6 Palmen breit und ging in ein schroffes Thal hinab.

Aus den Deſſen über der Mündung pfiff anhaltend Luft und ſchien wie ein Kochen.

Wir waren auf dem Aſchen Berge und dem mitt= lern Schlunde, ſtarcker Rauch quoll aus der tiefe.
5 Wir waren kaum hinab als er zu tönen und Aſche und Steine zu werfen anfing. Die Steine fielen auf dem Kegel nieder und rollten herab. Die Aſche reg= nete lange nachher erſt auf uns.

Die Deßen die ich ſchon beſchrieben beſucht ich wieder.
10 Meine Bemerckung iſt richtig daß ſich die Zapfen durch Sublimation machen.

Schade daß dieſe Zapfen an der Luft zerfallen, und daß man von den andern ſchönen Sublimationen, des Sal Ammoniacks, des Schwefels ꝛc. nichts mit=
15 nehmen kann. Es verändert ſich gleich.

Der Schwefeldampf iſt oft ſehr beſchwerlich, ja unleidlich.

Mancherley Arten Laven hab ich auf ihrer Ent= ſtehungsweiſe ertappt.
20 Dieſe eilige Anmerckungen ſchicke ich mit, hebe ſie auf es dient zur Erinnerung.

[9. April.]

Der Weg nach Bagaria geht über Kalck Tuf, Kalck Tuf mit Jaspis und andern Berggeſchieben, das Haus Valguarneri liegt auf einem Urkalck Felſen,
25 das Belvedere iſt auch Urkalck.

Gebürg. Erstes Lager. Muscheln. Corallen.
2. Lager. Muscheln und Kalch. Auffsteigen Kalch
Brecia mit rothem Thon hoch — Kalck grau fest.
Pietra della Santa Kalckspat. zweifelhaft. Löcher.
Striemen. Ursache.   5

Gipfel. Höhlen. Ziegendreck. Höhle der heiligen.
Halle wie andre Kirchen. — Schiff. Vorhof. Beicht=
stühle. Altäre unten verdeckt. Bäume. Felsen rechts.
Löcher. Grotte. Bley Ableitungen. Bindfaden. In=
schrift. Hl. im Grabe. Licht. Wasser Gefäß. Altar. 10

Heilige. Marmorbild. Gesicht und Hände. Lie=
gend in Entzückung, Rechte Hand unter dem Kopf,
Ring am kleinen Finger, Armband an der Hand.
Lincke Hand an der Brust, voll Ringe die finger,
Locken best vergoldet. Natürliche schöne Haare. 15
Kleid, Metall verguldet. Engel der ihr Blumen reicht.
Goldne Blumen Krone auf dem Haupt. Gegitter
Messing Blumen Drat darüber. Lampen. Malthefer
Kreuz.

————————

Elemente der Tollheit des Prinzen Pallagonia.   20
Menschen. Bettler, Bettlerinnen, Spanier und Sie,
Mohren, Türcken, Buckliche, alle Arten verwachsne,
Zwerge, Musikanten, Pulchinellen, Soldaten, Antik
Kostüm. Götter Göttinnen. Alte französche Kleider,
Soldaten mit Patrontasche und Kamaschen.   25
Thiere. Nur theilweise Pferd mit Menschenhänden,

Mensch mit Pferdekopf. Affen. Drachen vor allem
und Schlangen dann alle arten Figuren alle arten
von Pfoten, verdopplung verwechslung der Köpfe.

Grichische Geschichten mit Zuthaten Chiron und
5 Achill und Pulcinell. Der Spiegel den ein Satyr
einem Weib mit einem Pferdekopf vorhält ist das
Wapen des Haußes. Dreyeinigkeit in dem zweyten
Thor. Caryatiden.

Vasen. Alle Sorten von Monstern und Schnörckeln
10 die unterwärts zu Vasen Bäuchen und Füßen endigen.

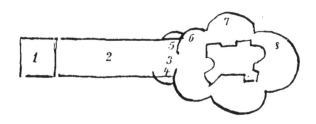

1. Dreyeinigkeit. Riesen mit Camaschen. 2. Avenue
Baluſtrade. Piedeſtale Vaſen Gruppen. 3. Mauer
als Feſtung. 4. Egyptiſche Figur in der Mauer am
Thor. 5. Springbrunn ohne Waſſer, Monument zer=
15 ſtreute Vaſen. Statuen auf die Naſe gelegt. 6. Drachen
dazwiſchen Götter NB. Atlas der ein Weinfaß ſtatt
der Weltkugel trägt. Alte Laube vollgeſtellt NB. Bäncke
und Laube vom Onckel her. 7. Spielleute Monſter
Zwerge. 8. Monſter Affen.

20 Vor dem Pallaſt Kayſer in Karikatur mit dem
Lorbeerkranz auf einem Zwergen Leib auf einem
Delphin ſitzend. Hydern und das Geſims. mit kleinen

Büsten. Schiefe der Gebäude des Hofs. Zusammen=
setzung der Gruppen.

▯ ▯ ▯ Untersätze wenn die Figuren
▭ ▭ nicht hoch genug waren.

Schon in Palermo bezweifelte ich des Prinzen
Pallagonia Originalität, er hat Vorgänger gehabt
und Muster gefunden. Auf dem Wege nach Monreale
stehen zwey Ungeheuer an einer Fontaine und auf
der Salite einige Vasen völlig in seinem Geschmack.
Davon künftig mehr.

Hinter Monreale wenn man den schönen Weg
verläßt und ins steinigte Gebirge kommt, oben auf
dem Rücken liegen Steine im Wege die ich ihrer Schwere
und Verwitterung nach für Eisensteine nahm ??

Alles ist bis an die Höhen bebaut und trägt besser
oder schlechter. Der Kalckstein zeigte sich roth und
die verwitterte Erde an diesen Stellen auch roth. Doch
kann ich noch die Menge rothe Thonig kalkige Erde
erklären. Der Boden ist sehr schwer als nächste Ver=
witterung des Grundgebirgs. Kalckiger Thon, ohne
Sand. trägt trefflichen Waizen.

Wir fanden alte sehr verstümmelte aber sehr starcke
Oelbäume.

Betteljunge der die Aepfelschälen auffrißt. Hunde
die von Betteljungen, diese die wieder von alten Bett=
lern verjagt werden. Handwercksneid. Bettler mit
der zerlumpten Toga der sich immer juckt, als Camerier.

Einkaufen der Wirthe durch Bettler was man ver=
langt. Geschichte der 4 Tarinen. Guter Vetturin.
der zugleich Stallknecht, Cicerone, Garde, Einkäufer
Koch und alles ist. Alcamo gemauert Bette. Schöne
5 Lage über dem Meerbusen. la Sala Marcktplatz für
das höhere Gebirg. Auf den Höheren Bergen der
Oelbaum Caruba, Fraxinus. 3 Jahre Favata, Grano,
Riposo. Grasso fa piu miracoli che i Santi. Der
Weinstock wird sehr niedrig gehalten. Der Wein ist
10 sehr mächtig. Großheit der Gegend, hohe Felsen, tiefe
Thäler aber Weite und Manigfaltigkeit. Das schöne
doppelte Thal hinter Monreale, wo noch ein Fels=
rücken in der Mitte herzieht. Die fruchtbaren Felder
standen grün und still, indeß das wilde Gebüsch auf
15 dem Wege wie unsinnig von Blüten war. Eine Art
Linsenbaum Galega ganz gelb. kein grünes Blat zu
sehen. der Weisdorn in schönsten Bouqets. An den
Aloe bey Palermo hatte ich schon ein Keimen bemerckt
das ich für den Vorboten der nächsten Blüte hielt,
20 hier sah ich daß ich mich nicht betrogen hatte. Blut=
rother Klee, wie ein Amaranth von weitem, Inseckten
Orchis. Alpenröslein Cistus. Eine Art Hyazinte mit
geschloßnen Klocken. Borazo. Allium. Asphodelus.
Hinaufrucken bis Terracina der Gewächse.
25 Das Wasser das von Segeste herunterkommt bringt
außer Kalcksteinen, viele Geschiebe eines Quarzgesteins,
das ich auf dem Harz und bey Karlsbad schon ge=
sehen. Die Geschiebe sind sehr fest. Ich fand Dunckel-

blaue, Rothe, Gelbe, Braune verschiedner Schatti=
rungen. Auch Feuerstein Gänge mit anstehendem
Marmorsaalband. unter dem Felsen des Tempels
finden sich so große Stücke daß ich fast dachte dort
sey die Scheidung mit dem Kalck und dem Quarz=
gebirg. Es ist aber alles zugedeckt mit Rasen. Von
diesem Geschiebe sind ganze Hügel eh man nach Al=
camo kommt, auch zwischen Alcamo und Segeste.
Durch diese Geschiebe und den zermalmten Sand dieser
Steinart wird der Boden dorthin lockrer. Auch steht
ein Fels am Weg, gedachte Kiesel mit losem Sand=
bande gebunden. keinen Jaspis fand ich.

NB. des Fenchels zu gedencken wegen der obern
und untern Blätter. Man gätet hier sehr fleisig.
Die Männer gehen wie bey einem Treibjagen das
ganze feld durch.

Inseckten laßen sich nun auch sehn. In Palermo
nur Eidexen, wenige Blut Egel, Schnecken nicht schöner
gefärbt als unsre vielmehr nur grau.

Tempel zu Segeste.

Ist nie fertig geworden und man hat den Platz
um denselben nie verglichen, vielmehr hat man nur
den Raum geebnet auf dem man den Tempel bauen
wollte, ringsumher den Grund zu den Säulen gelegt.
Denn noch jetzt stehn die Stufen an manchen Orten
9—10 Fuß unter der Erde und es ist kein Hügel in
der Nähe, von dem Steine und Erdreich hätten herunter=

kommen. können, auch liegen die Steine in einer meist
natürlichen Lage, auch findet man keine Trümmer
darunter. Die Säulen stehen alle, zwey die umge=
fallen waren sind wieder hergestellt überhaupt für
5 das ganze Gebaüde geforgt worden.

Die Nebenseiten haben 12 Saülen ohne die Eck=
saülen, die vorder und Hinterseite 6, mit den Ecksäulen
also 36.

Die Säulen sollten eigentlich keine Basen haben
10 wie man an der Nordseite sieht die fertig ist.

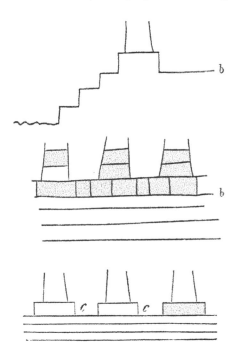

Dieses Profil von der Seite a angesehn sieht aus
als wenn die Säulen auf der vierten Stufe auf=
stünden.

Auch sieht die Ansicht von Norden würcklich so aus
obgleich die Lienie b. der Fusboden des Tempels ist.

Auf der Mitternachtseite aber sieht es aus als
wenn die Säulen Basen hätten, aber es ist die Ur=
sache weil die Steine welche in die Zwischenräume cc.
kommen sollten noch nicht eingesetzt sind auser in einer
Säulenweite. Die Vorder und Hinterseite laßen auch
ihre Säulen ansehn als wenn sie Basen hätten eigent=
lich sind aber nur die Stufen ausgeschnitten, und das
bleibende Stück sieht aus oder ist eine Base. Es will
mir nicht in die Augen, besonders da die zwey obern
Stufen ausgeschnitten sind und also die Base doppelt
wird.

Die Zapfen an denen man die Steine transportirt
sind rings um den Tempel nicht weggehauen. Es
scheint mir auch dies ein Beweiß daß der Tempel
nicht fertig geworden. Am meisten aber der Fuß=
boden. Dieser ist von den Seiten herein an einigen
Orten mit Platten angegeben, in der Mitte aber steht
noch der rohe Kalckfels, höher als das Niveau des
angelegten Bodens, kann also nie geplattet gewesen
seyn. Auch ist keine Spur einer innren Halle.

Noch weniger ist der Tempel mit Stucc überzogen
gewesen. Die Vorsprünge an den Platten der Kapitäle
möcht ich dahin erklären.

Er ist aus Kalckstein gebaut der sehr ausgefressen
ist und einem Travertin ähnlich sieht. Jetzt (seit 81)
ist er restaurirt.

Die großen besondern Steine deren Riedesel er=
wähnt konnt ich nicht finden, sie sind wohl zu Restau=
ration der Saülen gebraucht worden.

Die Coupe der Steine ist sehr einfach aber schön.

5 Vom Ganzen sag ich nichts das muß Houels Werck
besser kennen machen als Worte.

Die Lage ist sonderbar. am höchsten Ende eines
weiten langen Thales auf einem isolirten Hügel, sieht
der Tempel über viel Land in eine weite Ferne, aber
10 nur in ein Eckgen Meer.

Die Gegend ruht in trauriger Fruchtbarkeit.

Alles bebaut und fast nicht bewohnt.

Auf blühenden Disteln schwärmten unzähliche
Schmetterlinge, und Wilder Fenchel stand 8—9 Fuß
15 hoch, es sah aus wie eine Baumschule.

Wo eine Stadt gelegen, ist keine Spur in der Nähe.

Der Wind sauste in den Säulen wie in einem
Walde und Raubvögel schwebten schreyend über dem
Gebälcke. Sie hatten wohl Jungen in den Löchern.

[Puzzuoli, 19. Mai.]

20 . . und machte einen kleinen Teich e. f. der die Tiefe
c. d. hatte. nun war der untre Theil der Säulen
c. b. verschüttet und kein Wassergeschöpf konnte daran
kommen, dagegen hatten sie freyes Gastmahl an dem
unter Wasser gesetzten Stücke der Säulen c. d. und
25 arbeiteten Hölungen hinein in die man größere und
kleinere Finger hineinstecken kann. Die Säulen sind

von griechischem Cipolin Marmor, und mögen den
Schaalthieren, als eine ausländische zarte Speise tref=
lich . . . . . herausschauten, nach . . reinigte wie er iezt
steht. NB. die Asche liegt noch, in der Höhe in
welcher die Säulen rein und unangefressen sind, um ₅
den Tempel her.

Wie vieles wäre nicht von der Solfatara, dem
Monte nuovo ꝛc. zu sagen. Nur eins glaube ich
ziemlich gewiß, daß die Vulkanischen Würckungen
keine sehr tiefe Ursachen haben. Tief will ich ₁₀
hier nur unter dem Niveau des Meers nennen. Doch
das ist zu unbestimmt und erfordert eine weitläufigere
Ausführung als ich Zeit und biß jetzt Erfahrung
habe.

Lesarten.

Der Zustand der voritalienischen Tagebücher Goethes
mit ihren massenhaften, oft nur unsicher aufzulösenden
Abkürzungen liess es den Redactoren, unter ihnen noch
W. Scherer, räthlich erscheinen einen möglichst genauen
Rohdruck der vielfach sehr unleserlichen Handschriften zu
bieten, alle Abbreviaturen, alle thüringischen etc. Schrei-
bungen, die verschiedener Interpretation Raum gebende
lässige Interpunction und sonstige Flüchtigkeiten zu wahren
und so der Forschung gleichsam ein Facsimile vorzulegen.
Eine andere Behandlung hätte den Apparat ungemein be-
lastet und im Texte doch eine Menge Puncte offen oder
strittig lassen müssen. Das Burkhardtsche Verzeichnis ab-
gekürzter oder incorrecter Formen wird auch zünftigen
Lesern willkommen sein. Es erhebt keinen Anspruch Er-
schöpfendes zu bieten. Am Schluss der ganzen Abtheilung
wird ein vollständiges Register die Orts- und Personennamen,
mit knappen Erläuterungen, umfassen.

Die weimarischen Tagebücher dieses ersten Bandes hat
C. A. H. Burkhardt, unter gelegentlicher Mitwirkung von
E. Schmidt und J. Wahle, bearbeitet. Die schweizerischen
Fragmente von 1775 und 1779 Erich Schmidt, dem es
gleichfalls an collegialer Hilfe bei der Nachvergleichung
nicht fehlte; derselbe das italienische Reisejournal. Unter
den Jugendurkunden der „Werke" (I. Abtheilung) werden
die „Ephemerides", Lesefrüchte aus Strassburg, erscheinen.

Cursivdruck bezeichnet Lateinischgeschriebenes, Schwa-
bacher Ausgestrichenes der Hs. g^1 = mit Bleistift.

Schweiz 1775.

Ungedruckt, Goethearchiv. Ein Heftchen kl. 8°, mit
den beiden beschriebenen Deckeln 16 Bll. Aussen von Riemers
Hand „Tagebuch. Schweizerreise 1775." Bl. 2. und Stück
von 3.[1] enthält die bouts rîmés; alles petit gedruckte nicht
von Goethe, das Datum oben von dem Schreiber der 2. Strophe,
der dann die Reime für die 3. vorgezeichnet hat u. s. f.
3.[1] folgt unmittelbar die erste Fassung des Liedes Und
friſche Nahrung, 3.[2] der poetische Gruss an Lili, 4.[1] die später
genauer beschriebene Route Amsteg-Gotthard, 4.[2] der Hexa-
meter Und dem, 5.—7.[1] leer, 7.[2] quer mit Tinte erster Entwurf der erst im Garten zu Weimar verfassten Verse Gib
das tagwerck meiner Hände, 8.—11.[1] leer. Neuer Anfang, um-
gedreht, 15.[2] (16.[1] von der Hand eines Führers oder des
Wirthes Meyer selbst Thallaman (Thalamtmann) Caſpar Antonj
tonj *Meyer* Drey König wird in Vrſern an der Math und von
Goethes Hand Ziffern einer Preisberechnung), 15.[2] = 4, 14—20,
15.[1] = 4, 21—5,5 (mit grossem Spatium auf 11.[1]) das eigentliche Tagebuch, z. Th. wörtlich benutzt in „Dichtung und
Wahrheit" Buch 18 und ausdrücklich als Tagebuch oder Ge-
dentheftchen erwähnt; zum Zeichen der Erledigung durch-
gestrichen. Alles — ausser 7.[2] — *g*[1], vieles sehr verwischt.

-   Im Goethemuseum haben sich folgende von Goethe
datirte sehr kunstlose Folioskizzen gefunden: 1) Rigi d 17 Juni
1775 im Ochſen (die Stube) 2) d 17 Jun 75 (Seestücke)
3) Rigi 18 J. (Blockhaus) 4) 19 Jun 75 Wirths haus am
Vier Waldſt. See 5) bey Jzenau d. 19. *NB* die Steine dunckel
das Holzwerk hell und durch den ausblickenden dunckeln Grund
erhaben (Haus) 6) Altdorf 19 J. 7) d. 20 J. Gothard 8) d.
21 J. Drachenthal 9) Doppelfolio mit zwei Figuren Scheide
Blick nach Italien vom Gotthard d. 22. Jun. 1775 10) 22. Jun
Urner Loch 11) 23 Jun Urner Loch 12) 23 Jun Teufels Stein
13) 23 Jun. Teufels Brücke 14) Doppelfolio Teufels Brücke
15) Johannis Tag Gerstenfeld

1, 5 ergänze Säuen   11 *Clios* nach Thalias   13 B***ſt
wohl irgend ein Neckname für Lips   2, 5 Schweizer nach
Zür[ch]er   9 voll] lies ſoll   11 Damm nach einen   3, 21 gab

22 liebt   23 War war   4, 10 Wüſte nach Wildniß   12 Prieſt
erhellen unsicher   21 ewigen vor Gotter   5,5 nie vielleicht
um   6 den aus am   21 Cloſter vor im Cloſt   6,5 der aus
deß vor Brunns fallen Rauſchen   Plätſchern nach Plumpen
s Jzenach ganz deutlich für Vißnau   16 Saumroſſ nach Maul=
thier   19 Geſchten   7, 2. 3 Einer — Gegend vielleicht von
andrer Hand   4 Ll vielleicht N G.—D.] Göß von Ver=
lichingen ſonſt Docftor?

October 1775.

Quartblatt aus dem Nachlass der Frau von Stein, Uni-
versitäts- und Landesbibliothek Strassburg; zuerst gedruckt
bei Schöll, Briefe und Aufsätze von Goethe aus den Jahren
1766 bis 1786. Weimar, Landesindustriecomptoir 1846
(2. Titelausgabe 1857) S 158ff, danach bei S. Hirzel, Der
junge Goethe. Leipzig 1875 3, 697ff. Die Überschrift von
Goethe.

8, 2 Ebersſtadt aus Ebersdorf   5 auf — Zukunft üdZ
10, 7 hügel abgereißt   17 mir aus mich)   19 ſtört

Die weimarischen Tagebücher befinden sich im
Goethearchiv. Ausnahmen sollen verzeichnet werden. Die von
1776—82 sind, wo nichts anderes bemerkt wird, autograph;
ebenso das italienische. In den benutzten Kalendern —
s. u. — wurden für jeden Monat zwei Blätter Schreibpapier
eingeheftet. Das Bestreben, die Notizen den gedruckten
Daten übersichtlich entgegenzustellen, konnte bei dem Um-
fang mancher Einzeichnung nicht durchgeführt werden,
weshalb Goethe auch die Innenseiten des Durchschusses
ausfüllte und Data in schwankender Weise beifügte, manchmal auch geschriebene Data ohne Eintrag liess. Oft laufen
die Notizen, engzeilig oder mit starker Aussparung des
Raums, durch einander, und es ist nicht leicht eine jede
richtig einzureihen, da er wiederholt leere Halbzeilen zu
Nachträgen verwandte, auch wohl quer über freie Seiten
oder grössere Spatia weg schrieb. Lücken sind meist durch
freigelassenen Raum bezeichnet. Die Schriftzüge schwanken

sehr. Auf solche Äusserlichkeiten nimmt der Apparat nur
in kritischen Fällen Rücksicht.

Die Tagebücher 1776—1782, mit Ausnahme der schweizerischen Blätter, excerpirte zuerst Riemer, Mittheilungen
über Goethe. Berlin, Duncker u. Humblot 1841 2 Bde passim.
Den ersten unvollkommenen Text bot C. A. H. Burkhardt,
Grenzboten 1874 S 377 ff auf Grund einer lücken- und fehler-
haften Hs. im Archiv des Kanzlers v. Müller, der die Ori-
ginale nicht für eine Publication, sondern zum Zweck der
von ihm geplanten Goethebiographie hatte auszugsweise
copiren lassen und dessen Anordnungen leider in allerhand
Bleistift- und Röthelspuren dem Urtext aufgeprägt blieben.
Auf zwei vollständigeren aber keineswegs erschöpfenden,
im Wortlaut ungenügenden und ohne rechte Kritik benutzten Abschriften Kräuters fusst R. Keil, Vor hundert
Jahren. Leipzig, Veit u. Comp. 1875 2 Bde (1. Bd Goethes
Tagebuch vom 11. März 1776 bis 5. März 1782). Vgl. dazu
E. Schmidt, Anzeiger der Zeitschrift für deutsches Alterthum
19, 163 ff; Düntzer, Archiv für Litteraturgeschichte 5, 377 ff
(reiche Erläuterungen, aber viele unhaltbare Conjecturen
über die Lesarten der Originalhandschriften); R. Köhler,
Archiv für Litteraturgeschichte 6, 230 ff. Die älteren Drucke
bleiben selbstverständlich im Apparat unberücksichtigt.

Zeichen.

☉ (Sonne) : Frau v. Stein.

♃ (Jupiter) : Herzog Carl August.

☽ oder ☾ (Mond) : Herzogin Anna Amalia.

✻ : Herzogin Louise.

♐ (Schütze) : Prinz Constantin.

♀ (Venus) : Gräfin v. Werthern.

☿ (Mercur) : Wieland.

△ : Bode.

▭ : Freimaurerloge Amalia.

⊕c ?

✡ ?

Abgekürzte oder incorrecte Namen und andre nicht sogleich verständliche Wortbilder.

A. : Aufzunehmender (in der Loge) 138.

Aken : Aken.

Alperstäbt : Alperstedt.

Alstäbt : Allstedt.

Altenberge : Altenbergen.

Am. : Herzogin Amalia.

Amalie : Amalie Kotzebue.

Amerbach : Ammerbach.

Appel : Appelius.

Arlsberg : Arlesberg.

Ascherofen : Unter- oder Ober-Ascherhofen, Walddistrict.

Auerst. : Auerstedt.

B. : Unbekannte Begleiterin der Corona Schröter 59.

B. : Behrisch 66.

B. (Rieckgen) : Friederike Brion.

Bachm. : Bachmann.

Bachstäbt : Bachstedt.

Bat. 117 und Baty 105 und 108: Jery und Bätely.

Baty : Batty.

Becht., Bechth., Bechtolsh. : von Bechtolsheim.

Berenburg : Bernburg.

Berg. : Berger.

Berl. : Berlin.

Bernh. : Herzog Bernhard.

Bernsd., Bernstorf : von Bernstorff.

Borstendorf : Porstendorf.

Brschw. : Braunschweig.

Buchholz : Bucholz.

Buffarth : Buchfart.

Burg : Elgersburg.

Bügelo : Büchelohe.

C. : Corona Schröter.

C. A. : Carl August.

Caberts : Cabarts.

Cammerb. : Kammerberg.

Cammster. : Kammermeister.

Carb. Bonav. : Cardinal Bonaventura.

Carl : von Stein.

Castr. : Castrop.

Cath. Kirche : Katharinen-Kirche.

Clasthor : Nicolaithor.

Clauer : Klauer.

Cr. : Corona Schröter.

Crist. : Christoph Sutor 53.

Cristet : von Lassberg 61.

Crumsdorf : Grosscromsdorf.

Cunis : Cunitz.

D. : Darmstadt.

D. : Dessau.

Dalb. : von Dalberg.

Denst., Denstett, Dennstädt : Denstedt.

D. H. : Der Herzog.

Dilleda : Tilleda.

Drackendorf : Drakendorf.

Duderst. : Duderstadt.

Dürberg : Dörrberg.

E. : von Einsiedel.

Eckard : Eckardt.

Ehrigs. : Ehringsdorf.

Eichenb. : Eichenberg. s. zu 54, 5.

Einf., Einsied. : von Einsiedel.

Eis. : Eisenach.

Emilie : Frau von Werthern.

Ensth. : Ernstthal.

Erf. : Erfurt.

Ernst A. : Ernst August.

Esbach : Asbach bei Eichel-
born.

Eschyl. : Aeschylus.

E. T. : Erster Tag 16.

Ezelbach : Etzelbach.

F. : Frankfurt.

Fibelhausen : Vippachedel-
hausen.

Fieckgen : Gottlob Sophie Chri-
stiane Johanna Friderike
Charlotte von Stein, die
Schwägerin der Frau von
Stein.

Fl., Flachsl. : Flachsland.

Förde : Förtha.

Fr. : Frankfurt 92.

Fr., v. Fr. : von Fritsch.

Frankenhahn : Frankenhain.

Frauw. : Frauenwald.

Frf. : Frankfurt.

Fronsdorf : Frohnsdorf.

G. : Präsident von Göckel in
Eisenach? 98.

Gabelb. : Gabelbach.

Gebsee : Gebesee.

Gerhard : Gerhardt.

gew. : Gewaltigen.

G. H. L. : Geheimer Legations-
rath.

Gian., Gr. Gian. : Gräfin Gia-
nini.

Gläser : Glaser.

Glauer : Klauer.

Göchhaus : Frl. von Göchhausen.

Gr. : Grimm.

Gräfenau : Gräfinau.

Gräfh., Gräfenhan : Gräfen-
hain.

Greifenkl. : von Greifenklau.

Greusen : Greussen.

Gr. Lupniz : Grossenlupnitz.

Gros Daverts : Gross Tabarz.

Gros Rudstädt, Grosen Rudst. :
Grossrudestedt.

Groth., Grothausen : Grothus.

Gr. Weer : Grosses Wehr.

Gusfelb : Güssefeldt.

H. : Herzog oder Herzogin.

H. : Heumann 80.

Hange Eichen s. zu 83, 4.

Harsleben : Hardisleben.

Hähne : Hayn, Hayna.

H. Bernd. : Herzog Bernhard.

H. D. : Herzogin Durchlaucht.

Helmold : Helmoldt.

Henneb. : Henneberg.

Herd. : Herder (auch von Herda
in Eisenach).

Herm., Hermanst. : Herman-
stein.

Herz. L. : Herzogin Louise.

Herz. M. : Herzogin Mutter.

Herren Gosserst. : Herren-
gosserstedt.

H. G. : Hans Georg.

H. g. : [beim] Herzog gessen 15.

H. L. : Herzogin Louise.

H. M. : Herzogin Mutter.

Holl. Comp. : Holländische
Compagnie.

Holzschuer : Holzschuher.

Holzweisig : Holzweissig.
Homb. : Homburg.
H. R. : Hofrath.
Hufl. : Hufeland.
Hülz : Hülsa.
J. : Fr. von Imhof.
J., Jl., Jlm : Ilmenau.
Jnsberg s. zu 99, 6.
Jöchh., Jöchhaus. : Frl. von
    Göchhausen.
J. S. : Johannes Secundus.
K. : von Kalb sen. und jun.
K. : Knebel? 87.
K. : Kochberg.
Katerfeld : Catterfeld.
Kaufm. : Kaufmann.
Kbg. : Kochberg.
Kestn. : Kästner.
Kettelh. : von Kettelhodt.
Kfm. : Kaufmann.
Kirch Haseln : Kirchhasel.
Kl. 84 : ?
Ktein Hettstädt : Kleinhett-
    stedt.
Klemda : Clemda.
Klingovstr. : von Klinckow-
    ström.
Kl. Schardt : Kleine (Sophie
    von) Schardt.
Kl. Sömmeringen : jetzt We-
    nigen Sömmern.
Kn., Kneb. : von Knebel.
Kochb. : Kochberg.
Kr. : Corona Schröter.
Kr. Comm. : Kriegs-Commis-
    sion.
Kranichf. : Kranichfeld.
Krause : G. M. Kraus.

Krone : Corona Schröter.
L. : Lenz.
L. : von Lichtenberg 21.
L. : Lila 34.
L. : Frl. von Waldner 38. 71.
L†† 33 : ?
Landgr. Loch : Landgrafen-Loch.
Lav. : Lavater.
Ley : Graf von der Leyen.
Lgrfen Loch : Landgrafen-Loch.
Lichtb., Lichtenb. : von Lichten-
    berg.
Lincker : von Lyncker.
Lingen : Caroline von Ilten.
L. Oppel : Tochter des Geh.
    Raths von Oppel.
M. : Wilhelmine (Mine) Probst.
M. : Merck.
Maj. Schm. : Baron von Schmie-
    del, pens. Major?
Mar. 27. 30 : ?
Maue : Maua.
Mell. : Mellingen.
Mezelbach : Mötzelbach.
Mictig : Mieding.
Mine : Wilhelmine Probst.
Mittelstein : Metilstein.
Molck : von Moltcke.
Monzamb. : Severinus de Mon-
    zambano (Pufendorf).
Muthgen : Erdmuthe von Stein
    oder von Schardt ? 36.
Neuendorf : Nauendorf.
Neuh. : Neuhaus.
Neuheiligen : Neuenheiligen.
Neuhoffn. Halde : Neuhoffnungs-
    Halde bei Ilmenau (längst
    verschwunden).

N. Röbling : Niederröblingen.

Neusis : Neussis.

Neuwinden : Nahwinden.

Northausen : Nordhausen.

Ob. St. : Oberstallmeister.

Ordruf : Ohrdruf.

Osmanstädt : Ossmanstedt.

Ottersburg (Öttersburg) : Etters-
    burg.

P. : Plessing 56.

P. : Prinz.

P. v. D. : Prinz von Darmstadt.

P. : Wilhelmine Probst 89.

Peter : Peter im Baumgarten.

Phil. : Philipp Seidel.

Phis. : Physiognomisch.

Pl. : Plessing.

Plw. : Plundersweilen.

Pr. C. : Prinz Constantin.

Pr. H. G. : Prinz Hans Georg.

Pr. Wahl : Professor Wahl.

Puffart : Buchfart.

R. : Reichert.

R. *Seccatore* 37 : ?

Rastenb. : Rastenberg.

Red. : Redoute.

Red. des Mil. : Reducirung des
    Militärs 86.

Reichart : Reichert.

Rembr. : Rembrandt.

Reus : Reise.

Rheinhartsbr. : Reinhards-
    brunn.

Riethnortsen : Riethnordhausen.

Rinckleben : Ringleben.

Rolschleben : Roldisleben.

Rödecker : von Redecker.

S. : von Seckendorf.

Sans. : Sanssouci.

Saufeld : jetzt Thangelstedt.

Sch. : Schnaus.

Schinzel : Schünzel.

Schn. : Schnaus.

Schn. : Schnack s. zu 74, 23.

Schömburg : Graf Schönburg?

Schr. : Corona Schröter.

Schwabh. : Schwabhausen.

Schw. R. : Schweizer Reise.

Sckel : Sckell.

Sievers : Dr. Siewers.

St. : von Stein.

St., Stabh. : Statthalter
    (von Dalberg).

Steinart : Steinert.

Streuber : Streiber.

Stützerb. : Stützerbach.

T. : Tante 36.

Taub. : Taubach.

Teichreden : Teichröda.

Thusnelda : Frl. von Göch-
    hausen.

Tief., Tiefurth, Tifurt : Tiefurt.

Tobach : Taubach.

Tr. Fr. Schacht : Treue Fried-
    rich-Schacht.

Tus : Frl. von Göchhausen.

Uchtr. : von Uechtritz.

Vicktorgen : Victoria Streiber.

Volgst. : Volkstedt.

W. : von Wedel.

W. : Wieland? 15.

W. : Weimar.

W. : Wilhelmsthal.

Waizenhaus : jetzt Stutzhaus.

Waldn. : Frl. von Waldner.

Webich, Wehbicht, Wehebicht :
  Webicht.
Web. : von Wedel.
Weteken : Wetken.
Weisse : Weissen.
Wilbach : Wimbach.
Wilht., Wilh. th. : Wilhelmsthal.
Wizl. : von Witzleben.
W. M. : Wilhelm Meister.

Wölfershausen : Wülfershausen.
Wölw. : Frl. von Wöllwarth.
Wtbg. : Wartburg.
W. th. rz : von Wertherns 98.
Wurm : von Wurmb.
Zeutsch. Haus : Haus des Lieu-
  tenant Zeutzsch am Kegel-
  thor.

1776.

Nach verbesserter und alter Zeit wohleingerichteter
Sachsen-Weimarischer Calender ..... auf das Schalt-Jahr
nach Christi Geburt 1776. Weimar ... zu finden bey Conrad
Jacob Leonhard Glüsing. Quart. Bleistiftnotizen werden
besonders angezeigt. Auf dem buntmarmorirten Umschlag
ein Schildchen, worauf von Goethes Hand: 1776; so sind
alle Tagebücher bis 1782 bezeichnet. 15 Bll. Bl. 16, von
unbekannter Schreiberhand, ist lose und wurde erst neuerdings im Goethearchiv gefunden. Bis 11, 13 hat Philipp
Seidel das Tagebuch geführt und seiner Anregung sind
vielleicht die regelmässigeren Notizen Goethes, der dann nur
eigene Angelegenheiten eintrug, zu verdanken.

März.

11, 6 folgt d. 18. bin Ich mit des Herzogs Kammerdiener
Mittags 3 Uhr von Weimar weg. 5 Uhr in Buttelstedt, von
da d. 19 Nachts 12 ab durch Tintenüberzug fast unleserlich
gemacht.

April.

11, 18 H. Sachs.

Mai.

12, 5 3 nach 4   9 6 aus 7   10 7 aus 8   Über nach
Nach   16 Erfurt üdZ   22 Ab. = Abends

Juni.

14, 1 Mittags über Abends   5 Morgends nach Pr. v.
Darmstadt angek.   18 14 aus 13   19 der Name des Dorfs

ist von Goethe ausgelassen, nicht festzustellen. 20 ♃ nach d.
22 bey. Kalb. 15, 2 Tiefurt über Belveder

Juli.

16, 2 12 aus 11. 4 13 aus 12. 11 Oberstallm. Künste
beim 17. eingetragen, ist aber durch ‡ herauf zum 16. gezogen, wohin es offenbar gehört. · 16 Mit — spazieren üdZ
17, 2 in nach von 9 lies Neuhoffn. 20 Abends nach Mitta[gs]
26 dem aus der C aus F aus Kohlenwerken

August.

18, 3 Nach aus Nacht 8—10 ursprünglich *g¹*, dann jeden-
falls viel später mit Tinte nachgezogen 26 vor 9 ein ver-
dickter Strich wie 19 19, 2 Ostetation 4 hatten 10 ver-
schlafener üdZ 14 Ab.— prob. zwischen die engen Zeilen ein-
gefügt. 20, 2 hier vielleicht hin 8 Englich 10 so! gemeint sind Kalb jun. und sen. 13 D nach bey welches
durch Correctur verschnörkelt ist. 18 Jagd nach Ritt.
20 Morgens. Nach üdZ 22 zu

September.

21, 13 Früh nach R 19 ritt wie aus fu[hr?] 22 ♃ — dann
üdZ 24 gefürstenkindert ganz deutlich 22, 3 bey nach Mi.
♃ verschnörkeltes Zeichen 9 bey Bertuch, üdZ 10 heimliche
über ungleiche 12 s nach Erndtefest. 23, 3—5 *g¹* 9 mit
aus mich

October.

24, 5 Tif 25, 4 mit über zu 12 Abends nach Die Bau
22 Einsiedel nach H 28 geendigt. das 26, 1 Im nach Meist
2 bey nach im 3 Stein. 4 Nachts —Lenz üdZ

November.

26, 8 Abend über Mittag 10 Gevatter gestanden zwischen
den Zeilen und zwar über Conseil mit. Dieser Passus muss
entschieden zum zweiten November gezogen werden. Die
Taufe bei v. Koppenfels, um die es sich hier handelt, war
am 2. Nov. (Weimar. Wochenblätter). 14 *Ad manes J. S.*
üdZ 22 Staffs Todt üdZ 26 Mit aus Fr 27, 4 u. Wedel

üdZ ₇ 12 aus 11 ₈ 13 aus 12 gezeichnet dann üdZ ₂₇ 24 aus 23, das Datum 23 ist im Druck weggelassen, weil ohne Eintrag. 28, ₂ um — zurück üdZ ₉ stillschweigend

December.

28, ₁₆ eingeholt nach abgeholt ₂₀—₂₆ auf einem losen, erst neuerdings eingelegten Quartblatt von unbekannter Hand 29, ₁₀ Wehmuth und über und Glauben ₂₂ A[zest] Ölgist Keil! Gemeint ist natürlich eine Verspottung der Wielandschen Alceste. ₂₄ allein üdZ

1777.

Neu eingerichteter Schreib-Calender, auf das Jahr 1777 ..... Weimar gedruckt bey Conr. Jacob Leonhard Glüsing. Vergl. übrigens zu 1776. Zur Harzreise (S 55 ff) vergl. den Bericht an Frau von Stein (Schöll-Fielitz, Goethes Briefe an Frau von Stein. Frankfurt a. M., Literarische Anstalt Rütten u. Loening 1883 1, 99 f und 429 f), der hier unter der Sigle *St* collationirt werden soll; doch werden blosse Abweichungen der Orthographie und Interpunction, sowie Abkürzungen nicht aufgeführt.

Januar.

30, ₁₂ 5.) ohne Eintrag, deshalb im Druck weggelassen 13 6 aus 5 ₁₇ 1 nach hab Nach nach mit 31, ₇ im — ge= fahren üdZ ₁₅ mir Er. (Schreibfehler) ₁₆ Monden= zeichung ₁₉ Früh nach bei ₂₃ drauß nach Alles ₂₄ in³ — gefallen üdZ ₂₇ alle³ — gessen üdZ 38, ₁ mit — gessen üdZ ₆—₈ ins Spatium in verschiedenen Absätzen theil- weise schräg eingetragen ₁₁ 3[. Conseil. zu Wiel. Brand in der Ritter Gasse. herum getrieben. Garten Früh — voll aufs Druckpapier rechts aus Mangel an Raum geschrieben.

Februar.

33, ₁₀ Hunde Humor üdZ ₁₇ Grobh. — Kn üdZ ₂₂ Con= feil. — *Eis.* üdZ ₂₄ 3 aus 2 zu nach nach Hau[se] 34, ₁₁ Sehr kalt besondere Zeile im Spatium ₂₂ Probe v. L. üdZ 23 28 ist im Druck weggelassen, weil ohne Eintrag, danach ebenso 20, das auf einer neuen Zeile steht, wohl verschrieben für 29.

März.

35, 6 War.   7 Scene — Kaufm üdZ   8 Wieder Raben=
schießen üdZ   16 Zeigtig   19 Jakobi üdZ   20 14 nach 14 An=
ku[nft]   28 Bau — ⊙ im Spatium   36,1 23 über 30   2 Ver=
druß — K. steht mittelst † zwei Zeilen über der richtigen
Stelle im Spatium   10 Kann 26 aus 27 oder auch umgekehrt corrigirt sein, wahrscheinlicher ist das letztere.

April.

36, 19—21 Viele — ☐ 2 Paar Halbzeilen, getrennt durch
senkrechten Strich   24 ϑεωτατος undeutlich, correct wäre
ϑειοτατος   37, 1 5) aus 4   12 18 über 24   13 19 über 25
16 20 aus 21   17 21 aus 22. Zu 21 aber kein Eintrag, deshalb 21 weggelassen im Druck   18 im Spatium mitten in
der Zeile   20 Nach nach Phi Ottersb.] Goethe wollte Öttersburg schreiben   28 Morgens — godo üdZ, nachträglich ein-
gefügt.

Mai.

38, 19 Morgends nach In Ti[efurt]   39, 1 zog nach ,
10 Zu St. essen, fand Cronen gezeicht. [gezeichnet] darüber das
was sich im Text findet   20 Schnörkel nach Tiefurt

Juni.

40, 7 Tisch aus Le   12 Denstett] D aus T   22 steht im
Spatium zwischen 17 und 19, wozu Eintragungen fehlen.

Juli.

41, 5—42, 1 die Daten 2—7 aus 1—6   41, 5 as nach Greifenkl.
(durch Puncte wieder hergestellt)   25 Ohims — Zihims üdZ
42, 1 neune nach hab.   2 Audienz nach die   5 früh nach
Abends   9 gezeichnet nach beglei[ten]   17 12 üdZ   22 in
nach Sah   25 im Spatium   27 Früh — Gez. üdZ nachgetragen
Auf über Nach   28 lärm üdZ   43, 6—27 von hier ab vollständig veränderte fast stehende Handschrift Goethes
12 25 aus 24   19 in nach 28   28 Gebadet nach 31

August.

44, 3 am Ende der Zeile weit nach 9 eingetragen
9—11 23, 24, 25 aus 26, 27, 28   14 27 aus 28   ritt nach
meinem 28ten Geburtstag   20 der aus des   26 dem

September.

46, 12 Ordruf   16. 17 Rheinhartsbrunn — Caberts unter dem
Text, mittelst † nach Friedrichrode gestellt   25 Audienz nach
Landta[g]   26 bis nach undeutlichem biß   47, 2 Mit nach M
9 des Lebens üdZ   48, 15 unter — Linden üdZ   26. 27 im Spatium quer eingetragen zwischen 47, 22 und 24

October.

49, 2 mit aus von   17 Grüße nach Briefe   50, 13 auf
üdZ   28 doch üdZ   51, 6 Band nach Verbin[dung]   10—53, 4
auf zwei nach October eingeklebten Blättern   11 mit nach 3
19—23 in grösserem Spatium schräg eingetragen

November.

52, 21—53, 4 spätere Eintragung   53, 3. 4 g^1 für sich
abgesondert   12 nach aus zu   54, 5 in] lies im   8 zum
Stabhalt. üdZ   10 Herzog nach Stabh.   17 und 20 27 und
28 aus 28 und 29   55, 14 gegen nach den ga[nzen]   17 Ilse-
feld über hierher   St hat vom 30. November nur 55, 10. 11
und vorangehend 19. 20. Das dazwischenliegende fehlt.
55, 11 vom nach bis St   19 War den fehlt St   20 unendlich
nach in St

December.

55, 24 Nach — Baumannshöle fehlt St dafür: d. 1. Dez.
früh nach Elbingerode. Herrlicher Eintritt in Harz. Nachmittag
in die Baumannshöle.   56, 1 Nach] auf St   4 ingrimmig] grimmig St   5. 6 den — befahren] bis auf den Sumpf, durchaus St
9. 10 zu — Gegenschreiber] Zu Zech. Geg Schreiber St   13 von]
vom St   14 unterirrdschem] unterirdischen St nachwachsen nach
auf   16 Caroline Dorothee] Karoline und Dorothee St   17 und
Benedikte fehlt St   Fels] Wacke St   18 vor mir] nach
Wacke St   18. 19 weil — brach] als die Streifrizze St   21 Apo-
theker fehlt St   22 zu vor sehn St   24 in tiefem Schnee
fehlt St   25. 26 aufgebrochen — trug] auf dem Brocken St
27 Augenblick] Tag St rings vor die St   28 und oben] oben St
57, 2 Behm] Bey dem St   4—8 früh — eingepackt] früh 7
vom Torfh. ab. über die Altenau. Halb eilf wieder in Clausth.
Darauf Erhohlt — eingepackt und Vom Torfh. geht der Weeg
zurück die Lerchenköpfe herunter an der steilen Wand her. Über

die Engelskrone, Altenauer Glück, Lilien Kuppe. *St*   9 früh halb sieben im Nebel aufgebrochen *St*   10 Andreasberge] Andreas‍berg *St*   11—58,11 auf zwei eingeklebten Blättern   57, 11 um 11 Uhr. *St* auf den *St*   15 sehr und diesmal fehlen *St* nachher nach Abends *St*   18 durch] durchs *St* Lauterberg] Lauter‍berge *St*   19 der] die *St*   21 Silberoda] Silberobe *St*   24 allein fehlt *St*   27 einen] einem *St*   28 schon fehlt *St* und — Weeg fehlt *St* hart nach gefro in Eisenach gegen 11. *St*   58, 1 und — Gesellschaft fehlt *St*   2 Englischer Reuter. damit schliesst *St* 3 alten   8—11 eingetragen auf dem letzten Blatt nach leerer Seite.

1778.

Verbesserter Calender Vor Seiner Churfürstlichen Durch‍lauchtigkeit zu Sachsen Churfürstenthum, incorporirt- und andere Lande, Auf das Jahr Christi 1778. ..... Leipzig, Gedruckt und zu finden bey Gotthelf Albrecht Friedrich Löper. Vergl. übrigens zu 1776.

Januar.

59—61 sind eng und fast ohne Absatz geschrieben. Die Daten stehen ohne Alinea inmitten der Zeile. Goethes Absicht, mit den gedruckten Daten gleichen Schritt zu halten, ist aufgegeben; bei späteren Notizen tritt dieses Bestreben wieder hervor.   59, 4 haussen durch undeutliche Correctur hergestellt   7 B. nach Th.   11 — Schwein hasse üdZ   17 ex‍temporirte aus extemporiren   60, 10 Nachts über abends   12 zu. 17 Probe — Ballets nach Mit

Februar.

62, 25 Pl. weg üdZ   63, 2 Waldn. über Hf Msch., dar‍nach 30

März.

63, 3—4 im Spatium schräg eingetragen   13 14 nach 14 Abends der Poetische Dorfjuncker 15   25 gebadet nach nach Ti[efurt]   64, 10 verschunden wohl Schreibfehler für ver‍schwunden, wenn es nicht vielleicht die Bedeutung geneckt haben soll.

April.

64, 12—14 im Spatium schräg eingetragen   15 Gedancken
nach in tau[ſend]   65, 21—26 schräg eingetragen auf der
unteren leeren Hälfte des Blattes.

Mai.

66, 27 Abend — G. üdZ   67, 7 Eliſium] El aus Ka

Juni.

68, 1—8 in drei grösseren Absätzen eingetragen   7 mit.
8 Nachts nach Abe[nds]

Juli.

68, 9—14 in vier Absätzen mit Spatien eingetragen,
theilweise schräg   12 14 aus 15

August.

69, 12. 13 schräg auf dem zum August gehörigen letzten
Blatte links oben eingetragen.

September.

70, 1—9 schräge Einträge in verschiedenen Absätzen.

October.

70, 20 an nach bey   71, 7 7   9 schräger Eintrag von
9 im Spatium   12 schräger Eintrag   20 für aus vor

December.

72, 23 bey nach Zu Hauſe geſſen   73, 9 viel Lieber
12 Arbas.   26 Achtedt.   74, 23 Schn. wohl Abkürzung für
Schnack. An das mundartliche Schneck in der Bedeutung
angenehmes weibliches Wesen kann man wohl hier nicht
denken.   26 nicht, klatſche   75, 4 Durch nach G   15 Eine
aus eine   19 31 etwas üdZ

1779.

Calender wie 1778, ohne bunten Umschlag, aber Schildchen 1779 auf den gedruckten Titel aufgeklebt. Die Eintragungen reichen bis zum September.

76,8 Erster üdZ.　　13 ☾ verschnörkelt　　77,13 Erste Session üdZ　　78,19 die nach daß

Februar.

79,1 zu aus die　　17 so nach er　　80,7 sehr — Wetter üdZ 13 25 aus 23

März.

80,22 sehr undeutlich, schwerlich für K zu lesen. Ich habe C (Castrop) angenommen, den Goethe nie mit K schreibt　　81,7—27 und 82,7—27 auf einem eingelegten Foliobogen, von dem nur die ersten beiden Seiten beschrieben sind 22 nicht nach sch　　82,18 gewaschen nach gekocht　　23 vom über das　　83,4 Hange Eichen nach Chur Sach [oder Saf?] so! Waldort auf der sogenannten Wüste an der Strasse von Allstedt nach Naumburg, wo eine Wegverbesserung unter Goethes Leitung stattfand. R. Köhler aaO 231 vermuthete Haagen öder Hagen Eichen　　5 Mit nach Nach　　20 nach nach Auf 22 auf nach nach　　22—84,1 19, 20, 21, 22 aus 18, 19, 20, 21 84,6 Cammster nach 2 ganz unleserlichen Buchstaben

April.

84,16.17 im Spatium　　85,1 viel üdZ

Mai.

85,21—24 schräg ins Spatium eingetragen　　25 in aus auf

Juni.

86,8—11 schräg ins Spatium eingetragen　　12 10] lies 17　　12—21 wahrscheinlich nach 22—87,3, welche diese Seite schliessen, in das vor dieser Eintragung frei gelassene Spatium, meist schräge eingezeichnet　　87,4 über den grössten Theil der Seite schräg eingetragen.

Juli.

87,13 an aus in　　88,5 andern üdZ　　18 Wie nach der aus　　89,11 versiegen　　91,6 seinen nach der　　92,7 sehr nach dem

August.

92,17 außer — ♃ üdZ　　24 nach 10 ein wunderliches Zeichen, das auf eine sehr natürliche Entladung gedeutet

werden kann   93, 11 bann üdZ nach Nach Tische   94, 6 Tage
nach Z[eit?]   96, 13—15 Abends — geschwäzzt unter dem Text
mittelst † eingeschaltet   18 eine Weile über gleich   19 Früh
nach durchstrichenem ⁂   25 Tittel nach Charakt; nach Tittel
Spatium für eine Eintragung zum 29. August, wozu nur ein
kleiner Ansatz in einer angefangenen 2 vorliegt.

Schweiz 1779.

Vgl. die aus Goethischen und Seidelschen Tagebüchern
kaum lösbar vereinigten Blätter an Frau v. Stein (Schöll,
Goethes Briefe an Frau v. Stein. Weimar, Landesindustriecomptoir. 1848 1, 236 ff, Schöll-Fielitz. Frankfurt a. M., Literarische Anstalt Rütten u. Loening 1883 1, 181 ff), die wir
gleich dem kleinen tagebuchmässigen Fragment an den
Herzog vom December 1775 der Briefabtheilung überlassen.
Vom Tagebuch Karl Augusts haben wir leider nur die
S 69—96, theils von seiner eignen, theils von des Kammer-
dieners Wagner Hand erhalten; sie reichen vom 25. October
bis zum 16. November. 4 S von Seidel über das Wallis mit
unbedeutenden Correcturen Goethes sind des Abdrucks nicht
werth.

September.

98, 8—99, 6 = 1. S eines halben Quartbogens   10 ¼ nach
und   11 Ahndung nach Nichts   13 Nachts nach Abends Krau
99, 5 fahren über ritten   6 Jnsberg] lies Jesberg

October.

99, 7—101, 26 sehr flüchtig mit Bleistift auf hinten ein-
gehefteten Blättern und am Rande der „Kurzen Anleitung
für diejenigen, welche eine Reise durch einen Theil der
merkwürdigsten Alpgegenden des Lauterbrunnerthals, Grindelwald, und über Meyringen auf Bern zurück, machen wollen" Bern 1777, 30 S kl. 8, von J. S. Wyttenbach. Manche
der verwischten Worte sind mehr vermuthet als gelesen.
99, 14 Radschocken] so! für Rad-Tschuggen   grad ab unter links
15 oben nach das   16 biß nach unte   18 Mönch] Monct
100, 6. 10 Schwatri ganz deutlich für Schmadri   21. 22 ich —

nicht mit Kreuzchen auf nächster Seite nachgetragen 24. 25
kaum zu entziffern vor Jd) habe nid)ts gröfers gefeben
28 zwifd)en nach wo oder wir

November.

102, 1—103, 8 Quartblatt; der Bleistifteintrag vom 8. November gehört zum Unleserlichsten im Archiv, flüchtig, verwischt, auf Löschpapier, durch die Tinte der Rückseite ver-
dunkelt. Zur Entzifferung half die „Schweizer Reise" und
das freilich nicht viel lesbarere Tagebuch des Herzogs.
102, 21 auf nach aber oder über 25 wände nach drei unleserlichen Buchstaben 103, 2 Entenfangs] so! der Vergleich
zielt auf eine Weimarer Örtlichkeit 103, 9—104, 10 zwei
lose Bll. 8. 103, 23 Greien 25 Oede. Gegend

Im Archiv noch ein Zettel Das Maulthier warf fid)
(fprang m üdZ) mit grofer Gefd)icflid)feit wo Felfen den Pfad
und 1 S gebr. Folio vielleicht Skizze zum 5. November der
„Schweizer Reise": 1.) Vorgebürge, Kald)berg. Verfteinerungen
2. Noten Büffons Langres. 3. Gefühl daff man näher ins
Heilige tomme. Vorhof der Kald)geb. 4) Gemfen nach Paris.
Handel mit Naturalien überhaupt umftändlicher. 5. Wir traten
davor. 6.) Erzählung der Leute vom-Montblanc von Bourrit
Sauffure pp. Tifd) der Engländer 7) Cretins. 8) und weiter
mannigfaltige Berge 9) Capelle im Felfen. 10) Nachts auf=
geftanden. 11) Glaube daff die tafd)en leid)ter w. Sie wiffen
wenig pp. 12.) Stand nicht entdeckt

1780.

Der Weimarer Calender. Vergl. zu 1776. Auf dem
Schildchen ist „und 1781" von andrer Hand nachgetragen.
Diese Ergänzung stimmt zum Inhalte, da die Tagebuchnotizen
für 1781 nicht mehr in einem besonderen Calender sich
finden, sondern von Goethe auf 6 Blatt Schreibpapier, im
Format etwas grösser, dem Calender angeheftet sind.

Januar.

105, 2 vor *sexti* füge ein *p*[*uncto?*], das, mit einem gewiss
zufälligen Strich versehen, im Text durch einen Irrthum
des Revisors ausgefallen ist 106, 11 ein üdZ

Februar.•

109, 13 fo nach fdj   24 fam nach Abenb w

März.

111, 1 b 13 üdZ   5 war nach [5.   15 worauf in H
unmittelbar folgt 113, 11—22; darnach 113, 23—114, 8 auf der
ersten Seite eines dazwischengehefteten Blattes kleineren
Formates, der Quere nach beschrieben; dann erst auf dem
zweiten Blatte setzt 111, 16 ein   23 War — Tag üdZ   112, 8
gefnüpft nach undeutlichem gefnüp   22 Trübe nach ben oder
die   27 Abenbs nach 28

April.

114, 20 Oberfläche über zu   21 berfühlt aus berfühlen   ift
üdZ   25 2 nach la[nge]   115, 6 Einfiebeln) lies Einfiebel
iun üdZ   23. 24 b. S. a. b. B. z. = ber Schmerz an dem Bein zu
116, 16—23 in vier Absätzen schräg auf das sonst nichts ent-
haltende Blatt geschrieben   20. 21 Goethes Datirung ist
falsch; es muss 26. auf den 27. heissen. Vgl. Schöll-Fielitz
aaO 1, 465   22. 23 feit — ganz üdZ

Mai.

118, 28 leicht nach idj   119, 4. 5 War — fpielte ist nachträglich mit kleiner Schrift am Ende der Seite zugefügt

Mai. Juni.

120, 16 2(. nach Abenb   121, 7 halbe üdZ   8 mit nach
ben   wie — anfam üdZ   15—17 schräg eingeschrieben ins
Spatium

September.

124, 19 schräg eingetragen

October.

124, 20 in grossem Spatium   125, 3 im nach Na

November.

125, 21—25 schräg eingetragen

December.

126, 4 Volgft. ebt ist von der Hand des Kanzlers v. Müller
mit Bleistift ergänzt.

1781.

Vergl. zu 1780. Das erste Blatt benützte Goethe zu Notizen über Besuche. Er trug eigenhändig ein: *Jan* 81 *Hersleb* aus Criſtiania *Voigt. Frankenberg. Von Stangen* Zerbſtiſcher Hofmarſchall.

Nach diesen Einträgen machte Philipp Seidel, der auch Zerbſtiſcher aus Zebſtiſcher corrigirte, folgende Notizen: Aprill. Walter Gericke aus Riga haben in Göttingen ſtubirt. von Berg von Wrangel von Schlaff aus Kurland gleichfalls in Göttingen ſtubirt.

Auf dem zweiten Blatte beginnen die Originaleinträge Goethes.

Januar.

127, 9 bey nach zu und zwei gleichfalls gestrichenen ineinander gezeichneten Mondsicheln 14 8. üdZ 128, 5 mit — dann üdZ 6 Abends nach w

August.

129, 20 d. 8. nach f 130, 2 Aerndtekranz — Tiefurt üdZ 24 wo nach zu 26 17 aus 16 131, 4 Tiefurt über Hauſe blieb nach Kam ♃ 17 25 aus 24

September.

132, 13 Gotha. Kochberg nach Leipzig

October.

132, 14 1 über ⌊5 15 2 über ⌊6

Auf dem letzten Blatt des durchschossenen Calenders von 1780 unmittelbar nach dem sechsten eingelegten Blatt zu den Notizen von 1781 befindet sich folgende Einzeichnung Goethes: d. 2 Sept. Prof. Gabler v. Jngolſtadt. Diese Notiz dürfte nach der Schrift des Tagebuchs in den September 1780 zu setzen sein.

1782.

Vergl. zu 1776. Gothaisch verbesserter Schreib-Calender auf das Jahr 1782. Gotha, zu haben bey Johann Christoph

Reyhers sel. Wittwe und Erben, gebunden in Leder in 2 Abth.:
Januar — Juni, Juli — December. Goethe setzt seine Bemer-
kungen in die vorgedruckten Spatien, von denen jede linke
Seite zwei enthält. Die rechte leere Seite hat er nur selten
in Anspruch genommen. Auf der Titelseite des Januar
zeichnete er ein: Neue Bekanntschafften: d. 28 der Graf *Medini*.

Januar.

135, 18 Nachts aus Ab [Abends]   28 Mittags aus mittags
136, 2 Probe] P aus Z   23. 24 Auf der rechten Seite des
Calenders, die für Ausgabenotizen bestimmt ist, eingetragen
137, 8 Früh.

Februar.

Auf der Titelseite des Februar zeichnete Goethe als
neue Bekanntschaften ein: d. 11ten Fr. v. Breitenbauch von
Bucha. Ihre Tochter. Fr. v. Egloffstein. ihre Schwester.

Mai.

140, 7. 8 steht rechts auf dem Ausgabeblatt.
Die zweite Abtheilung des Calenders, Juli — December,
weist keine Aufzeichnungen auf.

Italien 1786. 1787.

Das Tagebuch in Quart — Auszüge bei Riemer, Mittheilungen über Goethe. Berlin, Duncker u. Humblot 1841
2, 208 ff. 326, 11—20 nach einer Abschrift bei Schöll-Fielitz
(vgl. 2, 629); vollständig abgedruckt, Schriften der Goethegesellschaft II. Weimar, Böhlau 1886, mit Anmerkungen von
Erich Schmidt — ist später gebunden worden, und man
liest auf dem Lederschildchen in Goldpressung Italiänische
Reise. Die Namen habe ich hier — mit Beibehaltung älterer
Formen wie *Malsesine* — richtig gestellt, selbstverständliche
Abkürzungen ohne weiters aufgelöst, die Klammern |: :|
durch runde ersetzt, für die massenhaften p und pp eingeführt 2c, getrennte Compositionsglieder bei Minuskel im
Anfang des zweiten vereinigt, ein paar Fehler des ersten
Drucks verbessert, die Hs. wiederholt nachverglichen. Einige
abgerissene kleine Entwürfe geben nur Schlagworte für diese

Niederschrift und sind durch dieselbe völlig erledigt. Die
Verweise auf No. 1 ff betreffen Skizzen in einer überaus
reichen Mappe des Goethemuseums, von Goethe selbst bezeichnet: 1 Posthaus Zwota 2 Donau 2ᵇ Donau 3ᵇ gegen b.
Cochl. See 4 Walchsee 5 Cirl 6 gegen dem Brenner 7 Roveredo
8 Hafen von Torbole 9 *Lago di Garda* 10 *L. d. G.* 11 *Castel
di Malsesine al Lago di Garda* 12 Venedig dann Lücke bis
Rom. Weggeblieben sind die lose angehängten, in der
2. Abtheilung zu druckenden Mineralienverzeichnisse, die
Goethe später besonders abgeschrieben hat.

Stück 1.

zählt 33 Bll., wovon 1. (Titelbl.), 3., 29. leer. Gebrochen,
Hälfte leer oder zu Nachträgen und Correcturen benutzt.
145, 10 Tzwoda   12 Tischenreuth   13 Weyden   17 Schwandorf
146, 3 Wohlfahrtshausen   4 Benedictbeyern   5 Wallensee
6 Mittelwald aus Mittenwald   10 Schemberg   147, 4 Man — 9
mit blasser Tinte aR   5 L.   148, 6 sanften üdZ   11 Tischen-
reuth] die nach und die daß · 13 Tischenreut   15 Tischengreut
23. 27 Schwandorf   27 aus Regenstatt   149, 3 gewürckt nach herauf
Polder aus Polders   16 Schüler üdZ   26 aus aus auch
150, 6 ! aus ,   10 rechte] e üdZ   21 Kr   150, 27—151, 9 Etwas — mehr theils aR theils unten mit blasser Tinte   151, 7
und — Consequenz dunklerer Nachtrag zum Nachtrag   11 haben
nachgetragen   12 sind nachgetragen   25 *No. 2* nachgetragen
152, 1 Hofmannischen   6 Schäfer   nach 18 halbe S leer
20 Aburg in die „Italiänische Reise" herübergenommenes
Versehen   21. 24. 25 Saale   24 3 — Saal eingeschoben
No. 2ᵇ aR   26 b. 6. S. Bleistiftnachtrag mit Tinte überzogen   154, 8 Bey — 16 aR   8 Kobeln   21. 22 um — aus-
zustehen aR   23 mit — Turmalinen aR   24 Halle   155, 1. 2
drey — Stück aR   8—10 Ich — um aR   11 aus überzogen, nun
156, 4 Iser   8 wurden nach ver[zehrte ...]   12 Siehe — *fol.*
aR. In der geologischen Note kommt Goethe nicht darauf
zurück Wohlfahrtshausen   13. 14 und — erreichte aR   16 Wohlf.
21 Bayern   aus köstlich, wie   25 Cochl. *No. 3* aR Walcher
No. 4 aR   26 Cochl.   157, 3 geregnet nach und geregnet [aus
geregt]   10 Haquet   14 Wallensee   19 mit nach nach   27 natürlich nach ar[tig]   158, 13 er nach ih[re oder rer]   15 Mittel-

wald halb 8 angekom. aR   22 Mittelwald   159, 8 Bayern
15 Cirl   23. 24 verstiegen — soll aus verstieg   161, 19 Von — a.
aR   162, 23. 24 schon — Sept. aR   163, 6. 7 nur — schwebten
aR   7. 8 als Nebel — aufstiegen aR   12 die aus das   15 läßt
25 =ten weißen aR   164, 12 weiße nach W[eiße oder ölckgen?]
165, 28 und nach Ub[erhaupt]   166, 5 folgt leere Rückseite
13 sogleich aus gleich   19 Südwest nach ein   und Südost aR
haben aus hat   27 eigentlich üdZ   dem vor mehr   167, 3. 4
die Parenthese aR   s Schemberg   16 Benedictb. wie häufig
Regensp. Carlsb. Innspr. u. dgl.   17 Walchsee   21 auf — Pflanzen
aR   168, 3 waren üdZ   5 Fig. 1 nach No. 1 wa[ren] die
Abbildungen aR   6 folgt leeres Bl.   169, 3 Grau nach
gel[b]   7 folgt Hier oben gegen dem Hause s. u. 13   10 von
nach voll   11 4. fehlt und wurde nach dem Original des
Risses ergänzt   16 mit. vor Es   170, 5 schwarze aR   10 mit
Franzen] mit über und

Stück 2.

36 wie im 1. Stück gebrochene Bll., wovon 3., 4., 25.,
28., 29., 36. leer.   171, 8 Sterzingen   9 Mittenwalde   11 Col=
mann   28 Bartolino   172, 16 also nach auch   173, 9 Mittel=
wald   11 Colman   26. 27 aus ein milder sanfter Himmel
174, 1 aR kleine verwischte Bleistiftskizzen von Lauben mit
und ohne Reben   aus In langen niedrigen   8 die Fussnote
ohne Zeichen aR   9 wächst nach schi[eßt]   176, 6 dik oder
dik aus dich   7. 8 die — fol. aR   2 fehlt   18 Nuß — Quitten=
bäume aR   27 es sagte] es über sie   177, 27 er für fehlt
178, 3 die über was   17 ein aus eine   180, 23 eingeschoben
181, 15 aus war   182, 3 Nach nach Morgens   7 weht nach
bl[äst]   15 mir üdZ   16 vorsteht üdZ   17 höhere nach stär[kere]
183, 3 darunter später — Weimar? — mit Bleistift unter dem
45 Gr. 50 Min.   183, 9 aus heißt   18 den nach nach   184, 20
Limona . dem nach das   21 angelegt nach über einander stehn
185, 27 Bartolinos   186, 3 d. — Sept. aR   15 Ufers nach
G[estades oder ebürgs?]   17 aus einer   19 Bojaco   23 Bar=
tolino   187, 8 nicht nach sehr   10 von — Regenwasser aR
27 mit nach mich   188, 7 ich üdZ   21 aus wiederhohl   22 so
aus m[uß]   soviel aR vor etwas   189, 6 folgt Spatium von
3³/₄ S   11 von nach ge[genüberliegende?]   15 Colman   19 Kolman
24. 25 aR Färbers Haquet   26—28 aR Färber   190, 5 Col=

mann 7 Boßen nach Colm[an] 12 Parallepipedische 13 Färber
15 Hacket 16 folgt Verzeichniß der Gebirgsarten die ich auf=
gepackt habe Nr. 1.—24. 190, 26 und H des Haiden zu aR
191, 5 rupfen nach machen 6 Wälsche nach Italinische
12—14 Thun — gewohnt aR 14 sie üdZ 15 mit nach die 23—26
fehlerhafte Construction durch Vermengung von fehlen und
fehlt an, aus der „Italiänischen Reise" nicht zu bessern
24 abgerissen für es gab oder waren zu sehen 26 ergänze daran

Stück 3.

fortan geripptes italienisches Papier, Kleinquart, nicht
gebrochen, ohne Rand oder mit geringem; Stück 3. Bl. 30 ff
und Stück 4. noch etwas schmaleres und kürzeres Format.
Das grössere Blatt über die Uhr fand sich, nebst einem
Entwurf auf grauem Packpapier, lose in einem kleinen dies
Thema umfassenden Convolut vor.

53 Bll.; leer sind 16.², 20.², 21.², 47.¹ halb — 53 193, 4
Ab. 194, 8 Ein — 9 eingeschoben für Ein schlechtes Kupfer
liegt bey, bessere werden sich auf der Bibliotheck finden. 25 aus
eine 195, 7 Zierrath nach Zierde 11 ohne Ordnung üdZ
13 aus einem 14 aus einer aus eine 15 und befestigt üdZ
196, 18 oder — *Pallio* (*Palio* Hs.) blasserer Nachtrag 198, 2
die Büste über sie 199, 10 niedern über letzten 21 Dreyfuß
über Altar 27 sieht fehlt, ergänzt nach „Italiänische Reise"
200, 12 falten über legen 19 in Bronze ist darüber 2 3 1
201, 14 aus Hungriche 19 , Caroto, fehlt, aber Spatium
28 Boutiqun 202, 16 aus Malbourouh für Marlborough
204, 21 die aus das 205, 23 aus iedes ein nach S[tern]
207, 25 von Tintoret[to] üdZ 210, 4. 5 in — Jahrszeit
udZ *g*¹ 17—19 und — nach üdZ 30—33 blasserer Nachtrag unten 211, 1 balb üdZ 213, 5 im nach vo 7 ich
vor die 10 des vor eines 18 folgt Verzeichnis der Steine
Nr. 26—35 215, 16 fährt vor ein wenig 21 geht nach ist
auf beq[uemem] 216, 7 aus bebaut 9 es — vulkanische blasser
udZ 10. 11 und — bilden blasser udZ am Ende der S 12 10]
lies 20 Zeig. 217, 3 von 15 habe aus übe 17 mehr nach
noch 25 meistens nach ein 218, 22 Capri 219, 17 *Conte*
nach Ma[rchese] 220, 13 Tura 21 Tura 24 sehr nach mit
223, 10. 11 denn — kann nachgetragen 23 und nach aber ich

224, 21 Iph. und öfter was ich nicht mehr bemerke   225, 1
aus reinlich, ein   3 ihn fehlt   4 es aus ein   8 aus brinne
10 Fraun üdZ   226, 11 sagt üdZ   227, 6 *Valmarana*   25 vor
231, 3 der nach als   233, 5 Vetturin nach Postillion seine
6 Es nach und   7 weil nach biß man   26 Ital.   234, 6
die sich üdZ   14 Villen nach Pa[lläste]   27 St. nach Von
235, 13 Styl nach Sp[rache] ·   236, 1 Joh.   3 Joh   22 Ver.
28 *Quercin*   238, 18 lang nach j[e]   23 aus Zunften   239, 28
Eremitaner scheint in ein freigelassenes Spatium nachgetragen
240, 1 Mantegna über Giotto

Stück 4.

61 Bll.; leer 1.², 10. (für ein Portrait des Rhapsoden
freigelassen?), 25.² (Architecturzeichnung vgl. 261, 14 ff), 57.²
(57.¹ *ad pag.* 15 Federzeichnung der Gerichtsscene 256, 11 ff
vgl. 264, 5), 58. (ausser 1. Drittel von 58.¹), 59.² ff.

242, 17 in nach ist kaum aus kein   ein üdZ   20 636 üdZ
243, 23 aus Grose   244, 1 nordliche üdZ   9 Gaßen nach
Stra[ßen]   27 Plaßes üdZ   die Parenthese nachträglich
245, 15 aus Schiffen   16 am nach zu   21 die — Clara über
das Arsenal   22 an der über über die   aus grose   hin üdZ
23 Siudecka   246, 2 Eines aus eines   5 dieß üdZ   8 alles
über als   18 ich — 21 unten nachgetragen   mir nach sie
die Facade üdZ   247, 5 folgt Kein Seethier hat so eine kapri-
tiose Schaale hervorgebracht und kriecht nicht mit wunderbaarern
Scheeren und Zangen herum als dieses Gebäude da steht.
8. 9 der Alten üdZ   13 höhe üdZ   248, 14 Gerichs Notaren pp.
über Procuratoren oder Sachwalter   16 fragen — pp. über kon-
sultiren   19 Odyssee über Ilias   20 nicht üdZ   25 zurück üdZ
249, 6 nachträglich   250, 3 das aus daß   22 in üdZ   252, 8
leute nach wahrscheinlich land   den Inseln umher über der
terra firma   9 aus Stat   11 selbst üdZ   16 aus leichter machen
253, 1 der nach das   254, 8 für euch üdZ   17 569. nachträglich   20 566. nachträglich   255, 5 530. nachträglich
9 der vor p   12 sinnlichen aus Sinn   17 *a — Moisé* üdZ
256, 3 welche leßtere über die   12 kurz nach doc[h]   27 dem
aus der   28 Ordnung nach Har[monie]   257, 8 der aus die
14 gewendet] g aus h[erunter]   23 fühlte vor so   258, 9 von
nach ist   10 angefüllt   14 *Capuc.*   15 Korinth.   26 aus

keiner 259,₆ An aus In 9 v. Volckm. (aus V.) 19 *Theatro
S. Luca* üdZ 24 aus Aktion 260,₃ der Bettler üdZ die
nach das 6 und bietet — singt üdZ 12 von Mor[gen] Nacht zu-
Nacht] das zweite Nacht über Morgen 24 Aspic 261,₁ Marius
21 Parenthese nachträglich 23 Truppe nach Trauerspiel
zu — *Luca* üdZ 262,₁₈ im Pallaft üdZ 263,₂₅ gemeines]
es mit derben Bleistiftstrichen getilgt, wahrscheinlich von
Riemer 264,₂₅ ungeheuer 265,₁₇ *Sciavoni* aber italienische
Incorrectheiten Goethes wie *de* werden nicht verbessert
21 Eichen üdZ 23 die nach und Materialien 24 doch üdZ
als Materialien üdZ 25 helfen aus hilft 266,₂ über
nach hoff ich 268,₄ Komm. 7 neben über mit 14 schon
nach sie 269,₂₆ ihre nach und 270,₁₀ Ital. 25 das
nach der 271,₁₀ den aus der 28 brauchst] b aus h[ebst]
273,10. 11 und — Leder üdZ 11 die Parenthese *g*¹, wohl
schon 1786 Schreibfehler *Erygnium* 14 Die nach das
274,₂₇ jetzt üdZ 277,₅ man nach die 8 Fehlichkeiten
20 aus Läppgen 22 auf aus aus 278,₄ Hauptthüre 6 Mann
nach ein3[eln] für aus vor 7 aus Weyhwaßer 18 Parenthese nachträglich 279,₁₀ behält nach ha[t] 12 ie
üdZ 280,₄ zu fehlt 15 piu üdZ man üdZ 19 haben
über hätten 23 aus hörten unterhalten aus unterhielten
25 naher üdZ 281,₃ in über aus die aus der 6 den nach
auf 14 das nach und 19 kann fehlt 282,19—21 *Vergine*
Sohn einmal *santissima* zweimal *Vergine* dreimal unterstrichen 283,₇ *Sc.* 11. 12 Auch — Nebenzimmer. nachträglich 284,₂₄ und üdZ. 25 Anakoluth, fehlt gegangen oder
ähnliches mit näherer Bestimmung 285,₁₁ gegen — über
nachträglich 286,₆ wo nach trocken, 13 den nach und
287,₃ ihr aus ihm 9 Kehrig 16 kleinen üdZ 288,₂₂ fehend
doppelt unterstrichen 289,₁₉ mich üdZ 290,₁₈ hat aus
haben 291,₁₅ incorrect für *criailleries* 292,₇ dem über
das 293,₁₁ Frise nach Zier[rathe] 295,₁₃ nicht üdZ
14 Sachi 16 *Grisostomo* 296,₂₅ folgt noch *ad pag.* 43
kleines *Profil der Mauern* bey *Palestrina,* oben ohngefähr
50 Fuß links Seite gegen die *Lagunen,* rechts Seite gegen
das Meer ferner Steinverzeichnis Nr. 36.—41.

Stück 5.

36 Bll. leer 1.², 2., 34.², 35.², 36.; 34. Brief an Frau
v. Stein Rom 12. December 1786, 35.¹ Schluss des Mineralien-
verzeichnisses. Hastige Schrift.

298, 3 Iſer   6 Bliſen   299, 12 ſein   300, 4 482—484
fehlt   20 übrigenß aus übrige nach die vor Zeit   26 *Guerch.*
301, 10 Dem= nach Das   13 ihm üdZ   22 Dann nach Daſ
302, 14 Guerchinß] G.   25 m. L.   303, 27 duncktß] undeutlich
drucktß wozu auß zu ergänzen wäre   304, 20 den nach
die   305, 22 erleuchtet nach gelei[tet]   306, 19 Ramuzzi
fehlt, Spatium   307, 22 104 fehlt   23 man fehlt am Ende
der S   27 zu fehlt   308, 18 die aus ſie   309, 3 zu nach
ſ[ich]   15 Berge über Gebirge   16 dann üdZ Gebirge üdZ
17 Nebel nach Rauch und   18 Abend über Morgen   19 Morgen
über Abend   310, 26 auf] vielleicht auch   311, 18 Paterno
312, 1 auß aus auf   2 *No* 3 üdZ   4 vermiſcht nach durch=
dr[ungen]   19 Grüne nach Bla[ue]   21 Steinſchichten nach
La[gern]   23 8 mit Bleiſtift üdZ   *NB* — 9 mit Bleiſtift
unten   27 phoſphor.   28 Geſtein nach Gebi[rge]   313, 7 hatte
15 21 aus 20   25 Klagen   314, 3 und länger üdZ   4 grö=
ßere nach lang[ere]   14 ſonderß   315, 5 acht über vier
25 der nach die   316, 17 daß nach ung[laublich]   317, 16
Solteln   319, 4 dem] den   10 Caſare   321, 6 unglücklich nach
nicht   323, 19 haben   23 auf über an der aus dem Höhe
nach Plaße   27 gedrucktes nach verſchob[nes]   324, 15 gehabt
habe   21 Sockel] ſpätere Bleiſtiftänderung des Sockelß doch
iſt vergeſſen durchſchnitten in Durchſchnitt zu ändern   denn] den
26 und] um?   27 war nach iſt es recht   325, 16 ſagte aus
dachte   327, 18 Weiſenſtein   328, 27. 28 die Parentheſe unten
329, 5 Terni] verſchrieben Trevi   21 wär nach hätt   330, 14
365 fehlt   16 auß nach von   27 an nach der als ein Vor=
poſten in den ungeheuren Vulkaniſchen Bewegungen ſtehn
b[lieb]   331, 1 Vulck.   9 zweytes aus zweytß   26 am Schluſſe
des Stückes Mineralienverzeichnis 50.—54.

Fragmente 1787.

Hastig beschriebene Quartblätter (oder Stücke davon)
oder Quartbogen, meist grünliches Conceptpapier.

332,8 geſtandne] ſtand über ſtoch   333,9 Oeße   20.21 wohl nachträglich wie 332, 1.2   21 Eri abgebrochen

333, 22—25 ungedruckt. Zur Datirung vgl. Schriften der Goethegesellschaft 2, 404.

334, 1—19 sehr unleserlich, mit Abkürzungen wie 14 fig für finger, verwischte Interpunction, grosse und kleine Initialen vielfach nicht zu unterscheiden.   4 Löcher nach Gipfel 6 d. heil.   7 Halle nach Vo[rhalle oder rhof]   8 Felſen. rechts 9 Bindfaden mit Häkchen aR   10 Waſſer nach B[ild?] 15 Haare. ſchöne darüber 2 1

334, 20—336, 4 beiliegend Skizzen von Kniep, 2½ S eines Quartbogens   335, 7 in nach über den   18 Onckel nach Vat[er]   20 Kayſer nach Man   22 Delphin] Delchin was für Telchin verschrieben sein könnte, aber „Italiänische Reise“ bestätigt unsre Correctur.

336, 5 Pr.   7 Montreal   11 Montereal   337, 12 Mon= real   25 nach Segeſte. der Tempel liegt   338, 3 Marmor nach Kalck   8 zweimal verschrieben Albano   15 Mauer

338, 23 Tempel nach Felſen   341, 5 Howels

341, 20 das Fragment über Puzzuoli auf einem zerschnittenen Blatt.

Lightning Source UK Ltd.
Milton Keynes UK
UKHW020455070119
334942UK00007B/986/P